THE
BOOK
OF
MIRRORS
E.O. Chirovici

「大多數人都是外人。」

——奧斯卡．王爾德（Oscar Wilde）

主要人物表

彼得・卡茲	Bronson & Matters公司的文學經紀人。
理查・弗林	普林斯頓大學英文系畢，年輕曾經夢想成為作家。
蘿拉・拜恩斯	普林斯頓心理系碩士研究生，受約瑟夫・維德指導。
約瑟夫・維德	普林斯頓心理系教授。
德瑞克・席門斯	維修工人，維德教授的病人之一。
提摩西・桑德斯	蘿拉的前男友。
莎拉・哈波	蘿拉大學時期的朋友。
丹尼・奧森	理查的現任同居女友。
約翰・凱勒	自由撰稿記者，彼得在紐約大學時期的好友。
珊	約翰的女友，NYI電視新聞臺製作人。
哈利・米勒	私家偵探，受約翰委託調查案件相關人士。
洛伊・費曼	退休警探，多年前負責偵辦維德教授命案。
黛安娜	洛伊的前妻。
麥特・多明尼斯	矯正中心的老鳥。
法蘭克・史普爾	死刑犯。

第一部

彼得・卡茲

回憶就像子彈。有的呼嘯而過只是嚇你一跳。
有的把你撕裂甚至粉身碎骨。

——理查・卡德瑞《獵殺亡者》(Kill the Dead)

Part One

Peter Katz

我在一月收到投稿，事務所裡每個人都還在努力從節慶後的宿醉中復原。這個訊息巧妙地躲過垃圾信防火牆，出現在我的收件匣，躲在幾十封電郵之間。我瞄了一下信件標題發現挺有趣，便把它和附件的原稿都列印，放進辦公桌抽屜。我忙著完成交易，拖到月底都忘了這回事。直到馬丁·路德·金紀念日的長週末才重新發現這些文件，躺在我打算利用假日看看的一堆投稿中。

投稿信的署名是「理查·弗林」，內容是這樣：

親愛的彼得，

敝人理查·弗林，二十七年前在普林斯頓主修英文。我夢想當作家，在雜誌上發表過一些短篇小說，甚至寫了本十萬字的小說，但是在被幾家出版商拒絕之後就放棄了（現在自己看了也覺得平庸無趣）。後來，我在紐澤西的一家小廣告公司找到工作，一直做到今天。起先我會騙自己廣告也可以像文學，總有一天會回來當作家。顯然這種事不會發生。我想很不幸地，對大多數人而言，長大意味著得到把夢想鎖在盒中丟到河裡的能力。看來，我也無法逃脫這個法則。

但是幾個月前我發現了重要的東西，讓我回想起一連串發生在一九八七年，我在普林斯頓最後一年秋冬時期的悲劇事件。你大概知道怎麼回事：你以為你已經忘了什麼——某件事、某個人、某個狀況——卻突然發現記憶一直壓抑在腦中的某個密室，隨時都在，恍如昨日。就像打開裝滿廢物的舊櫥櫃，只要移動一個盒子或物品就會崩塌下來壓在身上。

這件事就像引信。一小時後我找出新聞，我還在思考它的意義。坐在書桌前，回憶湧上心頭，開始寫作。等停筆時早已過了午夜，我已經寫了五千多字。彷彿完全遺忘自我之後，重新發現了自我身分。當我走進浴室刷牙，我感覺鏡中看著我的是別人。

多年來頭一遭，我沒吃安眠藥就睡著，隔天，通知公司同事們我接下來兩週要請病假之後，我繼續寫作。

一九八七年那幾個月的細節強烈又清楚地回到我的腦中，很快變得比我目前生活中任何事都更清晰又強大。彷彿我剛從沉睡中醒來，這段期間我的心智一直在默默準備迎接這一刻，我開始撰寫以蘿拉・拜恩斯、約瑟夫・維德教授和我為主角的事件。

當然，因為悲劇性結果，當年這個故事上了報紙，至少披露了一部分。我自己被警察和記者騷擾了好一陣子。那是導致我離開普林斯頓到康乃爾念完碩士的原因之一，在綺色佳住了漫長又無趣的兩年。但是從來沒人發現永遠改變我人生的整個故事的真相。

如前所述，三個月前我試著查出真相，即使至今仍感到強烈的憤怒與挫折，我發現我必須跟別人分享。但有時候仇恨和痛苦可能是像愛一樣強大的燃料。這個意圖的結果就是最近讓我身心俱疲的努力之後完成的書稿。依照我在貴公司網站上看到的指示，我附了文稿。稿子已經完整可以交出。如果您有興趣讀完，我會立刻寄上。我選的暫定標題是《鏡之書》（*The Book of Mirrors*）。

就寫到這裡，因為筆電螢幕顯示我已經超過了詢問的五百字限制。總之，關於我沒什麼好說的。我在布魯克林出生長大，從未結婚，也沒有小孩，我想一部分原因是我從未真正忘記蘿拉。

我有個弟弟艾迪，住在費城，我們很少見面。我的廣告生涯平靜無波，沒有傑出成就，也沒有不愉快的事——燦爛的灰色生活，躲藏在高樓的陰影之間。如今，我逐漸接近職涯的終點，我是曼哈頓一家中等公司的資深文案，靠近我住了二十幾年的切爾西區。我沒開保時捷也不住五星級飯店，但也不必擔心明天會怎樣，至少經濟方面如此。

感謝您撥冗，無論是否想要看看完整書稿請告訴我。底下有我的地址和電話號碼。

您誠摯的朋友
理查・弗林

信末是賓州車站附近的地址。那個區域我很熟悉，因為我曾在那區住過一陣子。

⁂

這份投稿相當特殊。

我在Bronson & Matters公司當經紀人的五年來，讀過幾百件，甚至幾千件投稿。我從菜鳥助理起步的這家公司一向採取開放投稿。大多數投稿信很彆扭、呆板，缺少某種跡象暗示這個潛在作者在跟你本人，而不是在《文學市場》年鑑上❶找得到姓名地址的幾百名經紀人談話。有的寫太冗長，充滿無意義的細節。但是理查・弗林的信不落俗套。很簡要，寫得不錯，最重要的是有人性溫暖。他沒說他只找上我，但我說不上理由，幾乎確定如此。他也沒有在那封短信中講明他選了我。

我希望能像喜歡投稿信一樣喜歡他的稿子，能夠給寄件者一個正面答覆，我已經以某種無法解釋的方式，暗中同情這個人。

我放下其他原本打算看的稿子，煮壺咖啡，坐在客廳沙發上開始閱讀摘錄。

❶ Literary Market Place，美加地區出版業年鑑。

1

對大多數美國人而言，一九八七年是股市飆上天又崩盤的一年，伊朗門事件持續撼動雷根的白宮總統寶座，《勇士與美女》（*The Bold and the Beautiful*）影集開始入侵家家戶戶。對我來說，那是我墜入愛河卻發現惡魔真的存在的一年。

我在普林斯頓念書已三年多，住在一棟位於貝雅德街上的博物館和神學院之間醜陋的舊大樓裡。一樓有客廳和開放式廚房，樓上有兩間雙人臥室，各自附有浴室。距離我上大多數英文課程的麥考士講堂走路只要二十分鐘。

十月的某個下午，我回到家走進廚房，驚訝地發現有位高挑苗條、金色長髮中分的妙齡女子。她戴著粗框眼鏡友善地看著我，看起來兼具嚴肅與性感氣質。她想從軟管裡擠出芥末醬，不知道必須先剝掉錫箔封膜。我轉開蓋子，剝下封膜再把軟管交給她。她道謝後，把濃稠的黃芥末抹在剛煮好的特大熱狗上。

「欸，謝謝，」她說，帶著似乎無意擺脫，好跟上流行的中西部口音。「你也要嗎？」

「不用。對了，我是理查．弗林。妳是新房客嗎？」

她點頭。咬了一大口熱狗，想要在回答前嚥下去。

「蘿拉．拜恩斯。幸會。我的前任房客養臭鼬之類的寵物嗎？上面的臭味簡直臭到能讓人鼻毛掉下來。反正我得重新粉刷。還有鍋爐是不是壞了？我等了半小時才把水煮沸。」

「老菸槍，」我解釋，「我是說那個人，不是鍋爐，而且不只抽菸，妳懂的。除此之外是個好人。他一夜之間決定休學一年，所以回家了。很幸運地房東太太沒叫他付清整年的租金。至於鍋爐，已經來過三名水管工。都失敗，但我還抱著希望。」

「一路順風，」蘿拉邊吃邊向前任住戶說。然後她指著流理臺上的微波爐。「我在烤爆米花，我一會兒要看電視——CNN要播潔西卡的現場節目。」

「潔西卡是誰？」我問。

微波爐叮一聲表示爆米花好了，可以倒進蘿拉從水槽上方的櫥櫃深處拿出來的大玻璃碗。

「潔西卡．麥克魯爾是個小女孩，」——她說成l'il gal——「在德州掉進井裡，」她說明。「CNN有實況轉播救援行動。你怎麼會沒聽說？大家都在談這件事。」

她把爆米花放進碗裡，示意我跟著她到客廳。

我們坐到沙發上，她打開電視。有一陣子我們都沒開口，看著螢幕上的事件進展。當時是宜人、溫暖的十月，幾乎反常地沒有下雨，平靜的薄暮爬上室內的玻璃牆。遠處是聖三一教堂周圍的公園，看起來陰暗又神祕。

蘿拉吃完熱狗，又從碗裡抓出一把爆米花。她似乎完全忘了我的存在。電視螢幕上，有個工程師在向記者解釋用來讓救援者接近地底下受困女孩的平行豎井的工作進度。蘿拉踢掉她的拖鞋把腳蜷縮到沙發上。我注意到她腳趾甲塗了紫色指甲油。

「妳念什麼系？」我終於問她。

「我在念心理學的碩士，」她繼續盯著螢幕說，「是第二個碩士。我已經在芝加哥大學拿到數學碩士。在伊利諾州伊凡斯頓出生長大。你去過嗎？居民會嚼紅人菸草、燒十字架的地方？」

我發現她肯定比我大兩三歲，讓我有點退卻。在那個年紀，差三歲似乎差很多。

「我以為密西西比州才那樣，」我說，「沒有，從來沒去過伊利諾。我在布魯克林出生長大。只去過一次中西部，某年夏天，大概十五歲吧，老爸和我去密蘇里州的奧沙克湖釣魚。如果沒記錯，我們還去了聖路易。數學之後為什麼念心理學？」

「呃，以前我在學校被視為某種天才，」她說，「在高中，我贏了所有國際數學競賽，二十一歲就修完碩士，準備念博士。但我拒絕所有獎學金來這裡念心理學。心理學碩士幫我加入了一個研究計畫。」

「是喔，妳還是沒回答我的問題。」

「要有耐心。」

她撥掉T恤上的爆米花碎屑。

我記得很清楚。她穿著石洗淡色牛仔褲，有很多條拉鍊那種，當時正流行，還有白T恤。

她去冰箱拿可樂，問我要不要喝。她打開鋁罐，各插一根吸管，回到沙發，遞給我一罐。

「我畢業後的夏天，愛上了一個伊凡斯頓來的男生。」——她男生的發音變成浮標（buoy）——「他回家過節。他在麻省理工讀跟電腦有關的電子碩士。英俊又顯然聰明的人，名叫約翰．芬德利。大我兩歲，我們在高中好像認識。但一個月後他被我認識的笨蛋之一茱莉亞．克瑞格搶走，她接近只學會大概十幾個字的發音、會熱蠟除毛和使用刀叉的原始人。我發現我雖然擅長方程式和積分學，但我一點也不懂普通人類的想法，尤其是男人。我了解如果我不小心，就會淪落到老後身邊只有貓咪、白老鼠和鸚鵡。所以隔年秋天，我就到這兒來了。我媽很擔心，想勸我改變主意，但她已經夠了解我，很清楚這難度超過教我騎掃帚飛行。現在是最後一年，我從不後悔做了這個決定。」

「我也是最後一年呢。妳學到想學的東西了嗎？」我問道，「我是說，男人的思考方式？」

她第一次正視我的眼睛。

「不確定，但我想我有進步了。約翰才幾星期就跟哥吉拉分手了。事後雖然他試了幾個月想聯絡我，我沒接他電話。或許我只是挑剔，你知道的。」

她喝掉可樂把空罐放在桌上。

我們繼續看電視上的德州小女孩救援，聊到接近午夜，喝咖啡，偶爾到庭院去抽她從房間拿來的萬寶路。中途我還幫她從她停在車庫的現代舊車後車廂把其餘行李搬進來，組好衣櫥的零件。

蘿拉人不錯，有幽默感，我發現她也看很多書。如同其他剛成年者，我充滿了澎湃的荷爾蒙。當時我沒女朋友，很想打砲，但我記得很清楚一開始我沒想過跟她上床的可能性。我確信她一定有男友，雖然我們沒談到這點。但我有點愉快地煩惱未來要和女人當室友，當時我完全沒有那種經驗。彷彿突然間，我能夠接觸以前是禁忌的神祕事物。

※

現實是我不喜歡大學生活，等不及念完最後一年趕快離開。

我在布魯克林出生長大，在格蘭街附近的威廉斯堡，當年那邊的房子便宜多了。老媽在貝德斯圖區的男女合校高中教歷史，老爸在國王郡醫院當醫療助理。換言之，我不是勞工階級，但我感覺我是，因為我住在藍領社區。

我成長的過程沒什麼重大的物質困擾，但同時我爸媽仍然無力負擔很多我們想要的東西。我覺得布魯克林人很有趣，我在不同種族和風俗的混雜中如魚得水。七〇年代對紐約市是個辛苦的時代，我記得很多人一貧如洗，暴力氾濫。

我來到普林斯頓後加入了幾個學術社團，成為當地知名美食俱樂部之一的會員，常跟三角俱樂部出身的業餘演員們廝混。

高中快畢業時，我在名稱常有異國風味的文學社團面前朗讀過一些我寫的短篇小說。那個社團由一個小有名氣的作家主持，以客座教授身分上課，會員們爭相惡搞英文產生一些無意義的詩。當他們發現我的故事風格是「古典」，而且從海明威和史坦貝克的小說尋找靈感，他們開始把我當怪胎。總之，一年後我的閒暇時間多半在圖書館或在家。

大多數學生來自六〇年代飽受驚嚇的東岸中產階級，當時他們的整個世界似乎要崩潰了，因此教育後代要避免重演那樣的瘋狂。六〇年代有音樂、遊行、嬉皮集會、胡亂嗑藥、伍茲塔克音樂會和避孕藥。七〇年代則是見證越南惡夢的結束、迪斯可、喇叭褲和種族解放。所以我總覺得八〇年代沒什麼大事，我們這世代錯過了時代的火車。像個狡猾老巫師的朗納．雷根先生秉持五〇年代的精神腐化全國人民的大腦。金錢逐漸摧毀了其他神明的祭壇，準備跳起勝利之舞，同時金色捲髮戴牛仔帽的胖天使們歌頌著不受政府干涉的自由企業制度。加油，朗尼，加油！

雖然他們擺出叛逆姿態，我發現其他學生都是勢利的盲從者，無疑以為這是長春藤名校生的要求，算是對前二十年的某種含糊紀念。普林斯頓很重視傳統，但對我而言那不過是裝腔作勢罷了——時間已掏空傳統的所有意義。

我認為大多數教授只是死抱著酷炫工作的平庸者。花富裕父母的錢假裝是馬克思主義者和革命家的學生們從不厭倦閱讀《資本論》之類的磚塊書，同時那些自認保守派的人更表現得好像他們是五月花號清教徒的直屬後裔，祖先曾站在桅杆頂上遮掩刺目的陽光，大喊：陸地！對前者而言，我應該是被鄙視的小資產階級，價值觀應該被踩在腳下；對後者而言，我只是布魯克林出身的白人窮小子，不知何故抱著可疑又肯定不軌的企圖混進他們的美好校園。對我而言，普林斯頓似乎是被一群說波士頓腔的傲慢機器人給蹂躪了。

但有可能這些事只是我腦中的幻想。高中畢業前夕我決定當作家後，逐漸培養出一種陰暗與懷疑的世界觀，戈馬克．麥卡錫、保羅．奧斯特和唐．德里羅幾位大師幫了很大的忙。我一直認為真正的作家應該憂鬱又孤獨，同時收到豐厚版稅，在昂貴的歐洲度假勝地過節。我告訴自己如果惡魔沒把他害到悲痛虛弱地坐在馬糞堆上，聖經裡的約伯絕對不會闖出名號，人類也就少了一份文學傑作。

我盡量非必要就不留在校園，所以週末通常會回紐約。我會逛上東區的二手書店，在切爾西區的地下劇場看戲，去休士頓街新開的紡織工廠❷聽比爾．伏立索❸、塞西爾．泰勒❹和音速青春的音樂會。以前我會去默特爾大道的咖啡店，或過橋去下東區陪父母和還在念高中的老弟艾迪，在所有人都互相認識的家庭餐館吃晚餐。

我毫不費力地通過考試，躲在B級成績的舒適區，免得發生任何爭吵，我才有時間寫作。我寫了幾十個短篇故事，也開始寫小說，但總是停留在前幾章。我用老爸在家裡閣樓找到並修好，當年離家去讀大學時送我當禮物的一臺老舊的雷明頓打字機。反覆閱讀與修改我的文字後，那些草稿多半淪落到垃圾桶裡。每當我發現新作家，我會下意識地模仿他，像隻看到紅衣女人就動情的猩猩。

為了某種原因我不喜歡嗑藥。我十四歲去植物園參觀途中第一次吸了大麻。有個叫馬丁的男生買了兩根，我們五六個人在隱密地點輪流抽，感覺好像罪惡的濁水要把我們永遠拖進深淵裡。高中期間又抽過幾次，也在崔格斯大道的破舊公寓派對上喝廉價啤酒，喝醉過兩次。但我嗑茫或喝醉並不覺得有什麼快感，讓我父母鬆了口氣。那個年頭，如果你可能偏離狹窄的正軌，找不到好工作還可能淪落到被捅死或死於用藥過量。我在學校用功念書，有好成績又申請到康乃爾和普林斯頓兩所學校，選了當時公認比較進步的後者。

電視當時還沒有被實境秀大量轟炸，比如各種魯蛇被迫唱歌、被粗俗的主持人羞辱或爬進放滿蛇的游泳池。也沒有像「歡笑一籮筐」那樣的無厘頭集錦，充滿音效與笑聲，但毫無意義。但我也不覺得當年偽善的政治辯論、爛笑話和虛偽青少年的B級電影有什麼好看的。少數六〇和七〇年代出身、仍在電視臺掌權的正經製作人和記者就像發現隕石即將終結他們時代的恐龍一樣，顯得尷尬又不安。

但我很快發現，蘿拉喜歡在晚上看垃圾節目，宣稱那是唯一能讓她的大腦達到某種平靜的方式，以便分類、歸納和儲存白天吸收的東西。所以，一九八七年的秋天我看的電視超過生平總和，陪她癱坐在沙發，評論每個脫口秀、新聞報導和肥皂劇，就像《大青蛙劇場》那兩個吹毛求疵的陽臺老人，找到某種自虐的樂趣。

她沒有直接告訴我約瑟夫．維德教授的事。直到萬聖節才告訴我她認識他。他是那個年代普林斯頓最頂尖的教授之一，被當成帶著火降臨凡間的普羅米修斯。我們在看賴瑞金直播秀，維德受邀上節目談毒癮——前一天剛有三個年輕人在奧勒岡州尤金市附近的小屋裡死於用藥過量。蘿拉和教授是「好朋友」，她告訴我。即使當時我還不知道，但我肯定已經愛上她了。

---

❷ Knitting Factory，始於一九八七年，著名音樂展演空間。

❸ 比爾．伏立索（Bill Frisell）生於一九五一年，美國知名吉他手。曲風包含鄉村、爵士、搖滾、古典，及實驗等多元風格。

❹ 塞西爾．泰勒（Cecil Taylor）生於一九二九年，為美國爵士鋼琴家。

2

接下來幾週可能是我一輩子最快樂的時光。

心理學課程大多數在綠廳上課，距離我上英文課的麥考士和狄金遜講堂步行只需幾分鐘，所以我們幾乎形影不離。我們會去費爾斯通圖書館，回家途中經過體育館，在美術館和附近的咖啡店停留，或搭火車去紐約市看《熱舞十七》、《華爾街》和《末代皇帝》之類的電影。

蘿拉的朋友很多，大多數是心理系的同學。她介紹我認識了一些，但她寧可跟我鬼混。在音樂方面，我們品味不同。她喜歡聽流行歌，在那個年代就是萊諾．里奇、喬治．麥可或佛利伍麥克樂團，但我播放另類搖滾和爵士樂時她也會陪我聽。

有時候我們熬夜聊到清晨，吸飽尼古丁和咖啡因，只睡兩三個小時然後神智不清地去上課。雖然她有車卻很少用，我們都偏好走路或騎腳踏車。在她不想看電視的夜晚，蘿拉會幻想有鬼魂潛伏在ＮＥＣ遊樂器，所以我們玩射鴨子或假扮《豆豆迷魂陣》（*Clu Clu Land*）遊戲中的泡泡魚。

某天，我們照例打了兩小時電玩後，她向我說，「理查——」她從不把我的名字簡化成理奇或迪克——「你知道我們，我是指我們的大腦，大多數時候無法分辨幻想與現實的差別嗎？所以我們才能夠看不同電影又哭又笑，即使我們知道看的只是表演、故事也是作家編的。然而沒有這個『缺陷』，我們只是R. O. B.。」

R. O. B.是指Robotic Operating Buddy，日本人發明給寂寞青少年的玩具。蘿拉夢想過買個這種裝置，命名阿蒙然後教它端咖啡到床邊，憂鬱時買花送她。她並不知道我不需要訓練就很樂意為她做這些和許多其他的事。

⁂

除非你受傷深刻到讓你發現以前的受傷都只是皮肉傷時，你才會懂什麼叫痛。早春新學期開始的半年前，我適應普林斯頓生活的老問題又加上一樁悲劇——我失去了老爸。

他在工作中心臟病發猝死。同事們迅速出手都救不了他，他倒在醫院三樓手術區的走廊上，不到一小時就被宣告死亡。老弟打電話通知我時，老媽已經在處理後事。

我跳上第一班火車趕回家。抵達時，家裡已經擠滿親戚、鄰居和朋友。老爸葬在長青墓園，不久後的初夏，老媽決定帶著艾迪搬到費城。她在那邊有個名叫柯妮莉亞的妹妹。接下來幾週跟我童年有關的一切都在消失，真是個可怕的震撼，我永遠不會再走進度過前半生那戶兩房公寓了。

我向來懷疑老媽討厭布魯克林，她住在那裡的唯一理由是因為老爸。由於出身教養，外祖父是名叫萊茵哈特．諾普的德裔路德派牧師，她是個有學究味又憂鬱的人。我隱約記得每年會在她生日去探望他一次。他是高大嚴肅的人，住在皇后區一塵不染的房子裡，有個小後院。連庭院都讓人感覺每根草都經過細心梳理。外祖母在我阿姨出生時死於難產，他沒有再婚，獨力養大兩個女兒。

他在我十歲時死於肺癌，但是外祖父在世期間，老媽偶爾會要求我們搬去皇后區——她認為乾淨、正經的地方——說她想要離父親近一點。但後來她放棄了，了解這不可能實現：我爸麥可・弗林是個頑固的愛爾蘭人，在布魯克林出生長大，絲毫無意搬到別的地方。

所以新學年開始我離家到普林斯頓時，老媽和我弟也搬去費城。剛認識蘿拉時，開始意識到我只能以客人身分回布魯克林了。我感覺彷彿被剝奪擁有的一切。我沒有隨身帶到普林斯頓的私物都被送到費城中央車站附近、傑佛遜大道上的兩房公寓裡。他們搬完不久我去探視過，馬上發現那個地方絕不會是我的家。更糟的是，家庭收入縮減。我的成績不足以申請到獎學金，所以我得找個兼差工作撐到畢業。

老爸突然過世，所以很難習慣他已經不在的事實，我常想到他，彷彿他還活著。有時候死者比生前還有存在感。他們的回憶——或我們自認對他們的印象——強迫我們用他們在世時絕對不會說服我們採用的方式努力去討好他們。老爸的死讓我覺得責任更重，不能再事不關己。生者不斷在犯錯，但死者很快會被親友們包裹在永不會錯的光環裡。

我跟蘿拉的新友誼盛開在我生平感覺最寂寞的時候，因此她的存在對我更加重要。

感恩節的前兩週，天氣開始變得陰暗，蘿拉提議介紹我認識約瑟夫・維德教授。她在他的指導下參與一個研究計畫，當作她的畢業論文題目。

蘿拉專長是認知心理學，在那個年代算是先驅，電腦普及進入我們的家庭和生活之後「人工智慧」一詞變得人人朗朗上口。許多人以為再過十年我們就能跟烤麵包機對話，向洗衣機諮詢生涯忠告。

她向我說過她的工作，但我聽不太懂，如同所有年輕男性的自尊，我也沒有費力去搞清楚。我記得的是維德教授——他也在歐洲讀過書，有劍橋的精神病學博士學位——他的重大研究計畫已接近尾聲，蘿拉說當它逐漸了解人類心智運作方式與精神刺激和反應之間的關係，將會造成重大改變。根據蘿拉所說，我了解那跟記憶與印象的形成有關。蘿拉宣稱她的數學知識對維德很有價值，因為講究精確的學科一向是他的罩門，他的研究包括使用數學方程式去量化各種變數。

我初次見到維德的那一晚讓我印象深刻，但不是我預料中的那個理由。

十一月中旬某個週六下午，我們砸重本買了瓶熟食店店員推薦的 Côtes du Rhône 紅酒，然後前往教授家。他住在西溫莎，所以蘿拉決定我們最好開車去。

大約二十分鐘後，在暮色中神祕地反光的小湖附近，我們將車停在一棟矮石牆環繞的安妮女王風格大宅前。大門開著，我們走過一條碎石小路，周圍種了玫瑰與黑莓樹叢和精心維護的草坪。左方的大橡樹頂上的枯枝延伸到大宅的瓦片屋頂上方。

蘿拉按門鈴，一個高大健壯的男子來開門。他幾乎全禿，灰色鬍鬚一路垂到胸前。他穿牛仔褲，運動鞋和捲起袖子的Timberland綠色T恤。看起來像美式足球教練，而非即將以驚天動地的新發現讓科學界天翻地覆的知名大學教授，而且他散發出一股諸事順利的人會有的那種自信的氣息。

他和我用力握手，然後吻蘿拉的兩頰。

「很高興看到你，理查，」他用意外年輕的聲音說，「蘿拉告訴過我很多你的事。通常，」我們走進牆上掛著裝飾畫的挑高大廳時他繼續說，把我們的外套掛在架上，「她對周圍認識的人很諷刺又缺乏好感。但她只說你的好話。我很好奇想認識你。兩位，請跟我來。」

我們走進一處有高低差的廣大客廳。位於角落的烹飪區中間有個大型流理臺，上面掛著各種銅製的鍋子。西側牆邊有張銅製鉸鍊的舊書桌和一張皮面的椅子，桌上散落著文件、書籍和鉛筆。

空氣中瀰漫怡人的食物香氣，混雜著菸草味。我們坐到鋪著東方圖案帆布的沙發上，他各調了一杯琴酒給我們，宣稱他要留著我們送的紅酒等晚餐喝。

房子的室內裝潢有點嚇到我。到處都是藝術品——銅像、繪畫和古董——像博物館似的。光亮的地板上鋪滿手工小地毯。我生平第一次走進這種住宅。

他給自己倒了杯威士忌加蘇打，坐到我們對面的扶手椅，點了根菸。

「理查，我五年前買下這棟房子，忙了兩年才讓它變成現在的樣子。當初那個湖不過是發臭、孳生蚊子的沼澤。但我認為即使有點偏僻還是值得。有個懂這方面的人跟我說過，它的價值同時幾乎倍增。」

「真的很棒，」我附和他。

「晚點，我帶你們看樓上的圖書室。那是我的驕傲和樂趣；其餘都只是瑣事。我希望你們會再來。我有時候會在週六辦派對。沒什麼高貴的，只是幾個朋友和同事。每個月最後一個週五晚上，會跟朋友打撲克牌。我們只賭小錢，別擔心。」

對話順利進行了半小時後，我們坐到餐桌邊吃飯（他用義大利同僚的食譜做了番茄肉醬麵），感覺我們好像已經認識很久，我原先的尷尬感完全消失。

扮演女主人的蘿拉幾乎沒有開口。她上菜，吃完後她收拾桌面的碗盤餐具，放進洗碗機。她沒稱呼維德「教授」「長官」或「維德先生」，而是「喬」。她似乎很自在，顯然當教授高談闊論各種主題、不斷抽菸、講話時誇張地比手畫腳時，她儼然是女主人。

過程中我猜想他們究竟有多親近，但我告訴自己那不關我的事，因為當時我沒料到他們可能不只是好友。

維德誇獎我們買來的紅酒，開始離題聊起法國酒莊，向我解釋根據葡萄品種上酒的不同規矩。不知何故他講起來不會讓自己像個附庸風雅的人。然後他告訴我他年輕時在巴黎住過兩年。他在索邦大學念過精神病學碩士，然後去英國拿到博士學位並出版第一本著作。

過了一會兒他起身從家中某處拿出另一瓶法國紅酒，跟我們一起喝。蘿拉的第一杯還沒喝完——她向教授解釋過她得開車回家。她似乎很高興我們相處這麼融洽，像個保姆看著我們，很滿意她照顧的小孩沒有弄壞玩具或打架。

在我印象中，跟他的對話相當混亂。他很健談，能像天才般輕鬆地在話題之間切換。從巨人隊的上季表現到十九世紀俄羅斯文學，他對什麼事都有意見。沒錯，我對他的知識很驚訝，顯然他看過很多書，年齡一點也沒有削弱他對知識的好奇心。（對剛成年的人來說，年近六十的人已經是老人了。）但是同時，他給人的印象宛如真誠傳教士，自認有責任耐心地教化他認為不太聰明的野蠻人。他用蘇格拉底的方式自問自答，我根本來不及開口說話，然後他提出反論，又隨即在幾分鐘之後予以駁斥。

其實，在我印象中，那次對話只是漫長的獨白罷了。兩小時過後我相信即使我們走了他還可能繼續講下去。

當晚，在門廳的電話響了幾次，他接聽，向我們道歉同時迅速結束對話。唯獨有一次，他講了很久，壓低音量避免被客廳的人聽見。我聽不清楚他說什麼，但他的語氣顯得煩躁。

他表情不悅地回來。

「這些人真是瘋了，」他生氣地向蘿拉說，「怎麼能叫我這種科學家做那種事情？真是得寸進尺。那是我生平做過最大的蠢事，跟這些白癡攪和在一起。」

蘿拉沒回答，不知躲到屋內的哪裡去。我猜想他指的是誰，但他走出去又拿了瓶紅酒回來。我們喝完後，他似乎忘了那通不愉快的電話，開玩笑說真男人都喝威士忌。他又去拿來一瓶Lagavulin和一碗冰塊。酒瓶喝到半空時他改變主意。他說伏特加才是慶祝一段美好友誼開始應該喝的。

我起身要去廁所時才發現我有多醉——我一直硬撐到那時候。我的雙腿不聽使喚，差點一頭跌倒撞到地板。我不是禁酒主義者，但也從未喝過那麼多。維德仔細看著我，彷彿我是隻有趣的小狗。

我在廁所裡看著洗臉檯上的鏡子，看到兩張熟悉的臉孔回看著我，讓我爆笑起來。到了走廊上我想起我忘了洗手，走回去。水太熱，我不慎燙傷了。

蘿拉回來，瞪了我好一會兒，然後煮兩杯咖啡。我努力回想教授是否也醉了，但他看起來很清醒，彷彿我自己在喝。我感覺像一場惡作劇的受害者，連話都說不清楚。抽了太多菸，胸口發痛。即使兩扇窗戶都開著，烏煙瘴氣仍像鬼魂般在房內亂飄。

我們又繼續閒聊了一小時左右，只喝咖啡和水，然後蘿拉示意我該走了。維德送我們到車邊，道別之後又告訴我他真心希望我會再來。

蘿拉駕車經過當時幾乎沒車的殖民大道時，我向她說，「他人不錯，對吧？我從來沒看過酒量這麼好的人。天啊！妳知道我們喝了多少嗎？」

「或許他事先吃了什麼。我是說解酒藥之類的。他通常不會喝那麼多。你不是心理學家，所以不懂他是在引導你透露個人資訊，又毫不洩漏自己的事。」

「他告訴我很多他自己的事啊，」我反駁她，努力考慮是否該停車讓我躲到路邊的樹後面去嘔吐。我頭暈腦脹，想必臭得像在酒池裡泡過。

「他什麼也沒告訴你，」她草率地說，「除了已經公開的部分之外，你可以從他著作的書衣上找到。但是另一方面，你告訴他你怕蛇，還有四歲半的時候你差點被鄰居的瘋子強暴，然後你爸差點打死他。那都是你人生的重大事件。」

「我告訴他了？我不記得——」

「他最愛的遊戲就是像搜索房屋一樣窺探別人的心智。對他而言不只是職業病。那是近乎病態的好奇心，他總是無法克制。所以他才同意指導那個計畫，那個——」

她突然住口，彷彿發現她講太多了。

我沒問她接下來想說什麼。我打開車窗，感覺頭腦開始清醒。蒼白的弦月高掛在天上。

那晚我們變成了情侶。

發生的過程很單純，沒有事前偽善地討論「我不想毀掉我們友誼」的橋段。她在車庫停好車，我們在後院站了幾分鐘，沐浴在街燈的黃光下，共抽一根菸，什麼也沒說。進門後我想要開燈時她阻止我，抓著我的手，帶我進她的臥室。

⁂

隔天是星期日。我們整天待在家裡，做愛並且互相探索。我記得我們很少說話。傍晚我們去林肯街的一家咖啡店吃三明治，然後在公園裡散步，直到天色全黑。我告訴她我打算找個工作，我再度提起時，她馬上問我有沒有興趣去幫維德做事。他在找人幫他整理昨晚提過，但沒有帶我去看的家中圖書室的書。我很驚訝。

「妳想他會同意嗎？」

「我已經跟他說過了。所以他才想認識你。但你就像一般男生，沒有找時間提起這回事。我想他喜歡你，所以不會有什麼困難。」

我自問是否喜歡他。

「那麼，我也沒問題。」

她湊過來吻我。她在左邊鎖骨下方，乳房以上，有塊兩毛五硬幣大小的褐色胎記。那天我仔細觀察過她，彷彿想確定永遠不會忘記她身體的任何部分。她的腳踝異常地細，腳趾很長——她稱之為她的「籃球隊」。我發現她皮膚上的每個胎記和仍帶有夏季曝曬痕跡的斑點。

在那個年頭，閃電戀愛已經像速食一樣普遍，我也不例外。我十五歲在高掛著麥可．傑克遜大海報的床上初嚐性事。那張床的主人是個叫裘爾的女生，比我大兩歲，住在富頓街，離我家公寓只有兩條街。後來幾年，我有很多床伴，其中兩三次我甚至認為那是愛情。

但在那一晚我知道我錯了。或許在某些關係中我感受到的是吸引力、激情或依戀。但是跟蘿拉在一起時完全不同，遠不只有那些：想要分分秒秒跟她在一起的強烈慾望。或許我隱隱察覺我們在一起的時間不會長久，所以我急著累積更多關於她的回憶來陪我度過餘生。

3

下個週末我開始整理維德的圖書室，從聖三一車站搭公車獨自去找他。他和我在湖邊長椅上一起喝啤酒，他向我解釋希望如何分類編排他的上千冊藏書。

教授買了臺電腦，組裝好放在樓上的房間裡。那個房間無窗，牆面都是長型木頭書架。他要我做出一套編碼紀錄，以便搜尋引擎能夠顯示每一本書的位置。那得要人工輸入資料——書名、作者、出版商、國會圖書館編號等等——並且照類別擺放書本。

我們全都概算了一下，達成結論是整件工作會占用我接下來六個月的每個週末，除非我能每週多花一兩天投入。我的研究論文已經開始收尾，但我還是希望能在週間找個下午空檔，好完成維德雇我做的書目資料。

他提議付我週薪。金額非常慷慨，還預付前三週的薪水支票。我發現蘿拉不在的時候他不那麼侃侃而談，大多只講重點。

他告訴我他要去地下室健身，那裡有間小健身房，留下我自己在圖書室工作。

我花了兩三個小時去熟悉電腦和軟體，這段期間維德沒回來。等到我終於離開圖書室時，發現他正在廚房裡做三明治。我們邊吃邊聊政治。我有點驚訝他意見很保守，而且認為「自由派」跟共產黨一樣危險。他認為雷根在莫斯科面前揮舞拳頭幹得很好，而他的前任吉米．卡特除了討好俄國人什麼也沒做。

我們在客廳抽菸時，咖啡機在廚房裡咕嚕作響，他問我，「你和蘿拉只是朋友嗎？我想你懂我的意思。」

他嚇了我一跳，我覺得他的問題很尷尬。我差點說蘿拉和我的關係不干他的事。但我知道蘿拉很重視跟他的友誼，所以我努力保持冷靜。

「只是好朋友，」我謊稱，「她碰巧搬進我住的大樓，我們變成朋友，不過我們沒什麼共通點。」

「你有女朋友嗎？」

「目前單身。」

「所以呢？她很漂亮，各方面都聰明又迷人。她跟我說，你們很多時間在一起。」

「我不知道該說什麼——有時候來電，有時候就是不會。」

他端了咖啡回來遞給我一杯，然後又點了根菸，神色凝重又質疑地望著我。

「她跟你提過我的事嗎？」

我感覺這段對話越來越尷尬了。

「她很尊敬你而且很高興在你身邊。我猜你們在做一個特殊的計畫，會深刻改變我們理解人類心智的方式，跟記憶有關的東西。就這樣。」

「她有告訴你計畫具體內容的任何細節嗎？」他迅速又問。

「沒有。不巧我的領域完全不一樣，蘿拉已經放棄誘導我進入心理學的奧祕，」我說，努力表現放鬆。「檢視別人心智的概念我並不欣賞。恕我直言。」

「但你想要當作家，不是嗎？」他不悅地說，「如果你不懂人們的思考方式，要怎麼構思你的角色？」

「那個意思就像說你必須是地質學家才能享受攀岩，」我說，「喬，我想你誤會我的意思。」他堅持要我直呼他的名字，不過我覺得這樣很彆扭。「有時候我坐在咖啡館內只是為了看人，研究他們的手勢和表情。有時候我試著想像那些手勢和表情背後發生了什麼事。但那是他們想透露的，無論有沒有意識到，而且——」

他沒讓我說完。「你認為我是某種從鑰匙孔窺探的偷窺狂？一點也不。人們經常需要幫助才能更了解自己，所以你必須知道怎麼向他們伸出援手，否則他們的人格會開始崩解。無論如何，目標完全不同。你得了解這類的研究計畫——也可能不了解，但最好相信我說的——必須極度謹慎處理，直到我公布結果的那一刻。我已經和出版商簽約了，但不是我們的大學出版社，所以董事會有些異議。我不認為有必要告訴你學術界的嫉妒問題。你當學生夠久應該懂這是怎麼回事。而且為何目前必須很謹慎還有另一個理由，但我不能對你透露。圖書室進行得怎麼樣了？」

突然改變話題是他的一貫風格，彷彿他一直想要凸顯我的無知。我告訴他我已經摸熟電腦和軟體，一切似乎沒問題。

十五分鐘後，我正要離開時，他在大門叫住我，說還有別的事得討論。

「你上週來過我家後，有沒有人找上你企圖詢問我在做什麼研究？例如同事？朋友？或者陌生人？」

「沒有，況且除了蘿拉，我沒有告訴別人我來過這裡。」

「那太好了。往後也別告訴任何人。圖書室的事情是我們之間的祕密。對了，蘿拉今天怎麼沒來？」

「她在紐約，跟朋友在一起。她答應陪她去看表演，他們會在朋友父母家過夜。明天早上回來。」

他望著我好一會兒。

「很好。我很好奇她對表演的感想。她朋友叫什麼名字？」

「如果我沒記錯，叫達瑪。」

「黛西和海瑟這種名字不適合那些三十年前的嬉皮，對吧？那麼再見了，理查。感恩節過後見。我很想邀你來跟我一起慶祝，但我明天得去芝加哥，直到週五才會回來。蘿拉有備用鑰匙可以借你用。你知道該幹什麼，如果你有時間，我不在家你也可以來。保重了。」

⁂

搭巴士之前，我在他家附近的街道閒逛，邊抽菸邊回想我們的對話。

原來，蘿拉有維德家的備用鑰匙。我覺得很奇怪，因為我直到那時才知道他們這麼親近。如果我的理解正確，維德在暗示蘿拉說跟朋友去劇場是在騙我。而且問到我們的關係時他很慎重。

我回到家時心情很差，把支票放在房間衣櫃的抽屜裡，有種不愉快的感覺。那是我不懂的可疑交易的酬勞。認識蘿拉以來頭一次，我得自己度過週六晚上，屋內顯得陰暗又有敵意。洗完澡後，叫了披薩後看了一集《奉子成婚》，覺得邦迪家的事沒什麼好玩的。我察覺到蘿拉的氣味，彷彿她就坐在身旁的沙發上。我認識她才幾週時間，但我感覺我們像已經認識多年——她已經是我生活的一部分。

我聽B. B.金恩的唱片，瀏覽一本保羅．奧斯特的小說，想著她和維德教授的事。他對我很不錯，還給了我工作，我該心存感激才對。他是學術界的領頭人物，所以他會注意到我就很幸運了，即使這是出於他的門生暗示。但是在表象之外，我察覺他的行為有些黑暗和怪異，我還無法具體說出是什麼，但確實有，潛藏在他的親切和滔滔不絕的話語之下。最糟的是，我已經開始懷疑蘿拉說的是否屬實。我幻想出各種情境讓我查證她告訴我的真實性，但這時已經太晚來不及搭火車去紐約。況且，從遠處監視她感覺太可笑了，好像B級爛片的橋段。

這些念頭占據我的心思，我半夜在沙發上醒來，走回樓上的床繼續睡。我夢見我在一座大湖邊，岸邊長滿蘆葦。我看著黑暗的湖水，突然間我強烈地預感到危險。我瞥見一隻滿身鱗片、泥濘的巨鱷身形在植被中跟蹤我。但當牠睜開眼盯著我，我發現那對眼睛和維德教授一樣是水藍色。

※

隔天下午蘿拉回來了。我一整天都跟兩個朋友在校園亂逛，午餐時我去他們在拿騷街的家吃披薩、聽音樂。我聽到她的車子停下時，正在給自己煮咖啡。

她看起來很累，有黑眼圈。她吻我的方式似乎相當保留，然後衝上樓回她的房間更衣洗澡。等候期間，我倒了兩杯咖啡在沙發上伸懶腰。她下樓回來後，謝謝我的咖啡，抓起遙控器開始不斷轉臺。她看起來不像有心情聊天，所以我沒煩她。然後，她提議我們出去抽根菸。

「那場秀很蠢，」她告訴我，猛吸一大口菸。「達瑪的父母整晚一直煩我們。我們回家途中在隧道裡還遇到車禍，所以我得等，在車堆裡困了半小時。我那輛破車開始發出怪聲。我想我得請人檢查一下。」

外頭下著毛毛雨，她頭髮上的水滴像鑽石一樣閃閃發亮。

「那齣劇叫什麼名字？」我問道，「如果有人問我，我會幫他們省下三十塊錢。」

「星光特快車❺，」她馬上回答，「劇評不錯，但我就是沒那個心情。」

她知道我見了維德，所以問我情況怎樣，是否對圖書室工作達成了協議。我告訴她他給了我支票，我會用來付房租，而且我已經開工幾個小時了。

❺ *Starlight Express*，安德魯・洛依・韋伯於八〇年代所作音樂劇作品。

我們回到屋內坐到沙發上，她問，「不太對勁，理查。你想要談談嗎？」

我判斷企圖隱瞞也沒意義，所以我說，「維德問我們是什麼關係。而且——」

「怎樣的問題？」

「奇怪的問題……他也問有沒有人找上我打聽他，還有問到妳告訴我多少關於你們在做的研究。」

「是喔。」

我等她說下去，但她沒有。

「還有，他暗示妳可能騙我，妳去紐約有別的理由。」

她半晌沒說話，然後問我，「你相信他嗎？」

我聳肩。「我已經不知道該怎麼想了。我不知道我是否有權利質疑妳做了或沒做什麼。妳又不是我的財產，我也自認不是多疑的人。」

她雙掌捧著杯子彷彿要釋放一隻小鳥。

「好吧，那你希望說清楚嗎？」

「當然。」

她把杯子放到桌上，關掉電視。我們說好不在室內抽菸，但她點了根菸。我把這當作例外情況，所以規則暫時擱置。

「好，我們一件一件來。我搬進來時，根本沒想過要展開一段戀情，無論是跟你或其他人。大二那年結束時，我開始跟一個主修經濟的人交往。我們各自過暑假，分頭回家。我們在秋天恢復交往，有一陣子似乎一切順利。我愛他，至少我這麼想，即使我察覺對方並無此意——他反覆無常，沒有任何情感上的承諾。我懷疑他在跟別的女生交往，所以我生氣自己竟然容忍這種事。

「在那段期間我開始為維德工作。起初我只是義工，跟其他二、三十個學生一樣，但不久之後，我們開始討論他的工作，我想他喜歡我。我可以參與更高的層級。可以這麼說，我成為他的助理之類。我剛說的那個男朋友嫉妒了。他開始跟蹤我，質疑我跟維德的關係。校長收到黑函指控我和教授是一對情侶。」

「那傢伙叫什麼名字？」

「你確定想知道嗎？」

「對，我確定。」

「他叫提摩西．桑德斯。他還在學校裡，修碩士課程。記得剛認識時，我們去過林肯街的羅伯斯酒吧嗎？」

「我記得。」

「他跟一個女生也在那。」

「好吧，繼續。」

「黑函事件後，維德生氣了。我很想要繼續跟他一起工作，因為我已經深入他的研究計畫。那是我在這個領域站穩職涯腳步的機會。我不會讓提摩西毀掉這個機會。

「我向維德坦承我對寄黑函的人有些猜想。他逼我保證跟提摩西分手，反正我也打算這麼做。提摩西跟我談過，我告訴他我不想再交往下去。說來諷刺，他似乎到那時候才真心愛上我。

他跟蹤我去任何地方，寫些冗長的傷感故事寄給我，警告我他在認真考慮自殺，我會終身有罪惡感。他送花到我家和學校，哀求我至少見他幾分鐘。我下定決心拒絕跟他談。維德問過我一兩次那傢伙是否還跟我有聯絡，我說我跟他永遠分手了，而且無論發生什麼事，我不打算改變主意，他似乎很滿意。

「後來提摩西改變戰術，開始作隱晦的威脅和猥褻的暗示。他似乎完全走火入魔。有一次，我看到他在維德家外面徘徊，坐在他停在轉角的街燈下的車裡。他是我搬離舊家來這裡的理由。

「他消失了一陣子，我又看到他，我剛說過，在羅伯特酒吧那一晚。之後，他在校園裡找上我，我犯了錯同意跟他喝杯咖啡。我很確定他接受了交往已經結束的事實，因為他停止騷擾我。」

「恕我插嘴，」我說，「但是妳怎麼不報警呢？」

「我不想惹麻煩。提摩西不算暴力。他從來沒想要打我，所以我不覺得我有什麼人身危險。而且只要他沒犯法，我懷疑警察會對失戀者追求一個學生感興趣。但一起喝咖啡後，他又故態復萌。他說他確定我還愛他，我不想接受，但遲早我會發現。我們分手時他很難過，還去紐約接受過心理治療。我擔心他可能來這裡鬧事，你會生氣。

「簡單說，我同意跟他去一次心理治療，向心理醫師證明我是有血有肉的人而非他幻想的產物，像是想像的女朋友，因為他懷疑心理醫師已經開始相信了。所以我才去紐約。他已經查到我的新地址。見過心理醫師後，我跟達瑪會合去她父母家過夜，像我跟你說過的。就這樣了。提摩西答應不會再來找我。」

「妳為何不跟我說實話？那樣不是比較輕鬆嗎？」

「因為那就必須說出我剛告訴你的一切，我不想這樣。那傢伙只是過去的陰影，我希望他跟其他陰影一起留在過去。理查，我們都有些寧可忘記的事情，我們無能為力。過去的事不該攤開來讓大家看，因為有時候它的意義太複雜，有時候又太痛苦。通常最好的做法是繼續隱藏。」

「就這樣？妳去了心理治療，跟醫師談話，然後你們都同意分道揚鑣？」

她驚異地看著我。

「對，我說過，如此而已。」

「那醫師怎麼說？」

「他原本相信我們的交往全是提摩西捏造的故事。這個前女友是他為自己創造的某種心理投射，可能根本沒有什麼名叫蘿拉的真人。這一切都是因為他從小被不愛他的繼母帶大，他無法忍受被拒絕的感覺。但你為什麼對這些爛事有興趣呢？」

天色漸暗，但我們都沒有起身去開燈。我們坐在陰影中，像題名為《蘿拉乞求理查原諒》的林布蘭畫作。

我想要她——我等不及脫掉她的衣服感受她的身體貼著我——但是同時我覺得彷彿被騙、被背叛。我陷入死巷而且不知道該怎麼前進。

「這些事維德知道嗎？」我問，「他知道妳去紐約的真正理由嗎？」

她說他知道。

「他為什麼想要警告我？」

「因為那是他的作風，」她生氣地說。「因為他可能不喜歡我們交往。他可能嫉妒又忍不住想搧風點火，因為他最擅長這一套——操縱、玩弄別人的心智。我警告過你，你並不瞭解他的真面目。」

「但妳把他形容成天才，好像半人半神，還說你們是好朋友。現在——」

「唉，看來有時候即使天才也可能是大混蛋。」

我知道我問這句有很大的風險，但我還是衝了。「蘿拉，妳跟維德交往過嗎？」

「沒有。」

我很感激她給我直接的答案，沒有偽善的憤慨或（幾乎）無法避免的「你怎麼會這麼想？」但是沒差，幾分鐘後她補充說，「很遺憾你竟然會這麼想，理查。但是看這情形，我能理解。」

「我有點驚訝地發現妳有他家的鑰匙。維德告訴我的。」

「如果你先問我，我也會告訴你。那不是祕密。他孤家寡人，沒有伴侶。有阿姨每週五會去幫忙打掃，還有個他以前的病患住在附近，需要修理東西時就會過去。他給我鑰匙只是以防萬一。我連一次也沒用過，相信我。我從來沒在他出門的時候去過。」

她的臉在昏暗的光線中很模糊，我猜想蘿拉．拜恩斯究竟是什麼人，幾週前我認識的蘿拉．拜恩斯，我終究對她毫無了解。然後我回答自己的疑問：她是我愛上的女人，真正重要的只有這一點。

＊

那個晚上，我們說好永遠不再提這件事後——我太年輕作了不可能遵守的承諾——蘿拉告訴我維德在做的實驗，連她也不知道所有細節。

教授與政府當局的關係大約從七年前開始，當時他是作為專家證人被找去協助偵辦謀殺案。被告律師要求他的當事人因為心神喪失不能受審。蘿拉解釋，這類案例中，會把三位專家湊在一起，由他們寫出被告精神狀態的報告，然後法院判斷辯護方的理由是否成立。如果專家們證實被告患有精神疾病導致他無法了解針對他的罪名性質，那他會被送往法醫精神醫院。稍後，在律師要求下，如果法院判決對他有利，病患可以轉送到一般精神醫院，甚至釋放。

當時在康乃爾任教的維德主張，有個叫約翰．提伯倫的人，四十八歲，被控謀殺鄰居，是假裝失憶症，不過另外兩位專家相信他患有精神病，患了偏執精神分裂症，他聲稱的失憶是真的。最後，事實證明維德是對的。調查人員發現提伯倫的日記，他在裡面詳細描述他的行為。鄰居並非他唯一的受害人。此外，他一直在蒐集可能構成免罪的各種精神病症狀的資訊。換言之，他已經確保了萬一被逮，也能夠逼真地演戲去說服專家相信他有精神病。

該案之後，維德持續以顧問身分被傳喚，對研究記憶和分析壓抑的記憶越來越有興趣，在某疑似童年受惡魔儀式殘害的心理醫師寫的書《蜜雪兒記得》出版後變得更加熱衷。維德檢視了幾百個類似案例，甚至用催眠術深入研究。他造訪監獄和法醫精神醫院訪談危險的罪犯並研究無數個失憶症案例。

最後，他的結論是某些壓抑記憶的案例，尤其受測者承受嚴重心理創傷時，在某種自體免疫系統啟動時發生——受測者相當單純地抹消創傷記憶或消毒讓它可以忍受，就像白血球攻擊侵入人體的病毒。所以我們的大腦天生就附有垃圾桶。

但如果這類過程隨機發生，這種機制有可能解碼後允許被治療師觸動和管理嗎？因為機制的隨機觸動經常導致不可逆轉的損傷，無害的記憶可能隨著創傷被抹消，病患嘗試逃避創傷會造成新創傷，在某些案例中比舊創傷更嚴重。就像砍掉整條手臂去解決醜陋傷疤或燙傷的問題。

維德一路繼續研究，同時跳槽到普林斯頓。

顯然某個機構的代表找上他，他和蘿拉在對話中曾經神祕地形容，他是那個機構研發計畫的監督者。蘿拉只知道這麼多了，但她懷疑那個計畫涉及抹消或「整理」士兵與祕密幹員遭受的創傷記憶。維德很不願意提起。事態進展並不順利，他們和教授之間的關係變得緊張。

她告訴我的事讓我背脊發涼。發現我認定是明確的現實片段其實可能是我對某些事物主觀看法的結果，感覺很奇怪。如她所說，我們的記憶只是高明的影像編輯，是可以任意剪接的某種膠捲，或可以任意塑形的某種膠質。

我告訴她我很難同意這種理論，但她反駁我。「你從來沒有印象已經體驗過某事嗎，你在一個特定的地方，然後發現你從未來過，只是聽過相關故事，比如在小時候？你的記憶只是擦掉你聽到故事的印象，用別的事件取代。」

我想起許久以來，我一直以為一九七〇年我看過電視上堪薩斯市酋長隊打敗明尼蘇達維京隊贏得超級杯——當年我才四歲——只因為我聽老爸講過太多次那場比賽的故事。

「看吧？還有個典型例子是調查人員處理目擊證詞有多困難。大多數時候資訊內容是互相矛盾的，甚至只是廢話的細節：例如涉嫌肇事逃逸的車子顏色。有人說是紅色，有人敢發誓說是藍色，到最後原來是黃色。我們的記憶不是錄下通過鏡頭前一切事物的攝影機，理查，而比較像編劇和導演合為一人，擷取片段現實編造他們自己的電影。」

⁂

我不知道為什麼，但是那晚我沒有特別注意她說了什麼。到頭來，我一點也不在乎維德有何企圖。但我確實懷疑她對提摩西．桑德斯的事是否說了實話。

蘿拉對於名字的力量說對了，因此將近三十年後我還記得他的名字。那晚我也再度懷疑她與教授的關係是否純屬公事。性騷擾是八〇年代的流行主題，大學也無法對醜聞免疫。有時候光是指控就足以毀掉某人事業，或至少造成懷疑。所以我很難相信像維德這種地位的人能夠冒失去一切的風險跟學生勾搭，無論她有多麼吸引他。

那晚我們都睡在客廳沙發上，她睡著之後許久我還醒著，望著她裸露的身體，她的長腿，大腿的曲線，挺直的肩膀。她睡得很熟，緊握雙拳。我決定相信她：有時候我們硬是逼自己相信帽子裡可以變出大象。

4

隔週的星期四我們一起過感恩節。我們從厄文街的家庭小餐廳買了隻現成的火雞，邀請幾個同學過來，都是蘿拉的朋友。我弟艾迪生病了——感冒，我媽某天早上發現他痛苦地發高燒嚇壞了——我跟他們講了一個多小時電話，告訴他們我找到兼差工作。蘿拉和我都沒提到提摩西・桑德斯或維德。我們熬夜到將近隔天早上，玩得很開心，我們去紐約，在布魯克林高地的一家小民宿過週末。

接下來一週維德在學校時，我用他留給蘿拉的鑰匙去了維德家兩次。

我喜歡那個安靜、寬敞的地方，對我這種一輩子住在陰暗、吵鬧陋室的人幾乎有種魔力。屋裡寂靜到簡直有些不自然，客廳的窗戶還能眺望湖景。我願意站在那兒幾小時，看著岸上宛如點描派畫作的柳樹線條。

我暗自調查了一下我的環境。

樓下有客廳、廚房、廁所和儲藏室。樓上有圖書室、兩間臥室、另一間浴室和大到必要時足以當作客房的更衣室。地下室有座小酒窖和健身房，裡面地板散落著啞鈴和槓鈴。天花板懸吊著一個紅色沙包，有雙拳擊手套掛在牆面的釘子上。健身房裡瀰漫著汗臭與男性除臭劑味道。

我一向是個書呆子，所以整理維德的圖書室比較像是享受而非工作。書架上擺滿了稀有版本與我從來沒聽過的書。大約半數是醫學、心理學和精神病學的教科書，其餘是文學、藝術和歷史書。我工作時把半數時間用來看書，因為我懷疑教授會願意借我任何一本他的珍版書。

那週是我第二次去工作，短暫地休息吃午餐。吃著帶去的三明治同時欣賞窗戶外散開的湖景，我發現這棟房子對我就像屋主一樣，有種奇怪的影響。同時既吸引我也排斥我。

它吸引我是因為如果我是成功的作家而且賺到一些錢，就想要住在這種房子。隨著我在普林斯頓的時光接近尾聲，我開始認真考慮接下來要做什麼，我越來越擔心現實發展可能不如我的期望。當時我投稿文學雜誌那幾則短篇小說都被退稿，不過有些編輯附帶寫了幾句鼓勵的話。我在寫一本小說，但我完全不清楚是否真正值得堅持寫下去。

替代方案大概是在某個小鎮當個貧窮、厭世的英文老師過著無聊的生活，被嘲弄的青少年包圍。我會淪落到穿著手肘有皮革補丁的方格呢外套，手提包裡帶著永遠寫不完的出書計畫，像個石磨套在我的脖子上。

那棟房子是普遍認可的成功象徵，我用兩分鐘想像那是我的家，我跟我愛的女人住在裡面，到時應該是我老婆吧。我在休息準備寫下一本暢銷書，冷靜放鬆地等待蘿拉抵達，我們可以出去在綠苑酒廊或四季飯店度過晚上，我們會被旁人認出，受到好奇又仰慕的注目。

但是我一想起這棟房子屬於我並不完全信任的人，這個畫面迅速開始消融，彷彿接觸到毀滅性化學物質。雖然我傾向相信蘿拉跟我說的是實話，他們的關係純屬公事，每當我在這屋裡總是忍不住胡思亂想。彷彿我看得到他們就在客廳沙發上做愛，或上樓進臥室，還沒碰到被單已經裸體嬉鬧起來。我想像蘿拉為了挑逗那個老人接受的所有變態遊戲，面帶變態的笑容在他的書桌下爬行，他解開他的褲子提出淫蕩的暗示。

即使不在場，維德還是能夠宣示他的地盤，彷彿每個物品都是他的神殿的一部分。

⁂

那天早上我和蘿拉說好下午三點在公園的紀念碑碰面，然後我們可以搭火車去紐約。下午兩點我鎖上圖書室的門，下樓準備離開。我看到一個高大男子坐在家裡時差點嚇暈。他手上拿著東西，下個瞬間我立刻認出是鐵鎚。

這裡不是危險的社區，但那個時代報紙上總是有很多竊盜，甚至謀殺的報導。那傢伙身穿兜帽大衣、棉質汗衫和牛仔褲，停止動作盯著我。我想要講話但是喉嚨乾澀，差點認不出自己的聲音。「老兄，你是誰啊？」

他愣了一會兒，彷彿不知道該說什麼。他有張又大又圓、異常蒼白的臉，頭髮雜亂，臉頰上有幾天沒刮的鬍渣。

「我是德瑞克，」他終於說，彷彿我應該聽說過他。「喬——我是說維德教授——找我來修理窗簾桿罩。」

他用鐵鎚指著一扇窗戶，我發現地上有個工具箱。

「你怎麼進來？」我問。

「我有鑰匙，」他說，指著沙發旁的咖啡桌，桌上放著鑰匙。「你是圖書室工讀生，對吧？」根據他的簡短解釋，我猜想他就是蘿拉提過幫忙維修維德家的那個舊病患。我趕時間，所以沒逗留多問他一些，也沒有打電話給維德查證德瑞克的說法。大約一小時後我見到蘿拉，我告訴她這次差點害我心臟病發的遭遇。

「那個人叫做德瑞克．席門斯，」她告訴我，「他跟教授認識好多年了。實質上，是維德在照顧他。」

前往普林斯頓車站準備搭火車去紐約的途中，蘿拉告訴我德瑞克的經歷。

⁂

四年前，他被控謀殺他的妻子。他們住在普林斯頓，已經結婚五年沒有小孩。德瑞克在當維修工，而他的妻子安妮在拿騷街的咖啡店當女侍。事後鄰居和家庭友人宣稱，他們從不吵架而且似乎婚姻幸福。

某天清早，德瑞克打電話叫救護車，告訴接線生他老婆的狀況危急。救護員在走道上發現她失去生命跡象躺在血泊中，頸部和胸部被刺了幾刀。有個醫療檢驗員宣稱她當場死亡，並通知法醫。

至於德瑞克說的悲劇版本如下：

他大約晚上七點，在自家附近的商店購物後回到家。吃了晚餐，看電視然後就寢，知道安妮會上晚班，直到深夜才會回家。

他照例在早上六點醒來，看到妻子沒有睡在身邊的床上。走出臥室，發現她躺在走道上，渾身是血。他不知道她是死是活，所以叫了救護車。

起初，調查人員認為他說的可能是實話。大門沒鎖上，也沒有強行闖入的跡象，所以可能有人跟蹤她回家，在她走進公寓時攻擊她。或許後來犯人發現家裡有別人在，沒偷任何東西就逃走了（被害人的手提包仍然裝著一些現金，在屍體旁被發現）。法醫判斷她大約死於凌晨三點。席門斯沒有動機殺害他妻子，而且他似乎對她的死很悲痛。他沒有任何債務，沒有婚外情紀錄，工作也很認真。一般公認他是個工作努力又寡言的人。

蘿拉從維德那聽說了所有細節，他是德瑞克被控謀殺妻子之後受邀評估德瑞克精神狀態的三位專家之一；他的律師一直要求以精神失常為由宣告他無罪。不知為何，維德認定此案非常重要。

警探們隨後發現一些對德瑞克很不利的東西。

首先，安妮．席門斯被殺的前幾個月開始有外遇。她的情人身分一直沒被發現——至少從未公布——但似乎是很認真的交往，而且那兩人打算在安妮訴請離婚後結婚。在命案當晚，安妮大約在晚上十點下了班鎖好咖啡店。然後兩人去了同一條街上，安妮兩個月前租下的一戶廉價單人公寓，他們停留到午夜左右，然後她搭計程車回家。根據司機與計程錶錄下的資訊，安妮．席門斯於凌晨一點十二分在自家大樓門口下車。

德瑞克聲稱他不知道妻子有外遇，但調查人員認為這不太可能。所以，這下他們有了動機——嫉妒——命案很可能就是情殺。

其次，死者的手臂上有傷口，法醫稱作「防禦性傷口」。換句話說，她曾舉起手臂想要保護自己，對抗很有可能使用一把大刀的凶手。即使妻子拚命搏鬥時德瑞克在樓上睡覺，他不太可能沒聽到任何動靜。安妮幾乎肯定會尖叫求救（後來兩個鄰居宣稱有聽到她慘叫，但是還沒完全清醒前叫聲就停止了，所以沒報警）。

第三，受害者的一名友人證實席門斯家的廚房裡少了一把刀，她記得那把刀，因為僅僅幾週前她幫安妮準備過她生日派對的餐點。被問到那把刀時，她的描述指向它可能是凶器，德瑞克只能聳肩。對，這把刀存在，但他不知道到哪裡去了，因為是他老婆負責管理廚房。

最後，警探們也發現許多年前，當時德瑞克是青少年，曾經發生過精神崩潰。他被送進馬波洛精神醫院住了兩個月，錯過高中的最後一年。他被診斷過有精神分裂症，從出院後一直持續服藥。雖然他向來是個好學生，後來他放棄上大學的念頭，改考到電工執照，在西門子公司找了個低階工作。

結果警方建立了一套定罪推論，判斷時間線如下：

安妮在一點十二分到家，兩人發生爭吵。她丈夫指控她有外遇，她可能告訴他想要離婚的意圖。兩小時後，德瑞克從廚房拿刀殺了她。然後丟棄凶器，再打電話叫救護車，彷彿他剛發現妻子的屍體。他或許正好發生精神崩潰或精神分裂，但這點只有醫師能作出結論。

席門斯以謀殺罪名被捕後，他的律師咬緊精神崩潰推論，要求宣告他的當事人以心神喪失理由無罪。同時，被告頑固地繼續聲稱他是無辜的，拒絕任何認罪協商。

檢查他幾次之後，約瑟夫·維德的結論是德瑞克·席門斯患有一種罕見的精神錯亂，年輕時被誤診為精神分裂。這種精神錯亂涉及週期性發生所謂的神遊狀態，在此期間病患失去所有自我意識、記憶和身分感。在極端案例中，這種人可能從家裡失蹤，幾年後在別的城市或州被找到，以全新的身分生活，一點也不記得他們的舊生活。有些人回歸到舊身分，但完全忘了他們同時建構的其他身分；也有人完全無法脫離他們的新生活。

如果維德的診斷正確，有可能席門斯或許不記得那晚他做了什麼，當時因為突然從睡眠轉變成清醒引發的壓力和意識調整，他的反應會彷彿是個完全不同的人。

維德說服同僚們接受這個診斷，法官判決席門斯跟其他有潛在危險的病患一起被送進紐澤西州的特倫頓精神病院。在院方和病患的律師同意之下，維德持續用催眠和和包括抗痙攣混合藥物的革命性療法治療席門斯。

不幸，入院幾個月後，席門斯被另一個病患攻擊，頭部遭受重傷，他的狀況大幅惡化。德瑞克·席門斯完全失去記憶並且從未恢復。他的大腦能夠形成與儲存新記憶，但舊記憶證明無法回復。蘿拉向我說明這種創傷稱作逆行性失憶症（retrograde amnesia）。

一年後，在維德堅持下，德瑞克被送進管理比較不嚴格的馬波洛精神醫院。教授在那裡幫助他重建他的人格。蘿拉說，其實，那只講對了一半：病患再度變回德瑞克·席門斯只是指他有同樣的名字和肉體外表。他會寫字，但是不知道是從哪學會，因為他沒有上過學的記憶。他仍然能做電工的工作，但是老問題，他不知道技能是從哪裡學來的。從他在醫院被攻擊的那一刻，記憶被封鎖在他的大腦突觸中的某處。

一九八五年春天，因為案情複雜度加上病患完全沒有暴力傾向，法官批准他的律師要求讓席門斯出院。蘿拉說，但是顯然德瑞克．席門斯再也無法為自己辯護了。他沒有機會就業，遲早會淪落到精神病院。他是獨生子，母親在他幼年時就死於癌症。父親與德瑞克向來情感淡薄，在悲劇後搬離了鎮上，沒有留下聯絡地址，似乎也對兒子的命運不感興趣。

於是維德在自家附近替他租了個小公寓，付他月薪去維修他的房子。德瑞克完全獨居，鄰居都把他當怪胎。偶爾他會自己關在家裡好幾天甚至幾週沒露面。這種時候維德會送食物給他，確保他有好好吃藥。

德瑞克．席門斯的故事感動了我，維德對他的態度也是。靠維德的幫助，這個人無論是不是兇手，才能夠過像樣的生活。而且即使程度受到疾病限制，他是自由的。沒有維德，他會淪落到療養院裡，成為沒人管的廢人，被粗暴的警衛與危險的病人包圍。蘿拉告訴我她跟教授去過幾次特倫頓醫院作田野調查；她認為精神病院或許是世界上最險惡的地方。

⁂

隔週，初雪開始落下，我已經去過維德家三次，每次都碰到德瑞克在場，做些小維修。我們一起抽菸聊天，看著似乎被陰沉天空的重量壓垮的湖面。如果我不曉得他的狀況，我會以為他是普通人，只是有些害羞、孤僻又不太聰明。無論如何，他似乎挺溫和，無法傷害任何人。他談到維德時很尊敬，也了解虧欠他很多。他告訴我最近他剛從收容所領養一隻小狗。他叫牠傑克，每天晚上會帶牠去附近公園遛。

我在此提起德瑞克和他的故事，是因為他在接下來的悲劇中將會扮演重要角色。

5

我聽到迄今人生最重要的那個消息時，是十二月初。

費爾斯通的圖書館員，我的朋友麗莎．惠勒，告訴我有個紐約文學雜誌《*Signature*》的編輯會來拿騷廳演講。該雜誌現已停刊，在當年還挺受歡迎的，只是發行量有限。惠勒太太知道我想要出書，幫我弄到邀請卡，慫恿我在演講後找編輯談談，請他看看我的作品。我並不害羞，但也不想強人所難，所以接下來三天我在考慮該怎麼辦。最後，在蘿拉的強烈堅持下，我選了三篇短篇，連同履歷一起放進紙袋，把紙袋夾在腋下去聽演講。

⁂

我太早到場，所以就在大樓外面邊抽菸邊等。演講廳外的氣氛陰沉，充滿了停在附近樹上的烏鴉叫聲。

落雪使大廳入口的一對銅虎看起來像巨大蛋糕上的杏仁蛋白玩偶，灑上了糖粉。有個瘦子身穿手肘有皮革補丁的燈芯絨外套打著搭配的領帶，走過來問我借個火。他自己捲菸，用一根長骨頭或象牙管抽，像愛德華國王時代的時髦人士用拇指和食指捏著。

我們開始聊，他問我認為這場演講的主題怎麼樣。我坦承我不太瞭解是關於什麼，但是我希望拿一些自己的作品給講者看看，他是《*Signature*》雜誌的編輯。

「太好了，」他說，往空中呼出一團藍色煙霧。他留著鉛筆似的細鬍子，像散拍音樂的樂師。「那你的作品是什麼內容？」

我聳肩。「很難說——我寧可讓人看過而非談論。」

「你知道威廉．福克納說過同樣的話嗎？意思是，一本好書只能閱讀，不能談論。好吧，交給我。我敢說就放在那個紙袋裡。」

我驚訝得目瞪口呆。

「約翰．哈特利。」他說，把菸管移到左手再伸出右手。

我握他的手，有股出師不利的感覺。他發現我的尷尬，向我鼓勵地微笑，露出兩排被菸燻黃的牙齒。我把裝了作品和履歷的紙袋交給他。他接過去塞進倚在我們中間金屬直筒菸灰缸上的破爛皮革手提包。我們抽完菸，不發一語走進演講廳。

演講結束後，回答完聽眾發問，我走過去時他慎重地打招呼，給我一張名片叫我一星期後聯絡他。

我告訴蘿拉事情經過。

「這是個徵兆，」她說，得意洋洋又充滿自信。

她裸體坐著，盤踞在房間角落那張我自製的臨時書桌上。她來回揮動雙腿把剛塗的腳趾甲油吹乾，同時用一塊皮擦眼鏡。

「命中注定的事情就會這樣，」她繼續說，「一切都湊在一起自然而然地流動，像一段好文章。歡迎來到作家的世界，理查・弗林先生。」

「我們等著看後續結果吧，」我懷疑地說。「我懷疑是否選對了作品，還有他會不會抽空看。或許已經丟進垃圾桶了。」

她有近視，沒戴眼鏡時必須瞇起眼睛才能看見東西，讓她顯得惱怒。她就這樣瞄我一眼，皺著眉頭，對我伸出舌頭。

「別這麼頑固悲觀！悲觀者讓人生氣，尤其是年輕人。我小時候每次嘗試新東西，我爸永遠不會閉嘴，總是說我和夢想之間有多少無法克服的困難。因此我十五歲時放棄繪畫，即使老師說我很有天賦。我第一次去參加在法國舉辦的國際數學競賽時，他警告我評審團會偏愛法國參賽者，所以我不該抱太大期望。」

「他說對了嗎？他們偏袒法國人嗎？」

「一點也沒有。我贏了首獎，第二名是個馬里蘭州來的孩子。」

她把皮革放到桌上，戴上眼鏡把膝蓋縮到胸前，用雙臂環抱著，彷彿她突然覺得冷。

「我有預感會有好結果，理查。你天生要當作家——我知道你也知道。但是成功不會從天上掉下來。我爸死後，我十六歲，我看著他鎖在書桌抽屜裡的所有東西，我一直想搜索那張桌子。在他的文件堆裡，我發現一張大約跟我同齡女孩的黑白小照片，她的頭髮往後用髮箍蓋住。她不太漂亮——長相普通——但她眼神很善良。我把照片拿給媽媽看，她簡短地說她是我爸高中時代的女朋友。不知何故他這些年來一直留著這張照片。你懂我的意思嗎？好像他沒有勇氣跟那個女生在一起，天曉得為什麼，他內心累積了太多不快樂，所以到處散播，就像烏賊吐墨汁隱藏自已。快，把褲子脫了，隊長。你沒看到有裸體女士在等你嗎？」

※

結果蘿拉說對了。

一週後，我們在拿騷街上的義大利餐館吃披薩時，我突然想要馬上打電話給《*Signature*》雜誌。我到廁所門邊的公用電話亭，投下兩枚硬幣撥了演講後隨身攜帶的那張名片上的號碼。是個年輕女子接聽，我說找哈特利先生，告訴她我是誰。幾秒後我聽到編輯在線路另一端的聲音。

我提醒他我是誰，他直接切入重點。

「好消息，理查。我要讓你登在下一期，一月分出刊。那一期很強。新年假期過後，我們的讀者總是會增加。我連一個標點符號都沒改。」

我喜出望外。

「你選了哪篇？」

「因為很短，所以我決定三篇全上。我會給你兩頁。對了，我們需要你的照片，黑白的，大頭照格式。我們也需要一段簡歷。」

「聽起來太棒了……」我說，然後結巴地道謝。

「你寫了一些很棒的故事，自然應該要給大家看。我希望假期後能碰面，我們可以多熟悉彼此一點。如果你維持下去，前途無量，理查。假日快樂。很高興能夠給你一些好消息。」

我也祝他假日快樂然後掛斷。

「你在發光，」我坐回餐桌後蘿拉說，「好消息嗎？」

「他們一月分要刊登三篇全部，」我說。「妳能想像嗎，全部耶！上《*Signature*》雜誌！」

我們沒開香檳慶祝。我們甚至沒上高級餐廳。我們整晚待在家裡，就我們兩人，計畫未來。感覺彷彿天上星星近得我們可以伸手摸到。

「《*Signature*》雜誌」、「三篇短篇小說」、「黑白照片」和「出版作家」這類字眼像旋轉木馬般迴旋在我腦海中，形成榮耀和不朽的隱形光環。

如今，我發現我被當下生活中的突發改變沖昏頭，我太誇大它的重要性——《*Signature*》又不是《紐約客》雜誌，作者的酬勞是三本雜誌而非支票。當時我沒注意的是蘿拉在這幾天也有一些改變。回想起來，她似乎變疏離，總是若有所思，而且越來越少跟我說話。有兩三次我發現她在低聲講電話，每次她一發現我在場就立刻掛斷。

我幾乎每天去維德家，每次在圖書室工作三四個小時，書籍慢慢開始有組織化的樣子。我會和蘿拉度過夜晚，放棄所有其他活動。但大多數時候她把工作帶回家，駝背坐在地板上，被書籍和紙筆堆包圍，好像執行某種祕密儀式的巫醫。如果我沒記錯，我們甚至不再做愛。雖然我習慣早起，大多數時候我發現她已經走了，沒叫醒我。

※

有一天，我在維德的圖書室發現那份稿子。

面對房門的書櫃底部有個小櫥子，當時我都沒有好奇到把它打開。直到我在找寫字用的紙，想要為門邊的書櫃做個最終排放的圖表，我是從那開始整理，所以決定在櫥子裡找而非下樓從教授的書桌上拿。打開後發現一疊紙，幾本舊雜誌，一些鉛筆、原子筆和馬克筆。

我從櫥子拿出紙張時失手掉落，有幾張散落在地板上。我跪下去撿，發現櫥子裡面有枝鉛筆的尖端似乎崁在壁上，插到兩面櫥壁接合處。我俯身去看清楚，把其他物品拿開，發現櫥子左側有片假壁，打開之後有個電話簿大小的空間。在狹縫中我發現厚紙板檔案夾裡的一疊紙。

拿出來一看，封面沒有說明內容的字樣。翻閱後，我察覺到這是精神病學或心理學作品，但沒有書名或作者。

似乎至少有兩個人在紙上書寫。有些是打字的，有些字跡很小，用黑墨水，還有些是不同筆跡，用藍色原子筆且傾向左側的潦草大字。

打字和手寫頁面都布滿修改，在某些地方還添加了一兩個段落，用透明膠帶黏貼在頁面上。

我猜想這會不會是蘿拉說過的維德教授的名作草稿（或多份草稿之一），或者是已經出版的某本舊作的手稿。

我迅速讀完前幾頁，充滿了我不熟悉的科學術語，於是我把手稿放回去，小心把雜物盡量擺成剛發現的狀態。我不希望維德發現我找到他的祕密藏物處或我在他家裡亂搜。

※

某天下午我忘了時間，下樓時撞見正與德瑞克交談中的教授。德瑞克離去，維德邀我留下吃晚餐。他累了，顯得陰鬱又心不在焉。過程中，他恭喜我作品被錄用出版，可能是聽蘿拉說的，但他沒問我詳情，不然我很樂意說。外面在下大雪，我暗忖最好先告辭，因為路面可能被擋住，但我無法拒絕他的邀請。

「不如你叫蘿拉也過來吧？」他提議，「去啊，我堅持。如果我知道你還在，我會自己邀她。今天我們都在一起工作。」

他在冰箱裡找牛排時，我進走道打電話回家。蘿拉幾乎立刻接聽，我告訴她我在維德家，他邀我們一起吃晚餐。

「是他提議你打給我嗎？」她用吵架似的語氣問，「他人在哪裡？」

「他在廚房裡。怎麼了？」

「我感覺不太舒服，理查。天氣很差，我勸你盡快回家。」

我沒堅持。我掛斷之前告訴她我會盡快回去。

我回客廳時維德疑問地看我一眼。他已經脫下他的外套穿著白圍兜，胸口有紅字繡著：「最棒媽咪，好吃好吃」。他看我的樣子如釋重負，黑眼圈的顏色看起來更暗了。他的臉在廚房的慘白日光燈下，看來老了十歲，我們認識那晚他的自信神態似乎變成了幾近驚恐的表情。

「呃，她說什麼？」

「她說這種天氣不想出門。而且——」

他揮手打斷我。「她至少可以想出更好的藉口吧。」

他拿起一塊牛排丟回冰箱裡，用力甩上門。

「女人可以說她們身體不舒服，不必講細節，對吧？這是她們人生的重大優勢之一。麻煩你下去酒窖，拿瓶紅酒上來。我們要吃一頓悲慘孤單的光棍晚餐了。我們都不是橄欖球迷，但我們吃完可以看轉播，喝罐啤酒，打嗝，做滿足的男人該做的事。」

我從酒窖帶酒回來時，牛排正在大煎鍋上滋滋作響，他在做某種速成馬鈴薯泥。有扇窗戶敞開著，風把大片雪花吹進室內，立刻在溫暖空氣中融化。我照他的指示打開紅酒，倒進一個大肚玻璃瓶裡。

「恕我直言，要是我一年前請蘿拉過來，即使外面下著火球，她也會像子彈飆過來，」他喝一大口威士忌之後說，「聽老人的勸，理查。當女人察覺你對她有意思，她會開始測試她的權力企圖控制你。」

「你說『有意思』是什麼意思？」我問。

他沒回答，只是悠悠看我一眼。

我們默默吃飯。他牛排煎得太匆忙，幾乎是生的，馬鈴薯泥也充滿硬塊。他幾乎自己喝光一整瓶紅酒，我們繼續喝咖啡時，他給自己那杯加了大量波本酒，大口喝掉。戶外的風雨已經轉變成暴風雪，在窗戶上翻騰。

晚餐後他把盤子放進洗碗機，點了根從木盒裡拿出來的雪茄。我婉拒他的好意自己點了根萬寶路。他心不在焉地抽了一會兒，似乎忘了我在場。等他開口時我正準備謝謝他招待，說我要走了。

「你最早的記憶是什麼，理查？我是指依年代順序。通常一個人的記憶從兩歲半到三歲間開始。」

廚房的日光燈亮著，但是餐廳處於半黑暗狀態。他說話時會揮手，發光的雪茄末端在陰暗中畫出複雜的線條。長鬍鬚讓他看起來好像聖經裡的先知，失去願景，努力再度聆聽天上來的聲音。他右手無名指上戴了顆紅寶石，在抽雪茄時發出神祕的反光。我們之間的桌上鋪了塊大白布，看起來像又深又冷的湖面，比牆壁更明確地隔開我們。

我從未「依年代順序」想過最早的記憶，照他的說法。但片刻後，他說的記憶開始在我腦中成形，我告訴了他。

「我在費城的柯妮莉亞姨媽家。你說得對：我應該是三歲，或是生日前一個月左右，在一九六九年的初夏。我在一個感覺似乎很大的陽臺上，想要從綠色櫥櫃上拉下一塊木板。我穿著短褲和白涼鞋。然後我媽過來把我帶走。我不記得那趟是搭火車或汽車，我也不記得姨媽家的擺設或她跟姨丈當時的長相。我只記得那塊木板，櫥櫃，還有陽臺，地上是奶油色磁磚，還有濃厚的烹飪氣味，一定是從陽臺附近的廚房傳來的。」

「所以阿姆斯壯月球漫步時你大約三歲，」他說，「當時府上有電視機嗎？就發生在你說的那個夏天。」

「當然。是一臺彩色小電視，放在客廳窗戶旁邊的架子上。後來我們換了大電視，是索尼的。」

「你父母很可能看過登陸月球，從開天闢地以來最重要的歷史時刻之一。你有任何印象嗎？」

「我知道他們看了報導，因為他們事後談論了好多年。那天，老爸去看了牙醫，老媽給他做了黃菊茶漱口用。他不知何故居然被茶燙傷嘴。那個故事我聽過幾十次。但我不記得尼爾・阿姆斯壯說出他的名言，或看到他像隻白色大玩偶在月球表面跳來跳去。當然，我後來看過那場面。」

「看？對你而言，在那個年紀，登月完全沒有意義。為了任何理由，一小塊木頭對你更重要。但萬一你發現你從未去過費城，那都是你自己大腦捏造的景象，而非真實記憶呢？」

「我跟蘿拉談過這個話題。或許有些記憶是相對的，或許我們的記憶會掩蓋事情，甚至改變它們，但我想只到一個相對程度上。」

「那可不是只到一個相對程度，」他明確地告訴我，「我給你一個例子吧。你小時候，當父母採購時曾經在購物中心裡走失嗎？」

「我不記得發生過這種事。」

「呃，在五〇到六〇年代，購物中心開始到處冒出來取代社區雜貨店，全國的母親恆久的恐懼之一就是在人群中弄丟她們的小孩。那個世代的小孩，尤其在大城市的人，都在誘拐犯的陰影下長大，出門購物時總是被叮嚀要跟緊媽媽。在購物中心迷路或被綁架的恐懼烙印在他們的深層記憶中，即使他們意識中再也不記得那種事。」

他起身倒了兩杯波本酒，回來坐下之前把一杯放在我面前。他抽一口雪茄，啜一口威士忌，瞄一眼邀請我照做，然後繼續說。

「好幾年前我作過一個實驗。我從人口超過三十萬人的城市分析那個時代出生的學生。沒有一個記得小時候在購物中心走失過。然後我在催眠中暗示他們其實曾經走失。你猜發生什麼事？四分之三的人後來聲稱他們想起在購物中心走失，甚至描述經歷：他們多麼害怕，如何被店員發現後帶回母親身邊，如何用廣播擴音器宣布湯米或哈利被美食街撿到了。大多數人拒絕相信那只是用催眠暗示結合他們的童年恐懼罷了。他們太清晰地『記得』那個事件，所以無法相信它從未發生。例如，如果我向在紐約市出生長大的某人暗示他童年曾經被鱷魚攻擊，結果很可能無效，因為他們沒有害怕鱷魚的童年記憶。」

「你的用意是什麼？」我問道。

我不想再喝酒了，強迫自己吃下晚餐後，光是酒味就足以讓我暈眩。我累了，又一直在擔心巴士是否還有行駛。

「用意？呃，我的用意是當我問起你童年記憶時，你告訴我一些安全普通的事，小孩在陽臺上玩木頭。但我們的大腦從來不是那樣運作。你**之所以**記得那件事而不是別的事一定有個很強烈的理由，我們姑且假設那是真的。或許那塊木板裡有根釘子害你弄傷自己，即使你已經不記得那部分了。或許那座陽臺在高樓層，你有墜樓的風險，令堂發現你的時候尖叫了。當我開始處理……」

他暫停，彷彿在懷疑該不該說下去。他可能判斷應該，所以繼續說。

「有些人經歷過極度創傷的事，後來形成了嚴重的心理障礙。就是所謂的『拳擊手症候群』：你在擂臺上差點被打死之後，幾乎不可能有足夠動機當上冠軍。你的自保本能成為強大的障礙。所以，如果一群學生可以被說服他們曾經在購物中心走失，真正體驗過這種事的人為何不能被說服該創傷事件從未真正發生，當天他母親只是拿新玩具來給他？你抵銷的不是創傷效應，而是創傷本身。」

「換言之，你是在屠宰別人的記憶，」我說，但立刻後悔我說得太直率了。

「如果有一大群人為了更迷人的乳房、鼻子和臀部願意投身在外科醫師的刀下，那麼記憶的整形手術又有什麼錯呢？尤其我們如果面對宛如故障玩具，再也無法盡職責或正常生活的人。」

「你說的不就是洗腦嗎？若是記憶在不巧的時機回到表面又會如何？萬一登山者的心理障礙突然復發，就在他懸吊在三千呎高的繩索上的時候呢？」

他驚訝又有點警戒地看著我。直到這時他的語氣一直有點優越感，但之後我察覺他的驚訝中夾雜著一點恐懼。

「這題問得**很**好。我知道你比我想的還要聰明——無意冒犯。所以，對，這種情況會怎樣？用你的說法，有些人可能會認為『屠宰』登山者心智的人要負責。」

這時電話響了，但他沒去接，我懷疑是不是蘿拉打來。接著他突然用他熟悉的戰術改變話題。他可能認為關於實驗已經透露太多了。

「可惜蘿拉不能來。或許我們的對話會比較愉快一點。你知道的，我知道你們的關係，所以你不需要再騙我了。蘿拉和我彼此沒有任何祕密。她告訴你提摩西的事了，對吧？」

我知道他不是吹牛，所以我告訴他是真的。當場被逮到的感覺很糗，我告訴自己他和蘿拉的關係比我假設的更深厚，分享我連作為客人都還不能進入的祕密地方，不同於我的幻想。

「當我問你你們是什麼關係，我已經知道你們在一起了，」他說，「那只是測試。」

「我沒過關。」

「就當作你選擇慎重吧，而且我的問題太過分了，」他安慰我，「蘿拉對你有多重要？或者應該說，你認為她有多重要？」

「很重要。」

「你沒有猶豫，」他評論說，「那就希望你們倆一切順利了。有人問過你來這裡做什麼嗎？」

「沒有。」

「如果有人問起，立刻通知我，無論對方是誰，好嗎？」

「沒問題。」

「太好了，謝謝。」

我決定順著他玩，所以這次換我突然改變話題。「你結過婚嗎？」

「我的履歷是公開的，理查。我很驚訝你沒看過。不，我沒有結過婚。為什麼？因為我年輕時只對讀書拚前途有興趣，結果相當晚才混出名堂。如果兩個人年輕時認識而且一起長大，很容易忍受彼此的怪癖和習慣。老了以後幾乎不可能。又或許我只是沒遇到適合的人。我曾經為一個年輕美女神魂顛倒，但結果相當不妙。」

「為什麼？」

「或許你也想要我告訴你保險箱密碼？今晚聊夠了。你想知道我最早的記憶是什麼嗎？」

「我有預感你會告訴我。」

「你的預感沒錯，老弟。你天生是個靈媒。呃，我沒有坐在陽臺上，想要拆下一塊木板。我在一個種滿玫瑰的大庭院裡，那是個晴朗的夏日早晨，陽光燦爛。我站在大紅花盛開的一叢玫瑰旁邊，腳邊有隻斑紋貓。有個高大英俊的男人——小時候所有大人看起來都很高——俯身對我說話。他穿著深色制服，胸前配戴很多勳章，其中一個特別吸引我注意，可能因為特別閃亮吧。我想是銀色，十字形。那個年輕人頂著金色短髮，注視著我讓我很驕傲。那是我的記憶，至今我仍歷歷在目。或許你不知道，我在德國出生，而且是猶太人。我四歲時跟著母親和妹妹移民美國。舍妹英格當時只是嬰兒。家母後來告訴我一批納粹衝鋒隊來『拜訪』我們的那天，把家父打得很慘，幾天後他在醫院裡過世。但那個記憶掩蓋了如此痛苦的事件，一直留在我腦中。我寧可保有我的記憶，你知道的，無論多麼痛苦。我有時候會把它當成天主教徒的髮帶用：它們很粗糙，可以綁在腰或大腿上。幫助我永不忘記有些看似正常的人可能做出什麼事，外表背後有時候潛伏著怪物。」

他站起來開燈，燈光刺眼讓我畏縮了一下。他走到窗邊拉起窗簾。

「外面天氣很糟，」他說，「而且快午夜了。你確定不想在這裡過夜嗎？」

「蘿拉會擔心，」我說。

「你可以告訴她，」他指指門口回答，「我相信她會諒解的。」

「不用，沒關係，我會想辦法。」

「那我幫你叫計程車吧。車資我付。你待到這麼晚是我不對。」

「今天的對話很有趣，」我說。

「如我所說，沒必要說謊，」他說，走到門口去叫車。

其實，我沒說謊。他可能是當時我所認識最有趣的成年人了，不只他名聲響亮，也因為他無可否認的個人魅力。但同時他似乎總是困在某種玻璃隔間裡，因為無法接受別人當是他變態心理遊戲中的布偶，而拒之門外。

我走到窗邊。雪花在陽臺燈的光線下翻騰時看起來像一群鬼魅。接著，突然間，我好像看到黑暗中有個人影，距窗子十呎外，人影衝向左邊，躲到高大的木蘭樹後，樹枝上堆了積雪。我幾乎確定不是我幻想，雖然因為黑暗能見度很差，但我決定不向維德提起：他的壓力似乎夠大了。

⁂

他試了幾次終於成功叫到計程車，我花了一個多小時才回到家。大雪中，計程車在紀念碑附近放我下車，我繼續在高度及膝的積雪中步行，冰風拍打著我的臉。

二十分鐘後我和蘿拉坐在沙發上，裹著毯子，端著一杯熱茶。

突然她說，「提摩西三小時前來過。」她從來不用簡稱——提姆或提米——就像她從不叫我迪克或理奇。「我想他打算繼續騷擾。我不知道該怎麼辦。」

「我會找他談。或許我們應該報警，之前我跟妳說過。」

「我不認為有任何意義，」她馬上說，沒說清楚是指哪個選項。「可惜你不在家。我們可以當場解決的。」

「維德堅持留我吃晚餐。」

「而你必須配合，是嗎？你們談了什麼？」

「關於記憶的事，有的沒的。不如妳說說看妳最近為什麼轉而反抗他吧？要不是妳，我絕不可能認識他。他給我工作。他是個可敬的教授，而我只是想保持禮貌，如此而已，還有因為我知道妳很重視跟他的關係。是妳堅持要我認識他的，記得嗎？」

她坐在沙發前的小地毯上，盤著雙腿，彷彿打算冥想。她穿著一件我的T恤，印著巨人隊標誌的，我第一次注意到她瘦了。

她為口氣不佳道歉，然後告訴我她母親發現左胸有腫塊。她去看過醫生，正在等乳房X光檢查結果。她很少向我談起家人——只有小事和零星的回憶——雖然我告訴過她關於我父母的一切，我一直無法從她提供的拼圖碎片真正形成連貫的全貌。我在考慮陪母親與弟弟度過假日，我爸不在的第一個聖誕節。我邀過她，但她說寧可去伊凡斯頓。只剩幾天了，我已經感覺得到分離的苦澀；這將是我們認識以來分開最久的時間。

※

翌日，我去市中心的一家小相館拍雜誌要用的照片。幾小時後，我去取照片，寄兩張到雜誌社，剩下兩張：一張給蘿拉，一張給我媽。但我離校過節前忘了從包包裡拿出來，所以一直沒機會把預留的照片給蘿拉。後來在綺色佳，我又想起照片時，發現它們消失了。

等到一月底雜誌出刊時，我因為被警察和記者們騷擾，所以換了地址，從此之後便收不到贈書。直到十五年後，有個朋友送我一份禮物，才看到那一期《*Signature*》雜誌。他是在布魯克林區香桃木大道的二手書店發現的。我再也沒跟那位編輯說過話。直到千禧年初我才碰巧得知，他已經於一九九〇年夏天在西岸出車禍過世了。

蘿拉或許會說，雜誌和我的文學生涯脫離我掌握的方式可能是個徵兆。雖然有一陣子仍持續寫作。之後我再也沒有發表過任何作品。

一九八七年十二月二十一到二十二日的那晚，我們一起吃晚餐的兩天後，約瑟夫．維德教授在自宅被謀殺。警方全面性地調查，卻始終沒抓到凶手，但你會在底下看到理由，我也是嫌犯之一。

6

有人說過一個故事的開始和結束其實並不存在。它們只是被敘事者主觀挑選的時刻，讓讀者觀看一個先前開始並在稍後結束的事件。

二十六年後，我的觀點改變了。我將會發現那幾個月間的事件真相——我並未尋求修正，而是它像一顆流彈打到我。

事後有一陣子我懷疑究竟什麼時候我和蘿拉的關係，或許還加上我整個人生，徹底決裂了，至少直到當時我一直夢想著能永遠。從某個角度，維德被殺後的隔天，是她從家中不告而別，而且從此不見蹤影。

但事實上，從我在教授家吃晚餐那夜過後，事態立刻急轉直下。

就像在白雪覆蓋的山上，光一顆石頭掉落的聲音就能引發大雪崩，橫掃所到之處的一切東西，有個看似平凡的小事即將粉碎我自認對蘿拉，還有最後，對我自己所了解的一切。

那個週末我決定跟友人班尼·索姆去紐約，他請我去幫忙搬些私人東西然後在他家過夜。他要搬進一戶附家具的單臥室公寓，必須丟棄一些他賣不掉的多餘雜物。蘿拉說她不想單獨過夜，所以她會去住朋友家寫她的論文。那位朋友名叫莎拉·哈波，住在米爾頓。我在維德圖書室的工作進度超出我的預期，所以我想聖誕節前的週末不去也應該沒問題。

但是後來班尼在冰上滑跤，就在約好來接我的一小時之前，從租來的廂型車卸貨時跌斷腿。結果他沒現身跟我碰面，我打電話給他也沒人接。我留言給他然後回家等他回電。一小時後，醫師把他的腿上好石膏，他從醫院打電話給我說我們只好延後出發並改採備案，就是去機場附近租個倉庫把他的東西搬去那裡。

我打給倉儲公司，發現可以每個月花五十塊租一個單位，於是我用當天剩下的大部分時間把箱子裝上廂型車，開到倉庫去，再開到租車公司去還。同時，班尼坐計程車回到家裡，我安慰他一切都處理好了。我答應當晚稍後幫他買些雜貨回來。

蘿拉沒留下她朋友的電話號碼，所以我無法告訴她我延後去紐約。我去大學找她，但她已經走了。我唯一的辦法是回家。我決定去維德家，留張字條給她，以防她可能跑回家。教授家的鑰匙放在我們餐具櫥櫃上的空罐裡，跟一些大大小小的零錢放一起，我正要離開時有人按了門鈴。

我開門後看到一個大約和我同齡的男子，高瘦又憔悴。雖然很冷又在下雪，他只穿了方格呢外套和紅色長圍巾，看起來活像個法國畫家。他似乎很驚訝我會開門，大半晌沒說話，只是雙手插在燈芯絨褲口袋裡望著我。

「有事嗎？」我問，確信他一定弄錯地址了。

他嘆口氣悲傷地看我一眼。

「你幫不了我……」

「說說看才知道。」

「我是提摩西．桑德斯，」他說，「我要找蘿拉。」

這下輪到我不知該怎麼辦了。有些選項閃過我腦中。第一個是當著他面前甩上門；第二，痛罵他一頓再甩上門；最後，邀他進來，拖住他，趕快報警然後警車抵達時指控他騷擾。

但出乎意料地我只說，「蘿拉不在家，但如果你想要，可以進來。我是她男朋友理查。」

「好的……」他開口。他又嘆氣，看看四周——天色已經變暗了——在踏墊上甩掉靴子上的積雪，然後進門。

他在客廳中間停下腳步。

「好地方，」他說。

「咖啡？」

「不用，謝謝。我可以抽菸嗎？」

「我們不在室內抽菸，但我們可以去後院。我自己也有抽。」

我打開玻璃門，他跟著我出去，在口袋裡摸索香菸。最後他掏出一包皺巴巴的Lucky Strikes，拿出一根菸，彎下腰點燃。

「老兄，」我說，「蘿拉跟我提過你的事。」

他無所謂地看著我。

「我想也是。」

「她說了你們的關係，抱怨你一直騷擾她。我知道你幾天前也來過，當時我不在家。」

「那不是真的，」他語氣謹慎地說。

他菸吸得很大口，四五口就幾乎抽完了。他的雙手白得異常，手指修長細緻，彷彿是用蠟做成的。

「我也知道你們一起去過紐約，」我補充，但他搖搖頭。

「我想一定是有什麼誤會，因為我們從未一起去紐約。老實跟你說，我從去年夏天就沒去過。我跟父母鬧翻了，現在我得自求多福。我倒是去過歐洲兩個月。」

他說話時看著我的眼睛。他的語氣同樣中性，彷彿在敘述應該人盡皆知的事情，就像地球是圓的那樣明顯。

我突然很確定他說的是實話，是蘿拉騙了我。我陷入暈眩感之中，抽完我的菸。

「我該走了，」他看向廚房說。

「嗯，或許是，」我說，發現雖然我很想這麼做，我無法厚著臉皮向他打聽資訊。

我陪他走到大門。他在門檻停下來說，「真的很抱歉。我想我做傻事了。我相信這都是可以澄清的誤解。」

我騙他，說我也這麼想。我們道別，我在他背後關上門。

我直接回到後院，又連抽了兩根菸，不覺得冷也無法思考蘿拉告訴我那些謊言時的表情以外的事。我不知道為什麼，但我想起我們交往初期一起度過的某個晚上，當時我們都坐在沙發上，我用手指摸過她的頭髮，驚訝它如此柔軟。現在我氣得冒煙，思索我怎樣可以查出莎拉的住處。

這時，突然間，我告訴自己蘿拉其實去了維德家，她去住朋友家的說法只是另一個謊言。

不過，她沒帶走教授家的鑰匙。提摩西．桑德斯按門鈴之前我在櫥櫃上找到，放進口袋裡。我不知為什麼，但現在我堅信她跟維德在一起，如果我去那裡就會發現他們在一起。一切的一切都是個巨大的謊言，我為了某個我無法發現的目標被利用，或許只是她和教授想出來的某個變態、討厭的實驗被害人。

或許他們一直在嘲笑我，同時像愚蠢的白老鼠似的檢視我。或許圖書室的工作也是另一個偽裝，為了某種變態的理由把我留在那。我突然用不同的角度看整件事。我一定是瞎了才沒發現她告訴我的一切都是謊言，根本不費吹灰之力就能察覺。

我回屋內打電話叫計程車。然後我在雪中出發前往教授家，雪下得更大了。

⁂

摘錄的書稿到此結束。我把紙頁整理收在一起，放在咖啡桌上。牆上時鐘顯示一點四十六分。我一口氣讀了兩個多小時。

理查．弗林的書想要寫成什麼樣子呢？

這是過期的自白書嗎？我會發現是他謀殺了維德，而且成功逃過警方的懷疑，但現在他決定坦白嗎？他在來信中說過完整書稿有七萬八千字。謀殺後一定也發生了什麼重要的事——殺人不是書的結尾，而是它的序章。

我在某個程度上忘了事件的時間順序，但無論是否故意，那個片段似乎結束在他前往教授家的時間點，堅信蘿拉騙了他，包括他們真正的關係，就在他被謀殺的同一晚。即使不是弗林幹的，他在案發當晚也一定去過維德家。他有逮到他們兩人在一起嗎？那是情殺嗎？

又或許他沒殺他，但他這麼多年後來解開謎題，而這份稿子的用意在揭穿真凶，無論是誰。蘿拉・拜恩斯嗎？

我告訴自己胡思亂想沒有意義，因為我很快就會從作者本人得知那是怎麼回事。我喝完咖啡上床就寢，決定要求弗林把完整版寄來。真實罪案書很受歡迎，尤其是寫得好又關於異常神祕案件的。維德當時是名人，他在美國心理學史上仍是個重要人物，Google是這麼說的，而且弗林的寫法流暢又吸引人。所以我幾乎確定我遇到好交易了，出版商會願意為此簽下高額支票。

但很不幸，事情並未照我希望的發展。

⁂

隔天早上，我在上班途中用個人信箱發了封郵件給理查・弗林。當天他沒有回覆，但我猜想他利用長週末去度假，沒有查看他的信箱。

過了兩三天還是沒有回音，我打了他在信中給我的手機號碼。我被轉到語音信箱，但發現無法留言，因為容量已經滿了。

又過了兩天還是沒有回覆，嘗試幾次用電話聯絡他後——這時已經關機——我決定跑去他在信中留下在賓州車站附近的地址。這是罕見的狀況——我是指追逐作者——但有時候要是山不來，你就必須爬上去。

那是在東三十三街上一棟大樓的二樓公寓。我按對講機，最後有個女性聲音接聽。我告訴她我是彼得・卡茲，要找理查・弗林。她簡短地告訴我弗林先生沒空。我解釋我是文學經紀人，簡單地表明我的來意。

她遲疑了一會兒，然後我聽到電動開鎖聲。我搭電梯上二樓。她已經站在公寓門口，自我介紹叫丹娜・奧森。

奧森女士四十幾歲，通常看過不久就會遺忘的那種長相。她穿著藍色家居外套，頭髮烏黑，很可能是染的，用塑膠髮箍往後固定住。

我把外套掛在門口的衣帽架上，走進窄小但很整潔的客廳。我坐到皮面沙發上。這戶公寓看來好像屬於單身女性而非夫婦，因為地毯、窗簾和飾物的顏色蔓延到所有空間。

我再向她說明一遍我的來意後，她深呼吸一下迅速地說。「理查五天前被送進聖徒醫院。去年他被診斷出肺癌，當時已經進入第三期，所以他們無法開刀，必須開始化療。有一陣子他的治療反應相當正面，但兩週前他患了肺炎，狀況突然惡化。醫師們對他都不抱太多期望。」

我說了在這種情況下感覺必須表達的無謂客套話。她說她在城裡沒有親戚。她來自阿拉巴馬州，兩年前在研討會上認識理查。他們通信了一陣子，一起去大峽谷旅行過，然後他堅持他們搬家住一起，讓她可以來紐約。她向我坦承她不喜歡這個都市，而且她在廣告公司找到的工作是大材小用。她是為了理查才接受。如果她失去伴侶，她打算搬回老家。

她低聲哭了幾分鐘，沒有啜泣，用她從咖啡桌上盒子拿的面紙擦眼睛和鼻子。冷靜下來後，她堅持要幫我泡杯茶，要我告訴她手稿的事。她似乎不知道她的伴侶寫了本關於過去經歷的書。她走進廚房，泡了些茶，連同杯子和糖碗用托盤端出來。

我告訴她透過郵件收到的部分書稿內容是什麼。我身上帶著他來信的副本，我拿給她看，她仔細讀完，表情越來越驚訝。

「理查沒跟我說過這件事，」她不滿地說，「他可能在等你先回覆。」

「我不知道他是否只寫給我一個，」我說，「有其他經紀人或出版商聯絡妳嗎？」

「沒有。他入院之後第一天，我用我的手機接理查的電話，然後我放棄了。他住賓州的弟弟艾迪，還有公司同事知道他的病情，但他們有我的手機號碼。我沒有他郵件信箱的密碼，所以無法收他的信。」

「所以妳不知道其餘稿子在哪裡？」我問，她證實她不知道。

但她還是提議在理查遺留的筆電找找看。她從抽屜拿出一臺聯想牌小筆電，插上插頭開機。

「如果他寫了信給你，他可能設定了很多儲存，」她邊說邊等待筆電在桌面上顯示小圖示。

「顯然，即使我找到了稿件，你能諒解我必須先問過他才能交給你吧？」

「當然。」

「這在財務上有什麼意義？」她問道，我解釋經紀人只是中間人，出版商會決定預付款和版稅的條件。

她戴上眼鏡開始搜尋電腦。我發現我快錯過另一場會面了，所以我打給對方取消，請他重新安排時間。

奧森女士告訴我桌面和資料夾裡都找不到稿件：她查過每個檔案，無論用什麼名稱儲存。沒有任何用密碼保護的檔案。她說，文件有可能在他的辦公室或隨身碟裡面。她拿出筆電的同個抽屜裡有幾個隨身碟。她正要去醫院看理查，所以她答應會問他書稿放在哪裡。她在手機留存我的號碼，表示問到之後會盡快打給我。

我喝完茶再度向她道謝。我正要離開時，她說，「直到三個月前，理查完全沒告訴我這回事，我是指蘿拉．拜恩斯。但是某天晚上有人打手機找他，我聽到他在爭吵。他走進廚房，避免被我聽見對話，但我對他的語氣很驚訝，因為他通常絕對不動怒的。他氣壞了，我從來沒看過他那樣子。他走回客廳時雙手發抖。我問他是誰打來的，他告訴我是個普林斯頓時期的老朋友，名叫蘿拉——她毀了他的人生，他會讓她付出代價。」

⁂

我造訪的五天後，丹娜．奧森打給我說理查去世了。

她給我葬儀社的地址，以備如果我想要去致哀。我拜訪那天，她抵達醫院時，她的伴侶因為鎮靜劑已經沒有意識，之後不久他就陷入昏迷，所以她無法問他書稿的事。她也檢查過家裡的隨身碟和光碟，但是沒找到儲存書稿的東西。他上班的公司過幾天會把他的私人物品從辦公室寄回，她也會找看看。

我去了在週五下午舉行的喪禮。市區深埋在積雪之下，就像約瑟夫．維德教授走到人生終點的十二月底那一天。

某些哀悼的人坐在棺架前方的一排椅子上，已故的理查．弗林遺體放在關閉的棺材裡。角落掛著黑緞帶的裱框遺照放在旁邊。照片中是個四十幾歲的人，對鏡頭哀傷地微笑。他長臉大鼻，眼神溫和，前額上微卷的頭髮有點禿。

奧森女士謝謝我來，告訴我這是理查最喜愛的照片。她不知道是誰在何時拍的。他一直放在自己戲稱之為「狼穴」的抽屜裡。她也向我說她很遺憾無法找到其餘的書稿，那一定對理查很重要，因為他生前最後幾個月都在寫它。然後她指指一個陰沉的男子，介紹他是艾迪・弗林。他的同伴是個嬌小活潑的女子，火紅色頭髮上戴著一頂愚蠢的帽子。她和我握手，自我介紹名叫蘇珊娜・弗林，艾迪的老婆。我們就在棺材的幾步之外聊了幾分鐘，我有奇怪的感覺我們已經認識一陣子了，那天我是在睽違許久之後與他們重逢。

我離開時，心想永遠無法得知那個老故事的結果。無論理查打算透露什麼，到頭來他似乎帶走了他的祕密。

第二部

約翰・凱勒

年輕的時候，我們想像自己美妙的未來；
年老的時候，我們編織別人不存在的過去。

——朱利安・巴恩斯，《回憶的餘燼》

Part Two

John Keller

1

我因為一張壞掉的椅子開始跟死人說話。

馮內果或許會這麼說，當時是二〇〇七年，約翰・凱勒終於破產了，也就是我——幸會幸會。我在紐約大學上過創意寫作課，老實說，我像被燈泡的危險光線吸引的飛蛾，一直擺脫不掉自己的幻覺。我跟很想當攝影師的尼爾・鮑曼在下東區分租一個鐵道閣樓，猛寄冗長且無意義的自薦信給文學雜誌，希望哪個編輯最後會給我份工作。但他們似乎還沒準備好發掘我的天賦。

法蘭克舅舅——老媽的哥哥——在八〇年代中期投資ＩＴ產業致富，一切正開始急遽發展。當年他五十出頭住在上東區一棟時髦公寓。似乎除了購買古董和結交美女之外沒別的事做。他很帥氣，做人工日曬，穿著又時髦。以前他偶爾會邀我去他家或外面餐廳吃晚餐，送我昂貴的禮物，我會半價轉賣給一個叫麥斯的人，他是西十四街上一家低調小店的老闆之一。

他客廳裡的古董傢俱是很多年前在義大利買的。椅子用雕花木頭做成，鑲了棕色皮革，歲月的痕跡讓它們看起來像發皺的臉頰。其中一把倒楣椅子，椅背之類的零件脫落了。我不太記得細節。

所以舅舅從布朗克斯區叫了個修復專家，排隊等他的名單起碼有幾個月之久。他一聽說法蘭克願意付雙倍價錢插隊，立刻收拾工具箱直奔舅舅的公寓。碰巧，那天我也在場。

修復專家是個光頭中年男子，寬肩，眼神好奇，像殺手似的一身黑衣，檢查壞掉的椅子，念念有詞，然後在露臺上設立工作站。那天天氣很好，陽光普照，東七十街附近的大樓群沐浴在晨間霧色中好像巨大石英積木。專家展現他的手藝時，我陪法蘭克舅舅喝咖啡，聊女人的事。

法蘭克發現專家帶了本雜誌，放在餐桌上。那是《*Ampersand*》雜誌，四十八頁銅版紙，在第三頁版權頁標記這是約翰·費里曼經營的出版公司。

舅舅告訴我他在羅格斯大學認識費里曼。他們曾經是朋友，但大約在兩年前失去聯絡。要不要打個電話請他安排求職面談？我知道這世界是靠私人交情運作的，還有金錢，但我太年輕到認為能自己想辦法，所以婉拒了。而且，我一面仔細地翻閱雜誌，一面跟他說刊物主題是超自然、異常現象和新浪潮，這些我全都不懂也毫無興趣。

法蘭克勸我別這麼固執。他相信老朋友的財務技能——當年讀大學的時候，他就能從石頭裡榨出錢來——好記者必須什麼主題都能寫。

最後，他總結說，寫大金字塔比寫什麼球賽或無聊謀殺案有趣多了，況且現在的讀者都是白癡。

我們邀修復專家過來一起喝杯咖啡，他一度加入對話。他語氣神祕地告訴我們他相信老舊物品累積歷代物主的正面或負面能量，有時候他觸摸一件物品便能察覺到那些能量：他的手指會刺痛。法蘭克從吧檯抓起一瓶波本酒，專家開始跟他說一個櫥櫃給主人帶來厄運的故事，我就離開了。

過兩天，法蘭克打手機給我說費里曼隔天會在他的辦公室等我。他只需要看得懂英文字母的人——有點瘋狂的總編彷彿在辦公室雇了一堆不會寫文章的怪咖。雜誌兩個月前創刊，仍在掙扎摸索著起步。

抱歉我離題太遠了。

我不想違逆法蘭克舅舅，於是去拜訪了費里曼。結果我挺喜歡他的，他似乎也喜歡我。他一點都不在乎超自然現象也不相信有鬼魂，但是這種雜誌有利基市場，尤其對嬰兒潮世代而言。

他提供我遠超出我預期的優厚薪資，所以我當場就簽約了。我第一個見刊的故事是關於一名修復專家，因為我感覺虧欠他無意中幫我進入了這家出版商。我在《*Ampersand*》工作了大約兩年，那段期間我認識了全市半數的怪胎。我去夜店參加巫毒法會，走訪東哈林區的鬼屋。我收到許多比人魔漢尼拔更瘋狂的讀者來信，還有些牧師警告我小心將來下烈火地獄。

後來費里曼決定把雜誌收掉，幫我在《紐約郵報》❻找個記者工作，我在那邊幹了四年，直到有個朋友說服我加入一家歐洲投資人創立的新刊物。兩年後，網路報紙痛宰剩下的大多數小型日報，職位也一個接一個消失，我不知不覺就失業了。我開始寫部落格，然後設新聞網站，但是什麼也沒賺到，我努力靠各種自由接案工作謀生，懷舊地回顧美好的往日，驚嘆才三十出頭的我已經感覺像隻恐龍。

⁂

這時候我的一個朋友，Bronson & Matters公司的文學經紀人彼得・卡茲，告訴我理查・弗林手稿的事情。

我們是在紐約大學讀書時認識並成為朋友。他相當害羞孤僻——是你在派對上可能誤認成橡膠植物的人——但是很有教養，從他身上可以學到很多。他巧妙地避過他母親和適婚女性的家人聯手設下的各種狡猾陷阱，頑固地保持單身。除此之外，雖然是律師出身，他選擇當個文學經紀人，卻讓他有點像是家族裡的異類。

彼得邀我出去吃午餐，我們去了東三十二街上名叫Candice的店。當時雖然已經三月初，連下幾天大雪，交通非常堵塞。天空的顏色像融化的鉛，即將要淋到整個城市頭上。彼得穿了一件長到不時被下擺絆倒的大衣，好像《白雪公主》中的七矮人。他拿了個皮製舊公事包，在閃躲人行道積水時吊在右手搖晃。

吃沙拉時，他告訴我手稿的故事。理查．弗林上個月過世，而他的伴侶，名叫丹娜．奧森的女士，聲稱沒找到書稿的任何痕跡。

我們的牛排送來時，彼得提出了他的挑戰。他知道我有足夠的記者經驗能把資訊整理在一起。他和上司們商量過，他們認為以市場現狀，這個主題很有暢銷潛力。但是價值連城的書稿片段本身一文不值。

「我準備去找奧森小姐談個協議，」他告訴我，用近視的眼神盯著我。「她似乎是個務實的人，我確信談判會很困難，但我不認為她會拒絕一筆好交易。弗林在遺囑裡除了送給他弟弟艾迪

❻ 八卦小報。

的幾件東西，把所有財產和私人物品都留給她。以法律的觀點，和奧森小姐達成協議我們就有保障，你懂嗎？」

「那你猜想我該怎麼找出那份稿子呢？」我問，「你認為我會在餐巾背面發現什麼地圖嗎？或者我會飛到某個太平洋小島，在並排往西北方生長的棕櫚樹下挖掘？」

「少來，老兄，別這麼說，」他說，「弗林在節錄中已經提供了很多線索。我們知道相關的角色、背景設定和時代框架。如果你找不到稿子，可以重新建構拼圖的其餘部分，片段就能組成一本新書，由你或其他寫手完成。終究，讀者感興趣的是維德命案的故事，未必是什麼名叫理查．弗林的無名小卒。重點是重現維德生前最後幾天發生的事，你懂嗎？」

他的口頭禪——一直說「你懂嗎？」讓我有種被懷疑智商的不快感。

「我懂，」我安撫他，「但這整件事或許是浪費時間。弗林開始寫這本書時可能想好要告訴大眾什麼，但我們一點也不清楚該找什麼。我們這是在破解二十幾年前發生的命案啊！」

「另一個主角蘿拉．拜恩斯可能還在世。你可以去找她。而且我確定此案還在警方的檔案裡。照警方說法，這是懸案，但我相信他們的舊檔案還留著。」

然後他向我們神祕地眨眨眼壓低音量，彷彿怕被別人偷聽。

「維德教授似乎在進行祕密的心理實驗。想像一下你能發現多少東西！」

他最後一句的語氣好像母親承諾頑固的小孩如果做完數學習題就能去迪士尼樂園玩。

我很有興趣，但猶豫不決。

「彼得，你有沒有想過，可能是弗林這傢伙自己瞎掰的？我不想說死者的壞話，但他或許捏造了關於名人之死的故事以便在去世前推銷他的作品。只是他沒時間把它寫完。」

「呃，我想過那個可能性。除非我們進行調查，不然我們怎麼確定？目前據我所知，理查·弗林不是個病態的騙子。他真的認識也替維德工作過，他確實有他家的鑰匙，有一陣子他也被當作嫌犯，這些都是我從網路查到的。但我需要像你這麼厲害的人去找出故事的其餘部分。」

我幾乎被說服，但我想吊吊他胃口。我點了義式濃縮咖啡當甜點，他點了提拉米蘇。

我喝完咖啡後，解除他的折磨。我告訴他我接受這個任務，簽了他帶來的保密條款合約——他隨身攜帶——然後他從公事包拿出一疊紙。他遞給我，說那是理查·弗林節錄手稿的影本，加上他同時寫下的筆記，可以當作我調查的起點。我把紙張和我的合約一起塞進我從記者時代就習慣隨身攜帶，有很多分隔和口袋的背包裡。

我陪他走到地鐵站，回家，用整晚閱讀理查·弗林的稿子。

2

隔天下午我和女朋友珊會合，一起吃晚餐。她比我大五歲，在加大洛杉磯分校主修英文，在西岸幾家電視臺工作過之後遷居紐約。她是NY1頻道晨間新聞的製作人，所以每天早上五點就要起床，通常晚上八點才結束，也就是無論我在不在，她得就寢的時間。我們很少能講話超過五分鐘，通常她會告訴我她得接一通重要電話，把免持聽筒耳機塞進她耳朵裡。

她曾經與一個叫吉姆．薩佛的傢伙維持三年的婚姻關係，加州小電視臺的新聞主播，到處拈花惹草那種人，一旦過了四十歲，只剩一堆惡習和脂肪肝。所以她一開始就告訴我她四十歲之前不打算再婚，在那之前，她只想要無拘無束。

一直在接電話、斥責女侍沒有快點幫我們點餐、告訴我她和編輯爭吵之事的空檔間，珊聽我說了理查．弗林手稿的故事，似乎很興奮。

「約翰，這可能是個大新聞，」她說，「就像楚門．柯波帝的作品，不是嗎？讀者們愛死這種東西了。」

珊對任何特定主題頂多也只能說到這樣了。對她而言，沒機會「產生共鳴」的任何事物都沒意義，無論是電視新聞、出書計畫或上床。

「是啊，有可能，要是我能找到稿子或謀殺案的某種解釋就好了。」

「如果找不到，那你就得根據手上的部分寫本書。你跟彼得不是這樣說好的嗎？」

「是，沒錯，但我不算是那種事情的專家。」

「時代會改變，人也必須跟著變，」她說教起來，「你認為現在的電視跟十五年前，我剛踏進新聞攝影棚的時候還有什麼相似嗎？我們終究都必須做我們從未做過的事。老實說，我倒希望你什麼都沒找到，那麼一年後我會看到你的名字出現在Rizzoli書店櫥窗的新書封面上。❼」

我們離開餐廳後，我回家開始工作。我父母兩年前搬去佛羅里達，家姊凱西嫁給了伊利諾州春田市的人，大學畢業就搬去那邊了。我住在地獄廚房區，現在的房仲稱之為柯林頓區，我從小長大的三房公寓裡。這是棟舊大樓，房間又小又暗，但這是我的房子，至少我不必擔心房租。

我一開始先讀一遍書稿，用不同顏色的螢光筆畫出似乎重要的地方：藍色代表理查．弗林，綠色代表約瑟夫．維德，黃色代表蘿拉．拜恩斯。我把德瑞克．席門斯名字畫上藍色底線，因為接近結尾處理查聲稱他在整件事扮演了重要角色。我另做了一份書稿中提到其他名字的清單，如果運氣好，這或許會成為資訊來源。我當記者學到了大多數人喜歡談論自己的過去，即使他們會刻意美化。

我擬出三個主要的調查方向。第一個最簡單的是在網路的深湖裡撒網，看看我能撈到什麼關於謀殺案和涉案人士的東西。

第二個是追蹤書稿中提到的人，尤其是蘿拉．拜恩斯，並說服他們告訴我他們對案情知道什

❼書店始於一九六四年，現位於紐約百老匯，亦出版時尚、室內設計、攝影、建築等藝術書籍。

麼。彼得在筆記中提到理查．弗林的伴侶在他過世前不久告訴他，理查跟一個叫蘿拉的女人有過一次緊張的電話對談，他聲稱她「毀了他的人生」而且「她該為自己行為付出代價了」。這是書稿中的「蘿拉」嗎？

第三個是去梅瑟郡西溫莎鎮的警察檔案室，設法調閱當年警探們蒐集的證詞、報告書和偵訊筆記。維德是個名流被害人，或許已經有人照規定申請過了，即使查不出任何東西。我身為自由記者的現狀幫不了我，但如果我被卡住，我打算請珊帶救兵來，暗示NY1頻道的強大影響力。

於是我開始查理查．弗林。

手上現有關於他的資訊和我在網路查到的吻合。他在小型廣告公司Wolfson & Associates上過班，我在該公司網站上發現一則簡歷證實了書稿中的一些細節。他在普林斯頓主修英文，一九八八年畢業，兩年後在康乃爾念文學碩士。幹過兩個小職位之後，他爬上中階主管位置。在其他網站上我發現弗林捐過三次款給民主黨全國委員會，加入過射擊運動俱樂部，在二〇〇七年曾經宣稱他對芝加哥某飯店提供的服務很不滿意。

Google大神提供了所有關於弗林的禮物之後，我改搜尋蘿拉．拜恩斯，驚訝地發現什麼也沒有……幾乎沒有啦。有些同名同姓的人，但是我找不到符合我要找的那個女人的資訊。我找到她名列芝加哥大學一九八五年數學系畢業名單和一九八八年普林斯頓的心理學碩士生名單。但之後就沒有關於她做過什麼或住處的任何線索。彷彿她消失在空氣中。我心想她可能結婚冠夫姓了，所以我得另找辦法接近她，假設她還活著。

不出我所料，約瑟夫．維德教授的資訊來源最充足。維基百科上有詳細的專頁，他的生平被列入歷年來曾在普林斯頓任教的頂尖人物榮譽榜上。我在Google Scholar發現他的書和論文有兩萬多筆資料。有些書還在發售，可以從網路書店買到。

在我看過的東西裡，我發現：約瑟夫．維德一九三一年生於柏林，中產階級德籍猶太家庭。他在一些訪談中透露他的醫師父親於一九三四年春天，當著他懷孕的母親面前被納粹衝鋒隊毆打，不久就去世了。

一年後，他妹妹出生，一家三口移民美國，他們在此地有親戚。起先他們住在波士頓，然後在紐約市。他母親改嫁給一個名叫哈利．雄伯格，比她大十四歲的建築師。他收養了她的子女，但他們保留生父的姓，作為尊重生父的象徵。

很不幸，約瑟夫和他妹妹英格短短十年後變成孤兒，二次大戰後，哈利和米莉安．雄伯格夫婦前往古巴旅行時去世。哈利一向熱衷航海，他們與來自紐約的另一對夫婦搭乘的遊艇在暴風雨中沉沒。他們的遺體一直沒被找到。

這一對孤兒遭逢重大變故，搬去紐約州北部跟舅舅住，展開非常不同的人生。約瑟夫用功讀書，先上了康乃爾，然後讀劍橋與索邦大學。英格當上了模特兒，年近六十之時達到了某個程度的名聲，然後嫁給富有的義大利商人遷居羅馬，永久定居在當地。

在職涯過程中，約瑟夫．維德出版過十幾本書，其中一本內容充滿濃厚的自傳色彩。書名是《記住未來：關於追尋自我之旅的十篇隨筆》，一九八四年由普林斯頓大學出版社發行。

我也找到了許多關於命案的報導。

維德的屍體是德瑞克．席門斯所發現，書稿中提過他是被害人家中的維修工，也是潛在嫌犯。一九八七年十二月二十二日上午六點四十四分，他從教授家打電話報警，告訴接線生他發現他躺在客廳的血泊中。抵達現場的醫護人員無能為力，一名助理鑑識員迅速地正式宣告教授死亡。

法醫解剖時發現維德大約死於凌晨兩點，判斷死因是被鈍器，可能是球棒重擊多次導致的體內外失血，約午夜時分單一兇嫌幹的。鑑識員假設，第一擊發生時被害人坐在客廳沙發上，兇手從大門進來，從背後悄悄接近。身體健壯的教授從沙發上站起來試圖逃向俯瞰湖景的窗戶，同時抵擋攻擊，兩側前臂都被打斷。然後他在房間中央轉身自衛，與兇手扭打時，電視機從架上掉落地面。他在電視旁遭到左太陽穴上致命的一擊（調查人員據此認定兇手很可能慣用右手）。兩小時後，維德因為最後一擊造成的心跳停止和嚴重大腦創傷而死亡。

德瑞克聲稱隔天早上他來到教授家時大門被鎖上，窗戶也從裡面鎖住，沒有強行闖入的跡象。在那個情境下，眾人假設兇手有房子的鑰匙，用來侵入，偷襲維德，殺人之後鎖門離開。臨走前，他搜索過客廳。然而，動機不可能是搶劫。教授的左腕戴著勞力士錶，右手無名指也戴著珍貴的寶石。警方在沒鎖的抽屜裡發現大約一百元現金。屋裡的貴重古董沒有任何一件失竊。

警探在客廳裡發現兩個使用過的玻璃杯，暗示被害人當晚與別人喝過酒。醫事檢驗員發現教授被殺之前喝了大量的酒——他血液中的酒精濃度是〇．一一——但是體內沒有吸毒或服藥的痕跡。約瑟夫．維德在檯面上沒有和任何女性交往。他沒有伴侶或情婦，沒跟任何人約會，他的朋友或同僚也沒人記得他最近有與異性交往。所以警探判斷，不太可能是情殺。

利用媒體刊登的報導，我大略重建命案後期間發生的事。

✻

報紙上蘿拉．拜恩斯的名字沒被提起，一次也沒有，倒是理查．弗林出現過幾次。如同我從節錄稿得知，因為有「確鑿的不在場證明」，德瑞克．席門斯的嫌疑被剔除後，有一陣子弗林被當成嫌犯。紐澤西和紐約警方完全沒提到維德涉及什麼祕密心理學實驗。但不斷強調維德是個名人，因為他在許多刑事重案中擔任評估被告精神狀態的專家證人。

至於他在刑事審判中的專家證人地位，警探們一開始就把這當作潛在線索。他們檢討了維德作證過的案子，尤其結果不利於被告的那些。但很快證明行不通。因為維德的證詞被定罪的人在那段期間都未獲釋，除了一位叫傑拉德．潘科的人，案發前三個月從灣岸州立監獄獲釋。但是出獄後，潘科幾乎立刻患了心臟病。他在教授被殺的一週前出院，所以醫師們判定，他不會有能力執行任何耗體力攻擊——嫌疑被排除了。

理查．弗林反覆被約談，但從未被正式宣告為嫌犯或起訴。他請了個名叫喬治．霍金斯的律師，律師指控警方騷擾並暗示他們想把弗林當代罪羔羊，掩飾他們自己的無能。

弗林自己的說法是什麼？他具體上向警探和記者們說了什麼？根據我找到的文章，他當時說的似乎與寫在書稿中的不一樣。

首先，他完全沒提是蘿拉．拜恩斯介紹他認識維德。他只說他透過「共同的熟人」介紹而認識教授，因為維德在找適當人選做圖書室兼差的工作。他在校園裡的費爾斯通圖書館工作過，而維德需要能夠用電腦系統組織化他家圖書室的人。維德給了他一套鑰匙以備他想在教授不在家時來工作，因為他經常出城。弗林用了那套鑰匙兩次，主人不在時進入教授家。有兩三次，教授邀他留下來吃晚餐，總是兩人獨處。某個星期五，他和教授與兩名同僚玩撲克牌（書稿中沒出現這一幕）。他認識德瑞克．席門斯，也聽維德本人說過德瑞克的故事。

他和教授沒發生過任何衝突，他們之間的關係或許可以形容為「溫暖又友善」。教授從未跟他說過感覺被什麼人或什麼事威脅。照例，維德很隨和又喜歡說笑話。他很樂於談論他預定隔年就要出版的新書，他認為在學術上和商業上都一定會大紅。

倒楣的是，案發當晚弗林沒有不在場證明。在手稿最後，他寫了提摩西．桑德斯上門後十分鐘左右他出發去教授家，那就是晚上六點前後。我算出來他抵達大約要花二十分鐘，因為天氣惡劣，或許更久，回來大約也要同樣的時間。但他告訴調查人員他晚上九點左右抵達維德家，因為他回家過聖誕假期之前想和教授談關於圖書室的事。他也說跟教授聊過之後，他十點左右回到家，然後不久就睡了。他是在調查期間說謊或在寫稿時說謊？或者是他的記憶欺騙了他？

那個年頭，如同弗林自己在稿子裡證實，紐澤西的犯罪率相當高，尤其冰毒和快克毒品突然充斥郊區之後。維德死後兩天，聖誕節和新年之間，離他家僅兩條街外，有一件雙屍命案。一對老夫婦，伊斯頓先生和太太，分別是七十八歲和七十二歲，在自己家中被殺。警探們發現凶手在凌晨三點闖入，殺害夫婦倆然後洗劫房子。凶器是雕刻刀和鐵鎚。因為凶手拿走了屋裡找到的現金和珠寶，動機肯定是劫財，跟維德案也沒什麼相似之處。

但警方沒有就此罷手。他們利用了嫌犯去普林斯頓一家當鋪企圖銷贓，而在一週後被捕這件事。於是，二十三歲有犯罪前科又吸毒的黑人馬丁．路德．肯奈特變成約瑟夫．維德謀殺案中正式的主嫌。

從那時起——一九八八年一月下旬——媒體上關於理查．弗林謀殺案的文章中就只有略為提起。維德的妹妹英格．羅西繼承了他全部財產，除了死者在遺囑中留給席門斯的一小筆錢。一九八八年四月二十日刊登在普林斯頓新聞報有篇題為〈鬼屋求售〉的文章提到了已故維德教授的房子。記者聲稱那棟房子在悲劇之後名聲不佳，社區裡有兩個人發誓他們看到了奇怪的光影在屋裡移動，所以房仲可能很難賣得掉。

馬丁．路德．肯奈特拒絕梅瑟郡地檢署提出的認罪協商——如果他被判有罪可以豁免死刑——堅持宣稱他是清白的。

他承認他在大學校園和拿騷街是個小藥頭，他有個名字不詳的偶爾顧客把從伊斯頓夫婦搶來的珠寶留給他當作擔保品交換一批大麻。老夫婦遇害當晚他沒有不在場證明，因為他獨自在家，看他前一天租來的錄影帶。交給他珠寶的人沒有來贖回去，所以他（不知道那是贓物）試圖典當。如果他知道東西的來歷，怎麼會笨到光天化日之下在一家向警方告密而聞名的店企圖賣掉？至於維德，他根本沒聽說過這個人。如果他沒記錯，教授被殺那晚他在電玩遊樂場裡，隔天凌晨才離開。

但他只有法院指派的公設辯護人，名字很適合對抗不公義的英勇鬥士——漢克．佩利坎。每個人都想草草了事節省納稅人的錢，所以短短兩週後陪審團就說「有罪」，法官判了「無期徒刑」。當時紐澤西州尚未廢除死刑——那是二〇〇七年的事——但是記者說法官考量過肯奈特的年齡才沒有判檢察官求處的死刑。或許檢方提供給雷夫．M．傑克遜法官的證據，根本無法說服像他這樣的老鳥。很不幸，那些證據對陪審團而言卻足夠了。

無論如何，檢察官決定不指控肯奈特涉及維德謀殺案。他們也沒找到其他線索。隨著其他案件陸續占據新聞版面，這宗案件逐漸塵埃落定。西溫莎區謀殺案懸宕至今。

⁂

我看了NY1頻道十一點的夜間新聞，這是我當記者時的習慣，然後我泡杯茶在窗邊喝掉，努力連結弗林手稿的資訊和我在網路上的發現。

維德教授和門生蘿拉．拜恩斯之間的關係或許不只是公事，心理學系的教授們應該很清楚，所以我自問為何她沒被警方約談。即使教授給她的鑰匙在那晚被理查．弗林拿走，她隨時可能複製另一套鑰匙。但似乎沒人向警方與媒體提到她；弗林沒有，教授的同事們沒有，她自己的同事沒有，曾被訊問過兩次的德瑞克．席門斯也沒有。彷彿這兩人的關係必須不計代價對大眾保密。

教授是個強壯的人，年輕時練過拳擊並且規律地健身。他活過了第一擊，還嘗試和兇手搏鬥。如果兇嫌是女性，勢必非常強壯才能對抗他的反擊，尤其是為了保命的反抗。此外，兇殘的殺人手法似乎指向兇手是男性。蘿拉．拜恩斯——弗林形容得相當削瘦，當時健康狀況又不好——不太可能是犯罪者。最重要的是：她有什麼動機？蘿拉．拜恩斯為何會想要殺掉幫助過她而且很可能未來職涯仍得依靠他的人？

然而，弗林曾說他的夥伴蘿拉「毀了他的人生」，還有「她該付出代價了」。他是懷疑她殺人，或只是譴責她拋棄他，丟下他獨自面對問題？但我覺得他的行為似乎不太合理。如果蘿拉在危難時拋棄他不顧，他為何在調查期間淪為嫌犯又沒有不在場證明，卻沒有報復她？他為何不向媒體揭發她或至少推卸部分壓力給她？當年他為何保護她，卻在二十幾年後改變主意？他為何認為蘿拉毀了他的人生？最後他逃出了檢察官的魔掌。之後發生了什麼別的事嗎？

我睡著了，仍然想著這一切，幾乎確定在這個案件的表面下隱藏著比弗林在書稿片段中所透露，或當年警方發現的更黑暗、更神祕的事情。我很感激彼得委託我進行調查。

還有個細節也隱約吸引了我的注意——日期，名字，完全不搭調的東西。但我太累睡著了，我也說不上來。就像你從眼角一瞬間瞥見什麼，事後你不確定是否真的看見。

3

隔天早上我列出必須找到相關人士的名單，如果可能，說服他們跟我談。蘿拉．拜恩斯是榜首，但我不知道該從何找起。同時，我開始翻查我的舊通訊錄，想找個在西溫莎鎮警察局的聯絡人或熟人，那所警局從案發的八〇年代末至今都沒有搬家。

好幾年前，我為郵報進行一次調查期間，認識一個叫哈利．米勒的人。他是布魯克林出身的私家偵探，專長調查失蹤人口。他又矮又胖，穿皺巴巴的西裝，打細得幾乎看不見的領帶，耳後夾根香菸，活像四〇年代黑白電影中走出來的角色。他住在布魯克林轉運站附近，因為老是破產，隨時在找付得起錢的顧客。他是個賭徒，錢都花在賭馬，多半是輸錢。我打到他的手機，他在吵鬧的酒吧裡接聽，顧客在老歌聲中必須拉高嗓門講話才聽得見。

「嗨，哈利，最近還好嗎？」我問。

「凱勒？好久不見。呃，照樣在人猿星球過日子啦，」他語氣粗魯地回答，「我想假裝我不是人類，才不會被關進籠子。老樣子。小子，有什麼事就直說吧。」

我大致向他說明了案情，請他記下兩個名字——德瑞克．席門斯與莎拉．哈波——告訴他我對這兩人所知。他在寫筆記時，我聽到盤子放在他桌上的碰撞聲，他向名叫葛瑞絲的人道謝。

「你現在替誰工作？」他懷疑地問。

「一家文學經紀公司，」我說。

「什麼時候起文學經紀商也插手這種調查了？裡面一定有相當的利益，嗯？」

「當然有，那方面你別擔心。我可以馬上匯點錢給你。我還有其他人名，但我希望你從這兩個開始。」

他似乎放心了。

「我盡量試試。德瑞克似乎很容易，但關於莎拉・哈波那個女人的線索，只有她一九八八年在普林斯頓拿到心理學碩士學位。老兄，這樣就很難查了。我過兩天再打給你，」他邊安慰我，邊給我他的銀行帳號細節之後掛斷。

我打開筆電匯一筆錢給他，回頭繼續思考蘿拉・拜恩斯的事。

六七個月前，弗林開始寫稿之前，一**定**發生了什麼事，異常又重要到足以改變他對一九八七年發生的事件觀點的事，如同他寫給彼得信裡的暗示。丹娜・奧森剛認識彼得時，很煩惱弗林的病況，所以可能會忽略一些對我的調查很重要的細節。我判斷最好從跟她談談開始，我依照彼得給的號碼打給她。沒人接，於是我在語音信箱留言，解釋我是誰、說我會再打來。我沒機會打，因為她兩分鐘後就回電了。

我自我介紹，發現彼得已經打電話告訴她我的事，向她說明我為了寫一本真實刑案書籍在蒐集約瑟夫・維德之死的資訊。

她還住在紐約，但打算在一兩週內離開。她決定不賣掉公寓，所以聯絡房仲把它出租。然而，她要求房仲等她離開後再放到市場上——她無法忍受去想住在裡面時有人在家裡探頭探腦。

她捐了些東西給慈善團體，開始打包想要帶走的東西。有個阿拉巴馬州的表親有輛小貨卡，會來幫她搬家。她彷彿跟朋友聊天似的全都告訴我，不過語氣單調又僵硬，而且講話中有頗多停頓。

我邀她出來吃午餐，但她說她寧可在家裡見我，所以我徒步前往賓州車站，二十分鐘後我按下她家大樓的對講機。

那戶公寓看起來天翻地覆，就像任何搬家前夕的房子。走道堆滿了膠帶封好的紙箱。用黑色馬克筆寫著每個箱子內容，所以我看得出大多數裡面是書籍。

她邀我進客廳再泡了壺茶。我們邊喝邊開始閒聊。她告訴我在珊蒂颶風襲擊期間，她在加油站排隊等待時有個年輕女子向她挑釁，她多麼震驚。在阿拉巴馬老家，她聽說過以前的水災和颶風，但都是些傳說故事，關於鄰居冒生命危險救人，英勇的警察和消防員在天災中拯救了坐輪椅的民眾。她向我說，在大城市裡，你會懷疑在這種情況該比較害怕大自然的憤怒，或是別人的反應。

她的髮型挺好看，穿的素黑洋裝襯托出膚色很健康。我猜想她多大年紀——她看起來比去世的四十八歲伴侶年輕。她有種令人愉快的小鎮氣息。她說話和手勢暗示了在人們會真心誠意在早晨互相問好的時代長大。

從一開始她就要我叫她丹娜，我照做了。

「丹娜，比起只看過片段他的書稿的我，妳更了解弗林先生。他曾經和妳談過維德教授或蘿拉．拜恩斯，或他們在普林斯頓大學認識的經過嗎？」

「理查從來不是很開放的人。他總是孤僻陰沉，通常跟人保持距離，所以很少朋友也沒有密友。他很少跟他弟弟見面。他大學時期父親過世，母親在九〇年代末期死於癌症。我們在一起的五年內沒人來找過我們，我們也從不去拜訪別人。他在公司的人際關係純屬公事，也沒跟大學時代的朋友保持聯絡。」

她暫停下來倒茶。

「有一次他收到請帖去東四十三街參加普林斯頓俱樂部的活動。那算是某種同學會，主辦人找到了他的地址。我試過說服他我們應該一起去，但他拒絕。他簡短地告訴我，他的大學時期沒什麼愉快的回憶。他說的是實話。我知道，我看過他的片段手稿——彼得給了我一份。我想或許是跟蘿拉・拜恩斯那女人有關之後，他重設了所有記憶，通常會這樣，他對那個時代的觀點變得晦暗。他沒有任何紀念品、照片或其他小東西去懷念那個時代。只有一本他在稿子裡提到，發表過幾篇短文的《*Signature*》雜誌，有個老朋友在書店裡碰巧發現，送給他當禮物。我已經收進紙箱裡了，如果你想看，我可以挖出來。我無意假裝什麼文學專家，但我覺得他的故事寫得很好。

「無論如何，我了解為何別人通常跟理查保持距離。大多數人把他看成厭世者，或許某個程度上他是。但當你逐漸了解他，你會發現他多年來建立的僵硬外表下，是很善良的人。他很有學養，幾乎可以跟他討論任何事。他基本上很誠實也樂意幫助來求助的人。所以我才愛上他搬來這裡。我同意跟他在一起不是因為我寂寞或想要逃離阿拉巴馬小鎮，而是因為我真的愛他。」

「很遺憾我幫不上更多忙了，」她總結說，「我說了很多理查的事，但你感興趣的是維德教授，對吧？」

「妳說妳看過摘錄稿……」

「對，我看過。我試過尋找其餘的稿子，尤其是我一直很好奇接下來發生了什麼事。不幸我找不到。唯一的解釋是理查終究改變主意，從他電腦中刪除了。」

「妳認為那天晚上打給他的女人會是蘿拉．拜恩斯嗎？事後他跟妳說『毀了他人生』的女人？」

她沒有立刻回答我的問題。她迷失在思緒中，彷彿忘了我在場。她眼神在室內游移，好像在尋找什麼，然後不發一語地起身走進隔壁房間，讓房門開著。兩分鐘後回來坐在剛才離開的扶手椅。

「或許我能夠幫你，」她用前所未見，相當公事公辦的語氣說。「但我要你答應我一件事：無論你的研究結果如何，在你寫書的時候，不能對理查的形象有任何傷害。我了解你對維德有興趣，所以理查的品德未必對你很重要。你可以省略一些只關於他的細節。你能保證嗎？」

我不是什麼聖人，而且有時候身為記者，為了拿到報導需要的資訊我扯過一大堆謊話。但我告訴自己應該對她誠實。

「丹娜，身為記者，我幾乎不可能答應妳這種條件。如果我查到關於維德的人生和事業、直接與理查有關的重要事情，那我就不可能省略。但是別忘了他寫出那些往事，所以他希望公諸於世。妳說他改變主意刪除。我不認為。我猜比較可能的是他把稿子藏在某處。他是務實的人。我不認為他花那麼多時間辛苦寫出稿子，過程中他一定想過他意圖暗示的每個方面，然後這麼輕易刪除。我幾乎肯定手稿仍存在某個地方，理查直到死前最後一刻仍想要看到它出版。」

「或許你說得對，但還是一樣，他沒向我提過這個計畫。你能否至少讓我知道你發現的進度？我不喜歡碎碎念，而且我要搬走了，但我們可以通電話。」

我答應如果發現關於弗林的重要事情會聯絡她，她從筆記簿裡抽出一張發皺的紙，攤平之後放在我們桌面上的咖啡杯之間，指著它。

我從桌上拿起來看，上面寫著一個名字和手機號碼。

「理查接到我跟你說的那通電話當晚，我等到他睡了後偷看他手機的來電紀錄。我記下了他接到的來電號碼。我很慚愧表現嫉妒，但我看到他的狀況很擔心。

「隔天我播了這個號碼，是女人接的。我告訴她我是理查・弗林的伴侶，有重要的事情要代替他轉告，不能在電話中講。她猶豫一下但是接受了我的提議，我們約在離這裡不遠的餐廳碰面，一起吃午餐。她自稱是蘿拉・威斯雷克。我道歉擅自聯絡她，告訴她那晚我看到理查接電話之後的表現很擔心。

「她要我別擔心：理查和她是普林斯頓大學的老朋友，他們對過去的某件事有無關緊要的歧見。她告訴我他們合租過一棟房子幾個月，但他們只是朋友。我沒勇氣告訴她理查接完電話之後怎麼說她，但我聲稱他透露過他們曾是情侶。她知道後的反應是認為理查可能想像力太豐富了，也可能是他的記憶有誤，她再度強調他們只是純友誼關係。」

「她有說在哪裡工作嗎？」

「她在哥倫比亞大學教心理學。我們離開餐廳，各自回家，就這樣了。即使理查之後有跟她談過，我也沒發現。電話號碼或許還沒變。」

我道謝之後告辭，再度承諾會告知她理查在此案中的角色。

我在崔貝卡區的咖啡店吃了午餐，把筆電連上無線網路。這次，Google的收穫慷慨多了。

蘿拉．威斯雷克是哥倫比亞大學醫學中心的教授，也在康乃爾主持一個共同研究計畫。她一九八八年在普林斯頓拿到碩士，四年後在哥大拿到博士。九〇年代中期，她在蘇黎世教過書，然後回到哥大。她的履歷含有很多關於專業訓練和歷年來所主持過研究計畫的技術性細節，還有在二〇〇六年得過的重要獎項。換句話說，她成了心理學界的大咖。

我一離開咖啡店就打電話到她的辦公室碰碰運氣。有個叫布蘭蒂的助理接聽，告訴我威斯雷克博士現在沒空，但記下了我的名字和電話。我請她轉告威斯雷克博士我想請教有關理查．弗林先生的事。

⁂

當晚我和珊在家裡度過，做愛，告訴她調查的事。後來她陷入了某種懷舊情緒；她比平常需要更多關心，也有耐心聽完我想說的話。她甚至把手機切到靜音模式，塞進放在床邊地板上的手提包裡，這很罕見。

「或許理查的故事只是一場鬧劇，」她說，「萬一他借用真實事件再虛構周圍的事，像塔倫提諾導演的《惡棍特工》，記得嗎？」

「有可能，但是記者處理的是事實，」我說，「目前我假設他寫的一切都是真的。」

「現實一點吧，」她說，「『事實』是編輯和製作人選擇放進報紙、廣播或電視的東西。沒有我們，沒人會在乎敘利亞人正在自相殘殺，參議員有情婦或阿肯色州發生謀殺案。他們根本不會曉得發生了那些事。人們對**現實**從來不感興趣，重點是**故事**，約翰。或許弗林想要寫個**故事**，如此而已。」

「呃，只有一個辦法能證明，不是嗎？」

「沒錯。」

她滾到我身上。

「你知道嗎，今天有個同事告訴我她發現自己懷孕了。她好開心！我去廁所哭了十分鐘，我停不下來。我想像自己又老又孤單，浪費人生在二十年內都不會有價值的事情，同時忽視了真正重要的事。」

她把頭靠在我的胸膛，我輕撫她的頭髮。我發現她在低聲啜泣。她的態度改變嚇了我一跳，我不知該如何反應。

「或許現在你應該說我不是孤單，你愛我，至少有點愛，」她說，「都會小說裡都是這樣演的。」

「沒問題。妳不是一個人，我有點愛妳，親愛的。」

她從我胸口抬起頭看著我的眼睛。我感覺到她呼在我下巴的熱氣。

「約翰．凱勒，你說謊太誇張了。換成古代他們會把你吊死在最近的樹上。」

「當年日子真難混，女士。」

「好吧，我振作起來了，對不起。你知道嗎，你似乎真的迷上這個故事了。」

「他們又多一個理由吊死我，不是嗎？妳不是說過這是個好故事？」

「對，我說過，但是你可能在無名小街上的廢棄破房子耗上兩個月，仍然查不出任何事。你有想過嗎？」

「這只是個臨時工作，我接下來是因為朋友所託。我或許查不出什麼特別的東西，沒什麼大亮點，如妳所說。某個男人愛上一個女人，但為了各種理由以悲劇收場，他可能終生心碎地過活。另一個人被殺害，我根本不知道這兩件事有無關聯。但身為記者我學會聽從直覺，跟隨本能，一旦違背我就會搞砸。或許這個故事就像俄羅斯娃娃，每個裡面都藏著另一個不同的。呃，有點荒謬，不是嗎？」

「每個好故事都有點荒謬。以你的年紀，你早該知道了。」

我們躺著擁抱彼此，沒有做愛，甚至沒交談，各自沉溺在自己的思緒中，直到公寓完全變暗，夜間交通的噪音似乎來自另一個星球。

※

隔天早上蘿拉．拜恩斯回電給我，當時我在車裡，正準備前往紐澤西。她的聲音悅耳，略帶沙啞，你在看到本人之前就可能愛上這聲音。我知道她年過五十，但她的聲音聽起來年輕多了。她告訴我她收到了我的留言，問我是誰，和理查．弗林是什麼關係。她已經知道他最近過世了。

我自我介紹，告訴她我想要呈現的主題太私密不宜在電話中討論，提議我們碰面。

「很抱歉，凱勒先生，但我不習慣跟陌生人會面，」她說，「我不知道你是誰，有何企圖。如果你想要會面，就必須告訴我更多細節。」

我決定告訴她實話。

「威斯雷克博士，弗林先生過世前寫了本書，關於一九八七年秋冬兩季發生在普林斯頓時期的事。我想妳知道我在說什麼。妳和約瑟夫．維德教授是他故事中的主角。在該書出版商要求下，我在調查書稿中所宣稱事項的真實性。」

「你的意思是已經有出版商買下書稿了？」

「還沒有，但是有文學經紀公司接受了，不過——」

「而你，凱勒先生，你是私家偵探之類的嗎？」

「不，我是記者。」

「你在哪家報紙寫稿？」

「我已經當了兩年自由撰稿人，但是之前我在郵報上班。」

「你認為提起那家小報的名號算是推薦嗎？」

她的語氣完全冷靜又克制，幾乎沒有起伏。弗林在稿子裡提到的中西部腔調已經完全消失。我想像她在課堂上對學生說話，戴著跟她年輕時一樣的粗框眼鏡，金髮緊緊紮成髮髻，老派又自信。一定相當迷人。

我停頓，不確定該說什麼，於是她繼續說，「理查在書中用了真名，或者你只是推測指的是約瑟夫．維德和我？」

「他用了真名。當然，他寫的是妳的原名，蘿拉．拜恩斯。」

「聽到這個名字感覺真奇怪，凱勒先生。我很多年沒聽到了。雇用你的這個文學經紀人，他知道如果內容造成我任何實質或道德損害，訴訟可能阻止理查的書稿出版嗎？」

「妳為何認為弗林先生的稿子可能傷害妳，威斯雷克博士？」

「別跟我耍小聰明，凱勒先生。我跟你談話的唯一理由是因為好奇想知道理查在書裡寫了什麼。我記得從前他夢想成為作家。那好吧，我提議交易——你給我一份書稿副本，我就同意跟你會面談幾分鐘。」

我要是照她的要求做，就違反了跟代理商簽的合約保密條款。我如果拒絕，我確定她會掛我電話。我選了當下似乎傷害最小的選項。

「我同意，」我說，「但妳應該知道代理商只提供我理查稿子的紙本片段，前面幾章。故事從妳認識他的時候開始。大概有七十頁左右。」

她考慮了一會兒。

「好吧，」最後她說，「我在哥倫比亞醫學中心。我們一小時後，下午兩點半在這裡會面怎麼樣？你能把稿子帶來嗎？」

「當然，我會去。」

「到麥金病房大樓的櫃檯說要找我。稍後見，凱勒先生。」

「再見，謝——」

我來不及道謝，她就掛斷了。

我連忙趕回家，暗自咒罵彼得沒有給我書稿的電子檔。我從家裡拿了書稿去找影印店，終於在三條街外找到一家。

當左鼻孔掛著銀色鼻環、前臂布滿刺青、懶洋洋的老兄用舊機器影印時，我斟酌該怎麼接近她。她似乎冷酷又務實，我提醒自己永遠別忘了她的工作是分析別人的心智，就像多年前她警告過理查提防維德教授。

4

哥倫比亞大學醫學中心在華盛頓高地，所以我繞過公園，駛向十二大道接上西側快速道路，一路向前行駛直到一百六十八街。半小時後，抵達用玻璃通道連接的兩棟高樓門口。

麥金病房大樓在米爾斯坦醫院大樓的九樓。我在櫃檯報上姓名，說威斯雷克博士在等我，祕書用內線打給她。

幾分鐘後蘿拉．拜恩斯下來了。她高挑又漂亮。她的頭髮沒有照我想像的盤成小髮髻，但髮型相當簡潔，捲髮披肩。她很迷人，毫無疑問，倒也不太可能是那種你在街上會偷瞄的女人。她沒戴眼鏡，我猜想她是否在這些年間改戴隱形眼鏡了。

我是櫃檯唯一的人，所以她直接走向我伸出手來。

「我是蘿拉．威斯雷克，」她說，「凱勒先生？」

「幸會幸會，謝謝妳撥空見我。」

「你想喝咖啡或茶嗎？二樓有間咖啡店。走吧？」

我們搭電梯往下七層樓，再穿過兩條走廊，來到有玻璃牆面，可以俯瞰哈德遜河景觀的咖啡店。蘿拉步伐堅定，走路挺直背脊，一路上她似乎若有所思。我們一個字也沒交談。據我所見，她沒化妝，但有擦一點香水。她臉頰平滑，幾乎沒有皺紋，稍微曬黑，五官很鮮明。我點了杯卡布奇諾，她點了茶。店裡沒什麼人，新藝術風格的裝潢讓人感覺不出置身醫院。

我還來不及開口，她又說了。

「書稿，凱勒先生，」她說，打開一個奶油球倒進她的茶杯裡，「我們說好的。」

我從背包中取出稿子交給她。

她翻閱了幾秒鐘，然後塞回檔案夾，小心地放在右邊桌面上。我拿出小錄音機打開，但她不以為然地搖搖頭。

「關掉，凱勒先生。我不是作訪談。我只同意跟你聊幾分鐘，如此而已。」

「非正式嗎？」

「絕對是。」

我關掉錄音機放回背包。

「威斯雷克博士，容我請教妳是何時，怎麼認識理查．弗林？」

「唉，那是很久以前了……我記得的沒錯，是一九八七年秋天。我們都是普林斯頓的學生，我們曾經合租一棟兩房的小房子，在戰役紀念碑外面。我在聖誕節前搬出來，所以我們只當了三個月左右的室友。」

「是妳介紹他認識維德教授嗎？」

「對。我告訴他我跟維德教授很熟，所以他堅持要我引薦，因為當年教授是很有名的公眾人物。跟理查討論時，維德教授提到他的圖書室。他想要把書目數位化，如果我沒記錯。弗林需要錢，所以他自告奮勇，教授接受了。很不幸，後來我知道他碰上很多麻煩甚至被當作此案的嫌犯。教授被殘忍地殺害了。你應該知道，是嗎？」

「是，我知道，其實這正是雇用我的代理商對此案這麼感興趣的理由。妳和弗林曾經有超越室友的關係嗎？我不希望我的發問顯得唐突，但理查在書中很清楚地陳述你們有性關係，你們彼此相愛。」

她的眉頭出現一條皺紋。

「我認為談這種事有點荒謬，凱勒先生，但是沒錯，我記得理查愛上我，或者該說相當迷戀我。但我們從來沒談過戀愛。當時我已經有男朋友——」

「提摩西．桑德斯？」

她似乎很驚訝。

「提摩西．桑德斯，沒錯。你從書稿裡知道這個名字的？這表示理查一定有些虛幻記憶，又或許他有當時的筆記或日記。我不會認為這麼多年後他能記得這麼多細節，但某個角度上，我不驚訝。總之，我愛我的男友，我們住一起，但他後來必須去歐洲兩個月做個研究計畫，我們公寓的租金對我而言太貴無法獨力負擔，所以我另找住處。這段期間提摩西不在，我和理查合租房子。他回來之後，我搬回去一起住，就在聖誕節前。」

「妳從來不叫別人名字的簡稱，即使談到很親近的人也是，」我說，想起弗林在書稿中所說。

「沒錯。我認為簡稱很幼稚。」

「理查在書稿中說他有點嫉妒維德教授，有一陣子他懷疑妳跟他有曖昧。」

她吃了一驚，嘴角稍微下沉。有一瞬間，我感覺我有可能看到她的假面具開始崩裂，但她迅速恢復撲克臉。

「那是理查的偏執之一，凱勒先生，」她說，「維德教授沒結婚，也沒有伴侶，所以有些人猜想他一定私下有情人只是保密不說。他是很有魅力的人，雖然不太英俊，而且對我的態度很保護。我認為他終究對男女關係不是很感興趣，完全投入他的工作。老實說，我知道理查有疑心，但是約瑟夫．維德和我之間沒有那種關係，除了普通的學生教授關係。我是他最喜愛的學生之一，這很清楚，但僅此而已。我也在他當時進行的計畫中幫了不少忙。」

我自問我能做到什麼程度而不至於讓她翻臉，但我決定試試看。

「理查也提到教授給了妳一套他家的鑰匙，讓妳可以常去。」

她搖頭。「我不認為他給過我家裡鑰匙，我記憶中沒有。但我認為理查有拿到一套，讓他方便教授不在家也可以在圖書室工作。所以警方才懷疑他。」

「妳認為理查有能力殺害維德嗎？有一陣子他是嫌犯。」

「在我選擇的領域中一個人會學到很多，包括外表可能如何騙人，凱勒先生。理查在我搬走後持續騷擾我。他在我下課後等我，寫了幾十封信，每天打幾十通電話給我。教授死後，提摩西跟他談過幾次，叫他別管閒事少煩我們，但是沒用。我沒有報警投訴他，因為當時他的麻煩夠多了，到頭來我同情他多過怕他。接著情況日漸惡化……但總之，不該講死者的壞話。不，我不認為他有能耐殺人。」

「妳剛說情況日漸惡化。這是什麼意思？我從書稿知道他嫉妒妳。嫉妒是這種命案的常見動機，不是嗎？」

「凱勒先生，他沒有任何理由嫉妒。我說過，我們只是一起租房子。但他太迷戀我。隔年，我到哥倫比亞大學，但他找到我的地址，繼續寫信、打電話給我。有一次他甚至跑來了。後來我去了歐洲一陣子，以便迴避他。」

我聽了這話非常驚訝。

「在書稿中，理查．弗林說的完全不一樣。他聲稱是提摩西．桑德斯迷戀妳而且一直騷擾妳。」

「我會看書稿，所以我才向你要。凱勒先生，對理查．弗林這種人，虛構和現實的界線不存在，或是非常薄弱。那段期間我有時候真的因為他吃了不少苦頭。」

「教授被殺那一晚，妳去過他家嗎？」

「我一整年拜訪教授家總共也不過三、四次。普林斯頓是個小鎮，如果關於我們的八卦流傳開來我們都會有問題。所以沒有，那天晚上我不在。」

「案發後警方約妳談過嗎？我在報上沒看到妳的名字，倒是弗林經常出現。」

「有，我只被訊問過一次，我想，我告訴他們我整晚都跟朋友在一起。」

她看看左腕上的手錶。

「真不巧我得走了。很高興跟你談話。或許我看完稿子複習我的記憶後我們可以再聊。」

「妳怎麼改姓了？嫁人了嗎？」我們站起來時我又問。

「不是，我一直沒時間做那種事。老實說，我改姓是為了遠離理查．弗林和那些不愉快的回憶。我很在乎維德教授，他的遭遇讓我很難過。弗林從來不暴力，只是煩人，但我厭倦了被他騷擾，他似乎永遠不會停手。一九九〇年我去歐洲之前，改名為蘿拉．威斯雷克。其實那是我母親的姓。」

我向她道謝，接著她拿起影印稿，店裡開始熱鬧起來，我們離開咖啡店。

我們走向電梯，進入後等待回到九樓。我問她，「弗林的伴侶丹娜．奧森小姐告訴我，有天晚上她發現他在跟妳講電話。因此她聯絡妳，妳們碰面了。我能否請教你們在電話中談了什麼？他又找到妳的行蹤了嗎？」

「我二十幾年沒跟理查聯絡了，直到去年秋天，他突然出現在我的公寓門口。我不是容易失控的人，但我真的很震驚，尤其他又開始胡說八道一堆，他顯得很激動，讓我懷疑他是否有精神疾病。他用一些新發現的事威脅我，是什麼事情不太清楚，但似乎跟維德教授有關。老實說，我幾乎遺忘了我曾經認識一個叫理查．弗林的年輕人。最後我要求他離開。後來他打了兩三次電話來，但我拒絕見他，然後我不再接電話。我不知道他病得很重——他完全沒跟我提起。然後我發現他死了。或許他來我家時因為病情很煩燥無法講理。肺癌經常有併發症，會轉移到大腦。我不知道理查的案例是否如此，但是很有可能。」

我們走出電梯，我問她，「理查在稿子裡也聲稱維德教授進行祕密研究。妳知道是關於什麼嗎？」

「如果是祕密，那就表示我們不應該知情，不是嗎？你告訴我越多稿子的內容，我越相信這是純屬虛構作品。每所重要大學的許多科系會進行研究計畫，有些是聯邦機構，有些是民間企業委託。這類計畫多半是機密，因為出錢的人想要收割投資的成果，對吧？我猜維德教授也在做那種研究。我當年只是幫他寫書，我從來不熟悉他可能做的其他事情。再見，凱勒先生。我得離開了，祝你愉快。」

我再度感謝她見我，我們分頭離開。

我走去停車場時，猜想她說的有多少是實話多少是謊言，他們的戀情只是弗林的幻想，是否屬實。在冷靜的外表背後，她給我的印象是她怕弗林可能透露關於她的過去。這方面是預感而非跟她肢體語言或表情有關：好像一種她無法將其掩蓋在香水之下的明確氣味。

她的答案很精準——或許太精準——即使她說過兩次她不記得所有細節了。而且即使事隔多年，她怎麼可能幾乎遺忘跟她合租公寓，騷擾了她幾個月又被指控殺害她的良師益友的男人？

5

兩小時後哈利・米勒打給我，就在我跟消息來源碰面後，一名向我保證會設法接觸西溫莎鎮警局的退休刑事偵探。我和他一起在西四十六街的Orso餐廳吃過午餐，走回我停在兩條街外的車。當時在下雨，天色看起來像甘藍菜湯。我接了電話，哈利說他有些消息。我躲在一家酒吧的布蓬下問他有何進展。

「賓果，」他告訴我，「莎拉・哈波在一九八九年畢業，她不太走運。大學畢業後她在皇后區的特殊教育學校找到工作，過了大約十年的平凡生活。然後她鬼遮眼嫁給一個名叫傑瑞・隆德斯的爵士歌手，讓她的人生悲慘不堪。她染上毒癮還蹲了一年牢。二〇〇八年離婚，現在住在布朗克斯區的城堡丘。她似乎願意談往事。」

「太好了。可否把她的地址和電話號碼傳給我？關於席門斯你有查到什麼嗎？」

「德瑞克・席門斯仍然住在澤西，老婆叫雷歐諾拉・菲莉絲。其實我跟她談過，因為男主人不在家。她算是在照顧他吧，他們主要靠社會福利金過活。我解釋了你是記者，想要跟她老公談談維德教授命案。她不清楚那是怎麼回事，但她在等你電話。記得上門時口袋裡準備一點現金。我會傳地址給你。還有別的事嗎？」

「你在普林斯頓有消息來源嗎？」

「我到處都有線人——我是真正的專家，小子，」他誇口，「你以為我是怎麼找到莎拉．哈波的？問警察？」

「那麼，設法幫我掌握八〇年代曾在心理學系工作和親近約瑟夫．維德教授的人。不只是同事。我有興趣的是在他小圈子裡，跟他熟悉的人。」

他告訴我他會設法滿足我的要求，接著我們又聊了幾分鐘棒球。

我去停車場取車之後回家。我打給珊，她接聽時聲音聽起來像在井底。她說她重感冒，今天早上她拚命撐到辦公室，上司把她趕回家。我答應晚上會去看她，但她說她寧可早點睡，無論如何，她不想要我看到她的慘狀。掛斷後，我打給花店訂了一束鬱金香送去給她。照我們講好的，我盡量不被分心，但隨著時間過去我發現一兩天沒見面之後我越來越想她。

我照哈利傳給我的號碼打給莎拉．哈波，但她沒接，所以我留言。我找德瑞克．席門斯比較幸運。他的伴侶雷歐諾拉．菲莉絲接了電話。她有濃厚的法裔口音，活像《沼澤居民》（*Swamp People*）影集走出來的角色。我提醒她先前一位名叫哈利．米勒的人和她聯絡過，關於我想要跟德瑞克．席門斯談談的事。

「你朋友說，報社會付錢，對吧？」

「對，或許有點錢。」

「好吧，你是……」

「凱勒。約翰．凱勒。」

「呃，我想你該來一趟，我會記得告訴德瑞這回事。他不太喜歡講話。你什麼時候能到？」

「如果不嫌太晚，馬上去。」

「親愛的，現在什麼時候？」

我告訴她現在下午三點十二分。

「五點怎麼樣？」

我說沒問題，再度確認她會說服「德瑞」跟我談。

※

稍後，我開進隧道時，回想我和蘿拉．拜恩斯的對談，我突然想起開始研究維德案之後的第一天晚上沒想到的細節——當時維德教授正在寫預定幾個月後出版的新書。如理查在書稿中說，蘿拉．拜恩斯認為它會震撼科學界。以珊的慣用說法，是個「炸彈」。

但我試著在亞馬遜書店和其他網站查閱教授的著作時，都沒人提到那本書。維德最後一本出版的書是一百一十頁的人工智慧研究，一九八六年由普林斯頓大學出版社發行，在他被謀殺的一年多前。維德告訴過理查他已經簽了新書的出版合約，在他的同僚間引發謠言。所以維德死前已經把稿子寄給出版商了，或許還收到了部分預付款。那為什麼書一直沒出版呢？

我告訴自己，有兩個可能的解釋。

一是他的編輯改變主意，決定不出版那份書稿。那不太可能，因為已經有合約，而且圍繞著教授慘死的神祕話題可能會刺激銷售，只有某種強大的外力干預能夠讓出版商放棄那種計畫。誰的干預？書稿內容又是什麼？跟維德一直在做的祕密研究有關嗎？他打算在新書中透露相關細節嗎？

另一個可能性是維德遺囑的執行人——根據報紙，我猜想有遺囑，而且他把所有東西留給他的妹妹英格——反對出版該書，而且有辦法應付必要的法律爭議。我知道我應該設法找英格談，雖然她多年前就定居義大利，可能不太清楚案發時發生了什麼事。

我轉到山谷路上，左轉沿著威斯朋街，十分鐘後抵達德瑞克·席門斯和伴侶住在距離警察局不遠的洛克岱爾巷。花了大約一小時，比我預期的提早到達。我在學校旁邊停車，走進附近一家咖啡店，邊喝咖啡，試著拼湊在調查中收穫的新線索。我越思索教授的書，越對它從未出版這件事感到著迷。

⁂

德瑞克·席門斯和雷歐諾拉·菲莉絲住在街尾的一棟小平房裡，旁邊是長滿雜草的棒球場。房子前面有個小庭院，有剛開始發苞的玫瑰叢。大門左邊有污穢的花園精靈人偶對我僵硬地發笑。

我按門鈴，聽到房屋後方某處有鈴聲。

一個矮小褐髮、滿臉皺紋的女子來開門，右手拿著長柄勺，懷疑的眼神。我告訴她我是約翰·凱勒，她臉色放鬆了點，邀我進去。

我走進一道陰暗狹窄的門口，然後是擠滿舊家具的客廳。我坐到沙發上，體重壓得填充物噴出一團明顯的灰塵。我聽見別的房間有嬰兒哭聲。

她請我等她一下然後消失，在房屋後方傳來安撫的聲音。

我看看周圍的物品。全都老舊又突兀，彷彿它們是隨便從車庫拍賣買來或街上撿到的。地板到處有變形，壁紙的角落剝落了。窗臺上一座老鐘吃力地滴答作響。教授遺囑中提到的一小筆錢似乎早已用光。

她回來時抱著一個看來大約一歲半，正在吸吮左手拇指的小孩。小孩一發現我立刻用深思嚴肅的眼神緊盯著我。他的五官意外地成熟，即便他開始用成人的聲音向我說話，挑釁地問我來這裡幹什麼，我也不會驚訝。

雷歐諾拉．菲莉絲坐到我對面，一張破舊的竹椅上。她在懷中輕搖小孩，說那是她的外孫湯姆。小男孩的媽，菲莉絲女士的女兒，名叫崔希雅，到羅德島見她的網友去了，託她照顧小孩直到她回來——那是兩個月前的事。

她告訴我她說服了德瑞克跟我談，但我們最好事先講好報酬。她哀嘆她和德瑞克日子過得很吃緊。三年前他們設法申請到小額社會福利金，除了德瑞克偶爾打零工之外，是唯一的收入。加上他們必須照顧外孫。她邊說邊低聲哭泣，同時湯姆一直用奇怪的成人眼神瞄我。

我們談好一個金額，我交出鈔票，她小心地數過再收進口袋。她站起來，讓小孩坐在椅子上，叫我跟她走。

我們走過一條走道，來到一處露臺，骯髒的窗玻璃像彩繪玻璃般過濾了夕陽的光線。露臺表面幾乎完全被一張巨大工作臺占據，上面排列著各種工具。工作臺前方有個板凳，坐著一個高大健壯、身穿油膩牛仔褲和汗衫的男子。他看到我之後站起來，跟我握手自稱是德瑞克。他的眼睛是綠色，在昏暗中幾乎會閃光，他的雙手又大又粗糙。雖然肯定年過六十，他站得很直，似乎很健康。他臉上有皺紋，深到看起來像疤痕，頭髮也幾乎全白了。

他的伴侶丟下我們，回屋裡去了。他坐回板凳上，我倚著工作臺。後院幾乎跟前院同樣小，被長滿雜草的圍牆包圍，有座小鞦韆，生鏽的鐵架像鬼魂聳立在散落著零星草皮和積水的禿地上。

「她說你想要打聽約瑟夫．維德，」他沒看著我說話。他從口袋掏出一包駱駝牌香菸，用黃色塑膠打火機點了一根。「你是二十幾年來第一個問到他的人。」

他似乎厭倦了扮演角色，像個老小丑，疲倦又耗盡了所有好把戲和笑話，被迫在窮馬戲團鋪木屑的表演場上耍寶，娛樂一群嚼口香糖滑手機的冷漠小孩。

我簡短地告訴他我對他和維德教授、蘿拉．拜恩斯和理查．弗林的了解。我講話時，他抽著菸茫然地望著空中，讓我懷疑他有沒有在聽。他捻熄香菸，又點了一根，說，「你為什麼對那麼久以前發生的事有興趣？」

「有人委託我調查，而且對方付錢讓我做這事。我在寫關於從未抓到凶手的神祕謀殺案的書。」

「我知道是誰殺了教授，」他用平淡的語氣說，彷彿我們談的是天氣。「我知道，而且我當初就告訴他們了。但我的證詞一文不值。任何律師都會把它丟出法庭，因為幾年前我曾經被控殺人，關在瘋人院裡，所以我是個730，懂嗎？我吃了很多種藥。他們會說我只是亂掰或我在幻想。但我知道我看到什麼，我沒瘋。❽」

他似乎深信自己所說的話。

「所以你知道是誰殺了維德？」

「全告訴他們了，先生。後來我完全不知道會有人對那個故事感興趣。沒人問過我別的事，所以我不多管閒事。」

「是誰殺了他，席門斯先生？」

「叫我德瑞克。是理查那小子。那隻惡貓蘿拉，如果不是共犯就是目擊者。我就告訴你發生什麼事吧……」

⁂

接下來一小時，外面天色漸漸變暗時他不斷抽著菸，告訴我他在一九八七年十二月二十一日晚上所見所聞，提供各種令我驚訝他居然記得這麼清楚的細節。

那天早上，他去教授家修理樓下廁所的馬桶。維德在家，正收拾行李準備去中西部，打算和

❽ 刑事案件被告、不能理解程序或不能自我辯護者，可根據紐約州《刑事訴訟法》第730條規定的幾項法院命令之一收押。要求將此人拘留在醫院三十天以下，在此期間進行精神病鑑定。

一些朋友過節。他邀德瑞克留下吃午餐，叫了一些外送中國菜。他看起來疲倦又憂心，向德瑞克坦承他在後院發現了一些可疑腳印——前晚有下雪，到了早上腳印清晰可見。即使他打算出國一陣子，他承諾他會繼續照顧德瑞克，告誡他繼續服藥很重要。下午兩點左右，德瑞克離開教授家前往校園區，要幫一戶公寓刷油漆。

那天晚上，天黑之後，德瑞克回家吃了晚餐。因為擔心離開時維德狀況不太好，他決定回去看他。抵達教授家時，他看到蘿拉．拜恩斯的車子停在附近。他正要按門鈴時聽見屋裡有人爭吵的聲音。

他繞到房子的後方，在湖邊。當時大約晚上九點。客廳裡的燈亮著，百葉窗拉開，所以他看得到怎麼回事。約瑟夫．維德、蘿拉．拜恩斯和理查．弗林都在場。教授和蘿拉坐在餐桌邊，理查站在他們旁邊比手畫腳地說話。他吼得最大聲，在反駁其餘兩人。

幾分鐘後，蘿拉站起來離去。兩個男士都不打算攔她。她離開後理查和維德繼續爭吵。最後，理查似乎冷靜下來。他們開始抽菸，喝咖啡然後喝了兩杯酒，氣氛顯得比較緩和。德瑞克在戶外冷得要命，正想離開時，爭吵再度爆發。據他的印象，當時剛過十點。

直到這時都保持冷靜的維德，一度變得很生氣而拉大嗓門。然後理查離去，德瑞克迅速繞過房子趕上他，想問他怎麼回事。雖然抵達前門只花不過二、三十秒，卻看不到理查。德瑞克到街上找了幾分鐘，但他彷彿掉進地洞不見了。

最後他放棄，告訴自己理查可能是出來之後拔腿就跑。他回到房子後方去查看教授有沒有事。他應該還在客廳裡，他起身打開窗戶讓空氣流通時，德瑞克離開，怕自己可能被看見。但他離開時，注意到蘿拉回來了，因為她的車停在差不多同樣的位置。德瑞克以為她回來是她要和教授一起過夜，所以他趕快離開比較好。

隔天早上他很早醒來，決定回教授家去再度確認他是否沒事。他按了門鈴，但是沒人應門，所以他用他的鑰匙進去，在客廳發現教授的屍體。

⁂

「我相信那小子當晚沒有離開，而是躲在附近某處，然後回去殺了他，」德瑞克說，「但是蘿拉當時也在屋裡。教授是強壯的人，她沒有能耐獨自打倒他。我始終認為是理查殺了他，而她不是共犯就是證人。但我完全沒跟警察提到她，我怕報社會利用這點誣衊教授的名譽。我總得說點話，所以我告訴他們那小子在場而且跟教授發生過爭執。」

「你認為蘿拉和教授是一對嗎？」

他聳肩。「無法確定，沒看過他們幹那檔事，但她有時候留下過夜，懂我意思吧？那小子生她的氣，這我確定，因為他跟我說過。當年我跟他聊過挺多的，他在圖書室幹活。告訴我很多他自己的事情。」

「但是條子不相信你？」

「或許他們相信我，或許他們不信。我說過，我的話在陪審團面前一文不值。檢察官不相信，所以條子放棄這條線索。如果你去查，會發現我當時的證詞就是我剛告訴你的那樣。我相信他們還留著那些文件。」

「但是你記得很多細節，」我說，「我以為你應該忘記了。」

「我的病情影響的是**過去**。叫做**逆行性失憶症**。在醫院的狗屁經歷後，我記不得直到當時發生過的任何事，但我頭部受傷**後**的記性一直不錯。我得重新學習我自己的過去，就像你學習別人的事——他何時何地出生，父母是誰，念過哪些學校，有的沒的。真的很詭異，但我適應了。到頭來，我沒有選擇。」

他起身去開燈。我坐在露臺上，感覺我們像困在玻璃罐裡的兩隻蒼蠅。我不知道我該不該相信他。「還有件事我想問你。」

「請說。」

「教授的地下室有間健身房。那裡面或家中其他地方有球棒嗎？你有沒有在屋裡看過類似的東西？」

「沒有。不過我知道他有兩隻啞鈴和拳擊沙包。」

「條子說他可能是被球棒打死的，但是凶器一直沒找到。如果教授家裡沒有球棒，表示是凶手帶來的。但是在外套裡藏那種東西可不容易。那晚隔著窗戶看到他時，你記得弗林穿什麼衣服嗎？」

他想了一會兒然後搖搖頭。

「不確定……我知道他幾乎總是穿兜帽外套，或許那晚他就那樣穿，但我不敢亂講。」

「最後一個問題。我知道你一開始是嫌犯，但後來他們的調查排除你，因為事發當時你有不在場證明。但是你說大約晚上十一點你還在維德的後院裡，然後才回家。據我所知，當時你獨居。可以告訴我你的不在場證明是什麼嗎？」

「當然。當晚我回家前，去了附近的酒吧，他們開到深夜。我很擔心又不想獨處。我可能在十一點過幾分鐘到達。老闆是我的朋友，我常幫他做點小修理。所以他告訴條子我在店裡，那是事實。之後警方竊聽了我一陣子，但接著就放過我了，況且我是最不希望教授出事的人。我能有什麼動機要殺他？」

「你說你在酒吧裡。如果你有在服藥，當時你可以喝酒嗎？」

「我沒喝酒。至今我還是戒酒。我上酒吧時，都喝可樂或咖啡。我去那裡是為了不想獨處。」

他在菸灰缸裡捻熄香菸。

「你是左撇子嗎，德瑞克？你用左手抽菸。」

「是。」

我又跟他談了幾分鐘。他說他的人生經過不少波折，最後跟雷歐諾拉同居。他沒有其他的法律糾紛了，這十二年來他也不必每年再去精神病評估機構報到。

我們道別，他留在臨時工作室裡。我自己找路回到客廳，雷歐諾拉坐在沙發上看電視，懷裡的孩子睡著了。我再向她道謝，祝她晚安，然後離開。

6

蘿拉・拜恩斯兩天後來電，當時我在西五十六街的監理所排隊換發我的駕照——我也想要換照片——翻閱著別人丟在旁邊椅子上的雜誌。

「凱勒先生，我看過你給我的稿子，證實了我的懷疑。全是理查・弗林捏造的，或許他想要寫小說。在當年，作家們習慣宣稱他們講的故事不是虛構，而是他們從某個佚名手稿發現或敘事者是個已經過世的真實人物，諸如此類。也可能這麼多年後他逐漸相信那些事真的發生過。你拿到其餘的稿子了嗎？」

「還沒有。」

「弗林一直沒寫完，是吧？他可能發現這太可悲了，也可能有不愉快的法律後果，所以放棄了。」

她的語氣冷靜又有點得意，令我挺不爽。如果德瑞克告訴我的是實話，她是跟我睜眼說瞎話。

「恕我直言，威斯雷克博士，維德教授被球棒打死這一點並不是弗林先生的想像，事後妳決定改姓也不是。好吧，我沒有完整書稿，但我有很多其他消息來源，所以容我請問：妳在維德被殺那晚確實見過他，不是嗎？然後弗林出現。妳騙他妳會跟朋友一起過夜，他大吵大鬧。我知道是真的，所以不用再騙我一遍了。之後發生了什麼事？」

她半晌不說話，我想像她好像仰倒在擂臺上的拳手，裁判正在讀秒。可能她沒料到我竟能夠發現當晚的這些細節。教授已死，弗林也是，我幾乎確定她根本不知道事發那幾個小時德瑞克·席門斯也在場。我猜想她會否認或像變戲法一樣翻供。

「你真是惡毒的人，不是嗎？」她終於說，「你真的知道你希望這整個故事如何發展，或只是在扮演偵探？你怎麼會指望我這麼多年後記得這些細節？你打算勒索我嗎？」

「妳有我可以勒索妳的事嗎？」

「我在這座城市認識很多人，凱勒。」

「妳講得好像是偵探老片裡的威脅臺詞。現在我應該說，『只是盡我的職責，女士，』向妳憂鬱地微笑，拉低我的帽沿遮住眼睛，豎起我的大衣領子。」

「什麼？你在胡說八道。你喝酒了嗎？」

「妳這是否認犯罪當晚妳在場，理查·弗林向警方說謊掩護妳嗎？」

又一陣漫長沉默，然後她問我，「你錄下了我們的對話嗎，凱勒？」

「不。我沒錄。」

「或許你瘋了，就像弗林。你的健保，如果你有，應該會給付幾次心理療程，所以或許你該利用一下了。我沒殺那個人，過了二十多年，誰會在乎當晚我在哪裡？」

「我在乎，威斯雷克博士。」

「那好吧，想幹什麼就請便。但是別再聯絡我了，我說真的。我盡量禮貌，把我知道的都告訴你，但我沒時間理你了。如果你再打來或接近我，我會投訴你騷擾我。再見。」

她掛斷，我把手機放回口袋。我生自己的氣，因為我的報告失去了一個極度重要的資訊來源——這次對話後我確信她不會再跟我說話了。我為何這樣過度反應，為何在該死電話討論中有必要把我所有的牌攤在桌上呢？德瑞克．席門斯給了我一對王牌，被我浪費掉了。

幾分鐘後他們叫我去拍照，相機後面的老兄說，「盡量放輕鬆，老兄。別誤會，但是你看起來好像扛著千斤重擔。」

「呃，只有一部分啦，」我回答他，「而且我根本還沒領到錢。」

⁂

接下來的三個星期，春天慢慢降臨這座城市，我跟親近約瑟夫．維德，被哈利．米勒一個一個找到聯絡方式的一些人談過。

珊的感冒惡化成肺炎，所以她大半時間臥病在床。她讀藝術的妹妹露意絲從加州過來照顧她。我堅持去看她，但每次她都叫我耐心點，因為她不想被看到這模樣，淚眼汪汪又頂著大紅鼻子。

彼得大半時間不在城裡或有生意要忙，所以我只跟他通電話，告知他調查進度。他告訴我丹娜．奧森還沒有找到弗林手稿其餘章節的任何痕跡。

我打過幾次給蘿拉．拜恩斯的老同學莎拉．哈波，但她沒接電話也沒回我的語音留言。我也沒聯絡上教授的妹妹英格．羅西。我查到她的地址和電話號碼，所以我打去跟一個英語超爛的管家談。最後我聽懂了羅西夫婦出門兩個月，去南美洲旅遊了。

哈利找到提摩西．桑德斯，但不是好消息——蘿拉．拜恩斯的前男友一九九八年十二月在華府過世了。他在家門口遭到槍擊，當場死亡。警方一直沒抓到凶手，但他們判斷那是搶劫不成變成殺人。他在無牆高中教經濟學，終身未婚。

我和艾迪．弗林的電話交談短暫又不愉快。他對於亡兄決定把公寓遺贈給丹娜．奧森很生氣，說他完全沒聽說過名叫約瑟夫．維德的大學教授。他叫我別再打給他就掛斷了。

我跟兩個維德的老同事談過，瞎掰說我是某出版商研究員在寫維德的傳記，想要從熟識他的人們盡量查出多些細節。

我去見一個在普林斯頓同系的退休教授，名叫丹．林德貝克的七十三歲老先生。他住在紐澤西州艾塞克斯郡，一座小松樹林裡面的巨大豪宅。他告訴我宅邸裡有個名叫瑪麗的女鬼，死於一八六三年內戰期間。我想起我幫《*Ampersand*》雜誌撰稿的時期，告訴他我去過的一棟鬼屋案例，他在舊式筆記簿裡仔細地記下詳情。

林德貝克形容約瑟夫．維德是個非典型的人，很清楚自己的重要性又完全奉獻給他的工作，很傑出的知識分子，但是人際關係冷淡又疏離。

他隱約記得維德當時正要出一本書，但他忘了哪家出版商買了那份書稿。他指出很難相信維德和董事會針對出版商議題會有衝突，因為教授們隨時可以自由出版他們的著作，任何一個出了暢銷書都對學校有幫助。他不記得在維德時代系上有進行什麼特殊研究計畫。

另外兩人提供我有趣但是矛盾的資訊。

第一個是姓門羅的教授，維德的助手之一。八〇年代末期他在寫自己的博士論文。另一個是六十幾歲的女人，蘇珊．強森，當過維德的助理，跟他很親近。門羅仍在普林斯頓教書。強森已在二〇〇六年退休，跟丈夫與女兒住在皇后區阿斯托利亞。

約翰．門羅是個矮胖、陰沉、油滑的人，皮膚白得像他在一次漫長又徹底的電話訪問之後，在辦公室接見我時身穿的灰西裝。他沒請我喝咖啡或茶，整個對話期間他一直懷疑地瞄我，一看到我破損的Levi's褲子膝蓋就抬起鼻子。他的聲音微弱，似乎聲帶有點問題。

不像其他人，他形容維德是個無恥的孤狼，為了爭取矚目會毫不猶豫剽竊別人的作品。門羅宣稱，他的理論是陳腔濫調，只是騙無知大眾的偽科學，電臺或電視脫口秀裡那種似乎很震撼的啟示，但即使當年也被科學界懷疑。同時神經科學、精神病學和心理學的成就更凸顯了維德的理論其實多麼可疑，但現在沒人會浪費自己的時間說明那些明顯事實了。

門羅的話惡毒到讓我以為萬一他咬到舌頭會被毒死。顯然他對維德毫無感情，而且可能慶幸有人願意聽他詆毀教授的形象。

另一方面，他記得有意出版維德新書的出版商：是一間在馬里蘭州的Allman & Limpkin公司。他證實董事會討論過這個議題。維德被指控利用大學的資源蒐集資料用來為了他的純粹私利出書。

門羅告訴我他不知道那本書為何沒出。或許維德沒寫完，又或許出版商要求他修改但他不同意。他解釋這種事通常透過所謂的「提案」簽約，作者在文件中提供出版商關於出書計畫的所有必要資訊，從內容到目標讀者。這類文件通常頂多包括實際新書的兩三章，其餘稿子會在雙方議定的稍後日期交付。交出完成的書稿並且照出版商的建議修改好之後才會簽最終合約。

他沒聽說過蘿拉・拜恩斯，但他說維德是惡名昭彰的大情聖，緋聞不斷，包括跟學生。董事會不打算隔年續聘他。每個人都知道維德會在一九八八年夏天離開普林斯頓，心理學系已經開始在找接替的教授了。

⁂

我邀蘇珊・強森一起去皇后區的Agnanti餐廳吃午餐。我比說好的時間提早抵達，坐到桌旁點了杯咖啡。十分鐘後強森太太抵達時，我發現她坐輪椅。後來她解釋，她腰部以下癱瘓了。有個年輕女子陪著來，她介紹是她的女兒，薇奧拉。薇奧拉確認一切沒問題之後離開，告訴我們她一小時後會回來接母親。

結果強森太太令人耳目一新，雖然身體不好但很樂觀。她告訴我十年前，去法國諾曼第旅行期間，遵循她父親當陸戰隊在二戰行動日的作戰路線，她開著在巴黎租來的車發生了可怕的車禍。幸好她坐在前座的丈夫麥克幾乎毫髮無傷。

她也說她不只當過維德的助手，還是他的紅粉知己。強森太太說，教授是個真正的天才。他碰巧選了心理學當他的研究領域，但她相信他在其他領域也會成功。就像任何真正的天才，他吸引了許多無法提升到相同層次的平庸者憎恨。他在大學裡只有少數朋友，不時在各種情境中被騷擾。同一批敵人定期散播各種沒有根據的謠言，例如維德是酒鬼和大情聖。

蘇珊．強森見過蘿拉．拜恩斯很多次，她知道蘿拉是教授的門生，但她相信他們沒有情感關係。她證實那個時期教授剛寫完一本關於記憶的書。書稿是她打字的，因為維德不用打字機或文書處理器，偏好用手寫。她確定他死前好幾星期那份稿子已經寫完，直到現在她從來沒想過他死前稿子是否已送交出版商或為何那本書沒有出版。

吃甜點時，我問她是否知道維德當時應該參與的祕密計畫。她猶豫了一會兒才回答，但最後她承認她知道。

「我知道他參與一個關於罹患創傷後壓力症的士兵治療計畫，但我只記得這些了。我主修經濟學，不是心理學或精神病學，所以只是機械性地轉錄文件，並沒對內容想太多。我不會對你隱瞞我認為維德教授對實驗結果的精神狀態很不穩，無論結果如何。」

「所以，妳認為他的死和他進行中的計畫可能有關嗎？」

「老實說，當時我有想過。顯然我只是從看過的神祕小說或電影知道這些事，但我認為如果這是他工作的預設結果，他們會企圖掩蓋他們的痕跡，讓案子看起來像竊盜甚至意外。我認為他是被外行人殺害的，只是僥倖逍遙法外。但我猜教授和他的雇主之間一定有些關係緊張。因為他死前大約兩個月，他不再拿文件給我打字。他可能停止跟那些人合作了。」

她沉默了一會兒，然後又說，「我愛上了維德教授，凱勒先生。我已經結婚了，雖然你可能覺得矛盾，我愛我丈夫和小孩。我從未告訴他，也不認為他會發現。我對他而言可能只是個即使在下班時間也願意幫忙的友善同事。我希望有一天他會對我有不同看法，但是事與願違。他死後我悲痛不已，好一陣子我覺得我的世界毀滅了。他可能是我這輩子認識最好的男人。」

薇奧拉．強森在我們對話進行到此時前來，她接受我的邀請多留幾分鐘陪我們。她主修人類學，但在房仲公司工作，告訴我市場在前幾年的金融危機後開始恢復了。她和母親像到不可思議——當我看著她們，我覺得好像看到同一個人的不同人生階段。

我陪她們走到薇奧拉停車的停車場，蘇珊堅持擁抱我一下祝我成功之後我們解散。

⁂

隔天早上我打電話到 Allman & Limpkin 公司。

我被轉接到負責採購心理學書籍的編輯，那位善心女士仔細聽我說完之後給我他們檔案部門的號碼。她告訴我，維德教授是學術界的名人，所以他的出書提案可能還保存在檔案裡，尤其那年代還沒有電子郵件，跟作者聯絡都靠信函。

但我在檔案部的運氣不太好。我聯絡到的人告訴我他沒有管理階級事先允許不能跟媒體談話之後就掛斷了。

我打給剛才通電話的編輯，解釋狀況，再度提出我想要解答的問題：維德的提案是否真的存在，他是否交付完整書稿，那本書為何一直沒出。我拚命擠出所有的個人魅力，似乎生效了——她答應嘗試查明我問題的答案。

我不抱太大期望，但是兩天後編輯寄電子郵件到我的信箱，告訴我查到的結果。

維德在一九八七年七月寄出提案，附上書的第一章。他在提案中提到書稿已經完成而且準備好交付。一個月後出版商在八月寄合約給他。其中約定，維德應該在十一月開始跟編輯修改內文。但是到了十一月，教授要求寬限幾週，說想要在假期中潤飾稿子。這個要求獲得同意，但後來悲劇發生。完整書稿從未交給出版商。

郵件附件提案的副本，原始打字機文件的掃描檔。將近五十頁長。我開始列印，看著紙頁一張一張被吐到印表機的塑膠匣。最後我瀏覽一下，用紙夾固定在一起放在書桌上，晚點再看。

⁂

那天晚上我試著列舉迄今調查成果，與我有多少機會作出任何最終結論的一覽表。

半小時後，看著我畫的圖表，我判斷其實我陷入了某種迷宮。一開始想找理查．弗林的書稿，不僅沒找到，還陷入一大堆人與事的細節卻看不出連貫的全局。我感覺像在黑暗中摸索，在充滿舊垃圾的閣樓裡，無法理解多年來我不認識的人堆積的那些物品的真正意義，也無法發現關於那些人真正有意義的事情。

我發現的許多細節互相矛盾，像無形資訊的雪崩，彷彿當時的角色和事件固執地拒絕向我透露真相。此外，我開始調查時，核心角色是書稿的作者理查．弗林，但隨著事態演變，他開始退出焦點，淪為背景，讓約瑟夫．維德教授走到舞臺前方，像他在職涯中扮演的明星，把可憐的弗林推進黑暗角落，幾乎把他降為小配角。

我試著連結蘿拉．拜恩斯在弗林稿子裡的角色和我在哥倫比亞大學醫學中心見到的那個女人，但我就是辦不到。彷彿有兩個不同的影像，一個真實，一個虛假，兩者不可能重疊。

我試著比較我間接從書稿認識的弗林——普林斯頓的年輕學生，充滿活力，夢想當作家也已經出版過第一批短篇小說——與丹娜．奧森在寒磣公寓過著無聊生活，退縮孤獨的男子，喪失所有夢想的厭世者。我也努力理解為何已經垂死的他用盡人生最後幾個月，寫了一份最終被他帶進墳墓裡的書稿。

我試著想像維德，被某些人譽為天才，但某些人斥為冒牌貨，與他自己的鬼魂一起關在巨大冰冷的房子裡，彷彿被未知的罪惡附體。維德身後留下失蹤書稿的謎團，而且造化弄人，二十多年後也發生在理查．弗林身上。我才剛開始尋找一份失蹤手稿，沒找到，但結果又遭遇另一本失蹤書稿的痕跡。

我試著在我調查從過去帶回來的所有角色中找出連貫性，但他們都只是沒有明確形體的陰影，在一個我無法發現開頭、結尾與意義的故事裡跑來跑去。我面對一組拼圖，但沒有任何一片連得上另一片。

諷刺的是，我越深入過去，被充足但矛盾的資訊驅使，當下變得對我越重要。彷彿我鑽進了一個隧道，我頭頂上微弱的燈光是提醒我必須回到地面上的重要因素，因為我來自那裡，遲早也應該回去。

我幾乎天天和珊通電話，她說她好一點了。我發現我比展開調查之前、被疾病分隔前以為的更想念她。我周圍的陰影顯得越虛假，我們的關係似乎變得越真實，有種前所未有，但或許是我拒絕接受的關連。

所以接下來發生的事才感覺如此震撼。

我正要出門去見一位三年前退休，曾經偵辦維德案的警探洛伊．費曼，電話鈴響了。是珊，她沒頭沒腦地直接告訴我她要分手。她指出，「分手」或許不是正確的字眼，因為她從不認為我們是「認真的」交往，而是沒有牽絆的友誼。

她說她想要結婚生子，她認識的一個男人已經跟她眉來眼去一陣子。她說，他看起來可能是適合她的終身伴侶。

她告訴我這些事的語氣聽起來好像是選角主管通知某個癟腳候選人，另一個演員比較適合某個角色。

我猜想她是否已經跟她那個同事偷腥了，但我又發現這個疑問沒意義：珊不是尚未徹底探索所有選項就作決定的那種人。

她解釋說她利用臥病在床這幾天思考她真正要什麼，我知道她跟那傢伙很可能已經交往好一陣子了。

「是妳說妳想要比較清淡、無牽無掛的交往，」我說，「我尊重妳的意願，但不表示我不想要更進一步。」

「那你為什麼到現在才告訴我？有什麼困難？」

「或許我正想說。」

「約翰，我們彼此太熟了。你就像其他男人——失去女人的瞬間才發現她對你有多重要。你知道我們在一起的時候我怕有一天你會認識更年輕的女人跟她跑掉嗎？你知道你從不邀我去見你的朋友也從不介紹我認識你的父母，彷彿想把我們的關係保密，我有多受傷嗎？我告訴自己我不過是你偶爾喜歡上床的老女人。」

「我爸媽在佛州耶，珊。至於我朋友，我不認為妳會很喜歡他們：有些是郵報的員工，兩三個大學時代的朋友，現在都胖了，而且喝多了會跟我說他們如何瞞著伴侶偷腥的故事。」

「我說的是原則問題。」

「我說的是現實狀況。」

「我不認為我們開始互相指責有什麼意義。那是分手時最醜陋的部分，你會想起所有的挫折然後開始丟泥巴。」

「我沒有責怪妳什麼，真的。」

「好吧，很抱歉。我——」

我聽到她咳嗽。

「妳還好吧？」

「他們說我再過兩三週就可以擺脫咳嗽了。我得掛斷了。或許再聯絡吧。你保重。」

我想問她是否確定不想要馬上碰面，當面談，但我沒機會問。她掛斷後我盯著電話半晌，彷彿無法理解它怎麼會在我手裡，我也掛斷。

走路去見洛伊．費曼時，我發現我好想盡快結束這次調查。

我知道如果我沒有無意中困在這裡面企圖扮演偵探，或許我會有足夠心思發現跟珊的關係有風暴將至的跡象。雖然我無法解釋為什麼，她決定跟我分手只是最後一根稻草。

我不迷信，但我明確地感覺理查・弗林的故事隱藏著某種魔咒，像木乃伊墓穴的詛咒之類的。我決定打給彼得告訴他我要退出，因為很顯然地我永遠無法查出那一夜約瑟夫・維德教授、蘿拉・拜恩斯和理查・弗林發生了什麼事。

7

洛伊・費曼住在過橋的勃根郡，但他說過有些事要進城辦，所以我在西三十六街的餐廳訂了位。

他又高又瘦，長得像電影配角，安分地支援第一男主角對抗壞人的那種老警察，給人很可靠的印象——雖然你不懂為什麼，因為他在片中只有一兩句臺詞——你卻可以信任他。

他的頭髮幾乎全白，細心修剪遮住下半臉的鬍鬚也是。他自我介紹，我們開始聊。他說他娶了個名叫黛安娜的女人快二十年了。他們有個兒子東尼，剛滿三十八歲，但很少見到他。他的前妻和兒子在八〇年代末期離婚之後遷居西雅圖。他兒子已經大學畢業，在地方廣播電臺當新聞播報員。

費曼毫不猶豫地告訴我離婚完全是他的錯，因為他工作太忙也喝太多酒。他是紐澤西第一批大學畢業就加入警方的警探之一，在一九六九年，局裡有些同僚因此看他不順眼，尤其也因為他是黑人。他強調，無論誰聲稱在七〇年代中期警察內部的種族歧視已經幾乎消除，尤其在小鎮警局，都是在鬼扯。當然，在那之前他們已經開始在電影裡讓黑人演員飾演法官、檢察官、大學教授和警察局長，但是現實不一樣。可是待遇還不錯——當時一個巡邏警員可以年薪將近兩萬美元——而且他從小就夢想當警察。

他告訴我，西溫莎鎮警局八〇年代初期大約有十五個警察，大多數年近四十。局裡只有一名女性，新進人員，除了拉丁裔警察荷西．曼德茲之外全都是白人。那是紐澤西和紐約的黑暗時代：快克毒品已經開始流行，即使普林斯頓受波及不大，並不表示警察們日子很輕鬆。費曼在普林斯頓警局待過十年，一九七九年他被調到梅瑟郡的西溫莎，兩年前剛成立的新警局。

他很高興跟我聊天，坦承自從退休後他過著相當隱遁的生活，退休警察沒什麼朋友是很常見的。

「你為什麼對這案子有興趣，約翰？」他問道。

他提議我們互稱對方名字。雖然他的語氣和外表有點嚇人，我無法解釋理由，但我同意了並且跟他說實話。我厭倦掰故事說要寫傳記或歷史懸案書，也確定面前這個人──素昧平生就接受我訪談的好心人，還跟我分享他人生的痛苦細節──值得我坦誠相待。

於是我告訴他理查．弗林寫了本關於當年的書寄給文學經紀公司，但是找不到其餘的稿子。被經紀公司雇用後，我在研究──你可能會說在調查──該案試圖重建事實。我已經跟很多人談過，但我迄今還沒發現什麼具體的東西，也無法掌握那是怎麼回事。

他指著隨身帶來的大牛皮紙袋。

「我去了局裡一趟，幫你印了一些東西，」他說，「直到九〇年代初期我們才開始把檔案數位化，所以我得去翻檔案室裡的箱子。這些都不是機密，所以很容易。拿回去看吧。」他鼓勵我，我把紙袋收進背包裡。

之後他簡短地告訴我他記得的事：他如何跟法醫抵達維德家，媒體上的風暴，沒有任何可信的線索讓他們形成一個推論。

「關於那個案子很多事情兜不攏，」他說，「教授的生活很平靜，不吸毒，不召妓鬼混，也不去不良場所。他短期內沒跟任何人結怨，住在高級社區，他的鄰居都是良民，互相熟識多年，學者和企業大頭。然後，突然間，這傢伙在自己家裡被打死。屋裡有很多高價物品，但沒有東西失竊，連現金珠寶也沒有。但我記得確實有人匆忙地搜過那裡。抽屜被打開，地上散落著文件。但我們找到的指紋都是熟人：整理教授圖書室的小子和有鑰匙經常在屋裡的維修工。」

「關於地上那些文件，」我說，「有被蒐集當作潛在證據嗎？」

「我不記得那種小事了……你在這些影本裡應該找得到。但我記得我們在屋裡發現一個小保險箱，沒人知道密碼，我們只好叫鎖匠來。他打開了，但我們只找到一些現金、權狀、照片，這類東西。沒有跟案情相關的。」

「教授剛寫完一本書，書稿似乎消失了。」

「是他妹妹處理他的遺物。她大約兩天後才從歐洲趕到。我對她印象深刻。她表現得像大明星之類的。她穿昂貴的皮草戴很多首飾，像貴婦，而且講話有外國腔。她真是個奇葩，我跟你說。我們問了幾個問題，但她只說她和亡兄不太親近，對他的生活毫無所知。」

「她叫英格．羅西，」我說，「她住在義大利很久了。」

「或許吧……她可能拿走你說的書稿，也可能是別人拿了。過了兩天我們把所有東西清出屋外。他妹妹沒抱怨遺失任何東西，但我懷疑她對哥哥家的私有物知道多少。我剛說過，她說他們二十來年沒互訪了。她很急著趕快處理完畢，葬禮一結束就直接回去了。」

「我知道有個年輕人是嫌犯之一，馬丁．路德．肯奈特，後來因為謀殺一對老夫婦被判刑。」

「伊斯頓夫婦，沒錯，可怕的命案……肯奈特被判無期徒刑，目前還在雷克斯島。但他沒被指控殺害教授——」

「對，我知道，但他有一陣子被當成維德案的主嫌，不是嗎？」

他聳肩。「你也知道有時候就是這樣……維德是名人，媒體拚命報導，一度炒成全國新聞，所以我們有盡快破案的壓力。我們也跟警長辦公室合作，梅瑟郡地檢署從刑事組派了個警探來，名叫伊凡．法蘭西斯。那傢伙是爬梯子的人，希望你懂我的意思，政治後臺很硬。我們地方警察只是小卒子，所以那傢伙和檢察官發號施令。

「當時我也不怕表達，我的意見是肯奈特那小子跟伊斯頓命案和維德案都無關，我可是很認真的。檢察官也想讓他成為維德案的主嫌，如你所說，所以其他線索多多少少逐漸被放棄。但那實在很愚蠢，我們都清楚。或許那小子不太聰明，但他不會笨到想把從被害人偷來的寶石賣給犯罪現場兩哩外的當鋪。搞什麼鬼？他為何不去紐約或費城？他是個小藥頭，沒錯，但他沒有任何暴力犯罪前科。教授被殺那晚他也有不在場證明，所以他是維德案凶手的可能性根本不該列入考慮。」

「我在報上看過一些報導，但你是否確定——」

「這正是我告訴你的，當時他在遊樂場裡。那個年代還沒有保全監視器，但起初有兩三個人證實他們在凶案發生的時間有看到他。後來伊凡．法蘭西斯去找他們，於是他們翻供。此外，肯奈特的公設辯護人是個白癡，不想跟任何人爭論。懂嗎？」

「所以理查・弗林這條線索很快就被放棄了？」

「才怪，那也是條線索啊。那不是唯一『很快』被放掉的，照你的說法。我記不得所有細節了，但我想他是最後一個看到教授活著的人，所以我們約談他幾次，但我們沒抓到他任何把柄。他承認當晚他在場，但他聲稱案發前兩三個小時他就離開了。他在書中有承認什麼事情嗎？」

「我說過，一大半的書稿不見了，所以我不曉得他的故事走向如何。因為理查・弗林和另一個證人德瑞克・席門斯守口如瓶，當年你不知道的是，有個叫蘿拉・拜恩斯的女學生當晚可能也在場。那個維修工告訴我她跟弗林都見過教授，他們發生過爭吵。」

他露出微笑。「別小看警察，約翰。我知道民眾有時候認為我們只是吃甜甜圈的白癡，連褲子裡的屌都找不到。我們當然知道你說的那個女生的底細，她顯然跟教授有一腿，但是到頭來什麼都無法證明。我約談過她，但在我印象中，她整晚都有確鑿的不在場證明，所以她不可能在現場——又是個死線索。」

「可是那個維修工——」

「至於那個維修工的證詞……呃……他叫什麼來著？」

「席門斯，德瑞克・席門斯。」

他突然住口望著空中幾秒鐘。然後從口袋掏出一個小藥瓶，打開後吞一顆綠色藥丸喝口水。他顯得很尷尬。

「不好意思，但是……唉，對，他叫做德瑞克・席門斯，沒錯。我忘了他的說法，但反正他的證詞對我們沒什麼用。那傢伙生病了，他有失憶症，我不認為他的屋頂上還有多少瓦片，你懂我的意思。總之，除了八卦之外，我們沒有證據證明教授和那女孩是情人，她的不在場證明也確實。」

「你記得是誰證實的嗎？」

「都在我給你的文件裡了。我想是個女同學。」

「莎拉．哈波嗎？」

「剛說了，我記不得所有細節，但你可以在報上查到所有名字。」

「蘿拉．拜恩斯有男朋友，叫提摩西．桑德斯。或許他吃醋，認為他女朋友跟教授有姦情。有人約談過他嗎？」

「我說過，蘿拉．拜恩斯不是嫌犯，所以我們幹嘛約談她的男朋友？怎麼，你查出那個人的新事證了？」

「沒有關於本案的。他很多年前在華府被槍殺。他們說是搶劫不成變殺人。」

「唉，很遺憾聽到這樣。」

吃完飯之後我們點了咖啡。費曼顯得疲倦又心不在焉，彷彿我們的對話耗盡了他的電池。

「但是弗林為何沒被正式起訴？」我繼續問。

「不記得了，但我認為不起訴他一定有什麼緣故。他是沒有前科的學生，不多管閒事。他不吸毒不喝酒，就我記憶中，他不暴力，所以不符合潛在殺人犯的條件。喔，對了，他還通過測謊，你知道嗎？那種人不會突然出門殺人，即使遭受重大情緒壓力也不會。有些人就是沒辦法下手殺人，即使為了保護自己或近親。幾年前我看過一份研究斷定二次大戰中的大多數人只是對空鳴槍而不是射德國人或日本人。用球棒把人打死可不像演電影，是很困難的事。即使你認為對方強暴了你的女兒。我不認為他是我們要找的凶手。」

「洛伊，你認為女人辦得到嗎？我是說體能上。」

他考慮了一會兒。

「呃，用球棒把人的頭骨打凹？我看不能。女性殺人頻率遠低於男性，而且她們殺人幾乎從不那麼暴力。她們殺人時，會用毒藥或其他不流血的方法。或許用槍。另一方面，鑑識科學中有所謂的模式，但不保證，所以警探絕對不該排除任何假設。就我所記得，維德是個壯漢，身體很健康，必要時也夠年輕能反擊。對，他被殺前有喝酒。酒精濃度對被害人被攻擊當時的狀況能透露很多事，但不是萬能。同樣的酒精濃度，某甲可能反應接近正常，某乙可能無法自我防衛。這因人而異。」

「席門斯有被當作嫌犯嗎？」

「席門斯是誰？喔，抱歉，那個工人，腦子有病那個……」

「對。他曾經被控謀殺妻子，因為精神失常理由判無罪。他為什麼不是嫌犯？」

「他很配合而且有不在場證明，所以只有起初被認定為潛在嫌犯，每個人和死者總會有些關聯。他被訊問過兩次，但似乎無害，我們放棄了。」

他搭火車來，我送他回紐澤西。我開車時，他告訴我那個年代的警察生活。他住在泥土路盡頭被松樹圍繞的舊平房裡，靠近九十五號州際公路。我離開前，他要求我通知他調查進度，我答應一發現有趣的東西會讓他知道。但我已經知道我會放棄了。

不過我在晚上還是看了他帶給我的文件，但沒發現多少我還不知道的。理查被約談過三次，每次他都有清楚又直接的答案。他甚至同意作測謊，而且通過了。

⁂

蘿拉．拜恩斯的名字只在關於維德的人際關係和熟人的報告中被提到一次。她沒被指稱是嫌犯或證人，只被訊問過一次。似乎有人懷疑過當晚她可能在現場，大約九點鐘離開那棟房子，同時理查抵達。但理查和蘿拉都否認。弗林和教授一起喝了酒，弗林聲稱蘿拉不在場。

稍後，我心不在焉地瀏覽網路時，想起了珊：以前她對我微笑的樣子，她眼睛的怪異顏色，和她左肩上的小胎記。我有種奇怪的感覺，我對她的記憶已經開始逐漸自行模糊，一樣一樣藏在錯失機會的密室裡，因為門後的回憶太痛苦而把鑰匙扔了。

我直到快天亮時才睡著。我聽得見城市的沉重呼吸聲，數以百萬計的夢境和故事交織成一個大球緩緩升上天空，隨時會爆炸。

⁂

先前幾週我試過幾次想聯絡莎拉．哈波。我見到費曼的隔天，正準備打給彼得結束這整個故事時她終於回電給我。哈波聲音很好聽，她說想要馬上見我，因為她要出城一陣子。她記得跟哈利．米勒談過，希望知道我想問她什麼。

老實說，我沒興趣見她。我已經跟太多人談過，他們都告訴我矛盾的說法，跟珊分手的衝擊太大讓我無法專注在那麼多年前發生、我幾乎喪失了所有興趣和好奇心的事情上。突然間，那些事件變成好像沒有深度的繪畫，像童書插圖，平板又無法激起我任何熱情。我沒興趣大老遠去布朗克斯區見一個可能告訴我另一套謊言，希望快速得到什麼報酬的毒蟲。

但她提議進城來見我，所以我同意了。我給她一家街角酒館的地址，她說大約一小時後到，辨認她的特徵是拿綠色旅行袋。

她遲到了十分鐘，我正喝著我的濃縮咖啡。我向她揮手，她走過來，跟我握手之後坐下。

她長得跟我想像的完全不同。她矮小又虛弱，體型像少女，皮膚很白，襯托出她杏黃色的頭髮。她穿著很普通，牛仔褲，長袖的「美好人生」T恤，老舊的牛仔外套，但看來很整潔且散發出溫和的昂貴香水味。我提議請她喝一杯，但她說她上次進勒戒所後已經戒酒一年了。她安撫我從那時起她也不嗑藥了。她指著放在她身旁椅子上的包包。「我在電話中說過，我要出城一陣子，」她說，「我想最好先跟你談一談。」

「妳要去哪裡？」

「跟我男朋友去緬因州。我們會住在小島上。他的工作是為基金會照顧保護區。我等這種機會很久了，但我離開前想要確定我準備好了，希望你懂我的意思。我會想念紐約。我在這裡住了一輩子，但這是個全新開始，不是嗎？」

雖然我們初見面，她跟我講話似乎很自在，我猜想她可能還在參加匿名戒酒者之類的支援團體。她臉上幾乎沒皺紋，但她的青綠色眼睛底下有很深的黑眼圈。

「多謝妳願意跟我談，莎拉，」簡短告訴她理查．弗林的書稿和關於一九八七年底事件的調查之後，我說。「開始之前，我要提醒妳雇用我的公司沒有多少預算作這種研究，所以——」

她揮揮手打斷我。「我不知道米勒怎麼跟你說的，但我不需要你的錢。我最近設法存了一點，我要去的地方也不太需要花錢。我答應見你有不同的理由。跟蘿拉．拜恩斯——或威斯雷克有關，現在她是這麼自稱。我想你最好了解關於她的一些事情。」

「我要再去點杯咖啡，」我說，「妳想喝嗎？」

「無咖啡因卡布奇諾就好，謝謝。」

我去吧檯點我們的咖啡，回到桌邊。這時是週五下午，酒館裡開始出現吵鬧的人。

「妳剛說到蘿拉．拜恩斯，」我說。

「你對她了解多少？」

「幾乎毫無所知。我們談過半小時，通過兩次電話，就這樣。」

「她給你的印象如何？」

「老實說，不是很好。我覺得當我問她當年發生什麼事，她說了謊。只是個感覺，但我認為她在隱瞞什麼。」

「蘿拉跟我是好朋友；我們有一陣子合租公寓，直到她搬去跟男朋友住。我是皇后區來的菜鳥，進大學之前兩年還在臥室裡收藏芭比娃娃。雖然出身中西部，蘿拉生性自由，很有教養，有種魅力讓她廣受男女兩性歡迎。她馬上交到很多朋友，被邀去每場派對，又受到教授們的好評。她是我們班上最受歡迎的學生。」

「具體說來她跟維德的關係如何？妳有什麼了解嗎？有些人告訴我他們有一腿，理查．弗林在他的書稿中也這麼暗示。但她聲稱他們從來沒有感情關係。」

她咬著下唇想了幾秒鐘。

「我正在想該怎麼講清楚……我不認為他們有肉體關係，但他們對彼此很重要。教授似乎不是喜歡年輕女人的型。他的精力只夠做自己的事。我們都仰慕他也在乎他。他上的課很棒。他很有幽默感，給人的感覺是他很專業也真心希望你學到東西，而不只是領錢幹活。我舉個例子吧。有一次，某個秋季煙火秀——當年有各種愚蠢的儀式，其中某些可能還存在——幾乎我們全體研究班都一起跟兩位教授去藝術博物館前面的空地，等待天色變暗開始放煙火。半小時內，幾乎所有學生圍著維德站成一圈，他什麼話都還沒說呢。」

「他有些老同事聲稱他是大情聖而且太愛喝酒。」

「我不認為，蘿拉從未向我提過這種事。我傾向相信那只是八卦。無論如何，蘿拉當時有男朋友了——」

「提摩西・桑德斯？」

「對，我想是這個名字。我向來不擅長記人名，但我想你說得對。蘿拉似乎真的很在乎他，如果她真的會關心別人的話。但除了她跟那個男生或維德的關係，蘿拉也開始對我露出另一張臉，逐漸令我害怕。」

「什麼意思？」我問道。

「她有非常，非常……強烈。強烈的決心，應該這麼說，同時也很算計。在那個年紀，我們幾乎沒人——我是指學生——很嚴肅看待人生。例如，跟男朋友調情對我比未來職涯更重要。我浪費很多時間在不重要的事情，買雜物或看電影，我經常熬夜跟朋友閒聊胡說八道。

「但蘿拉不一樣。有一次，她告訴我她才十八歲就放棄體育了，發現直到當時她得的獎不足以保障在洛杉磯奧運代表隊的位子，四年後她會太老沒機會被選進隊伍。我問她這兩者有何關係，她聽了很驚訝。她說，『如果你沒機會證明你是最強的，努力又有什麼意義？』你懂我的意思嗎？對她而言，體育只是到達目標的手段，目標是公眾認同。那是她最想要的，也可能是她唯一想要的：讓別人知道她最強。據我的印象，她自從幼年好勝心就很強，日積月累變成執念。無論她做什麼，她必須是最強的。無論她要什麼，她必須盡快得到。

「而她根本沒發覺。她自認是個開放、慷慨的人，願意為人犧牲自己。但是擋她路的人都是必須清除的障礙。

「我想因此她跟維德的關係才這麼重要。她很榮幸被最有魅力的教授，人人仰慕的天才注意到。他的關注讓她感覺特殊——她是被選上的，她在把維德看成神的女生群裡是獨特的。提摩西只是像小狗跟著她到處跑，偶爾上床的小男孩。」

說話似乎對她很吃力，她臉頰上出現兩塊紅暈。她一直清喉嚨，彷彿很乾澀。她喝光了她那杯咖啡，所以我問她要不要續杯，但她說不用。

「我想她因此一開始才跟我交朋友。雖然我在城市出生長大，我個性天真又不如她，讓她證實了身為躋身紐約的鄉巴佬不必有任何情結。她在某方面把我納入羽翼下。就像桑丘．潘札❾，我無論如何都追隨她，騎上我的驢子，跟她衝向名聲與榮耀。但她不會容忍一丁點獨立的姿態。有一次，我沒問她意見就買了雙鞋子。她成功說服我那是全世界最醜的鞋子，只有完全沒品味的人會穿這種東西。後來我把鞋子送人。」

「好吧，她是個冷酷又愛算計的婊子，但其他很多人也是。妳認為她可能跟維德之死有關嗎？她會有什麼動機？」

「維德寫的那本書，」她說，「那本該死的書。」

⁂

莎拉告訴我蘿拉幫過教授寫書，他利用她的數學知識創造模型去評估創傷事件造成的行為

❾《唐吉訶德》小說中主人翁唐吉訶德的侍從。

改變。

莎拉的印象是蘿拉漸漸高估自己的貢獻。她相信如果不是她的協助，維德絕不可能完成那個計畫。所以她要求他讓她掛名共同作者，而教授——像她愉快地告訴莎拉那樣——同意了。同時，提摩西去歐洲的大學待一個學期，蘿拉則在莎拉租的套房公寓小住一陣子之後，搬進她跟理查·弗林合租的房子。後來她告訴莎拉她的室友弗林是個不長眼的妄想家，他瘋狂地愛上她，蘿拉覺得這狀況挺有趣。

但是有一天，經常去教授家的蘿拉發現他寄給出版商的一份提案。文件裡完全沒有她的名字，所以她發現教授騙了她，一點兒也沒打算讓她當共同作者。

莎拉說，這時候她朋友開始露出最醜陋的一面。她沒有歇斯底里發作，也沒有砸東西，沒有吼叫——如果她這樣還好一點。蘿拉反而叫莎拉去她家過夜，她呆坐了一兩個小時望著空中，不說話。然後她開始像個決心殲滅敵人的將軍，擬定戰鬥計畫。

蘿拉早已知道教授和祕密計畫的合作對象之間有不和，所以她開始混淆他的心智，讓他以為自己被跟蹤，出門時那些人在搜索他家。其實那是蘿拉自己做的——她移動東西，留下被侵入的隱晦跡象，玩起虐待遊戲。

其次，蘿拉誘導教授認為她愛上理查·弗林，她介紹他們認識，企圖讓他嫉妒。她一直想讓維德拖延交出書稿，同時說服他回到他們先前的默契。

莎拉說，教授可能發現蘿拉的要求太荒謬。她連碩士都還沒念完，但她已經登上學術作品封面——他會被大肆砲轟，結果嚴重損害他的職涯。

我想起弗林在他書稿中寫的與維德初次見面。如果莎拉．哈波說的是實話，他只是個代罪羔羊。他唯一的角色就是讓教授嫉妒，是蘿拉演出中的布偶。

「教授被殺那晚，蘿拉來我的公寓，」莎拉繼續說，「大約在凌晨三點。我很早睡，因為隔天我要回家過節，有個朋友可以載我去紐約。

「她似乎很害怕，說她剛剛跟理查．弗林吵架，他把她的調情當真，迷上她。她從租屋處收拾好行李，就放在屋外的後車廂。無論如何，提摩西兩天前回來，他們要重新同居。」

「理查聲稱蘿拉說當天她打算跟妳一起過，在妳的公寓過夜。」

「我說過，她是凌晨來的。我不曉得之前她在哪裡。但她哀求我如果有人問起，就說我們整晚都在一起。我答應了，以為她指的是理查．弗林。」

「當時妳住在哪裡，莎拉？」

「羅基威爾，距學校大概五哩。」

「妳想蘿拉從她跟弗林租的房子到那裡要花多久？」

「即使是半夜天氣又不好，不用太久。他們住在貝雅德街。大概二十分鐘路程。」

「以天氣和交通狀態考量，她大概花了半小時從西溫莎的教授家回到弗林家。再加半小時收拾行李——意思是兩小時。如果我的資訊正確，她當晚確實回去過維德家，就表示她大約在凌晨一點離開，而不是在弗林向警方說的晚上九點。換句話說，維德被攻擊**之後**……」

「當時我就知道有些不對勁，蘿拉在說謊。通常她很有自信，但那晚她很**恐懼**，沒錯。我剛被吵醒，迫不及待想回去睡覺，所以我不想聽她故事的所有細節。當時我們已經疏遠了，而且老實說，我不需要她的友誼了。讓她知道我明天一早要離開後，我幫她在沙發上鋪床又回去睡。但我早上七點醒來時，她已經走了。我發現一張字條說她去找提摩西了。

「我大約早上八點離開，在朋友車上聽收音機才知道出了什麼事。我請他開下高速公路——我們在九十五號州際公路上——我記得我下車開始嘔吐。我立刻懷疑蘿拉是否跟教授之死有關。我朋友想送我去醫院。我努力冷靜，回到家後，我的假日都在床上度過。警方在聖誕節和新年之間打給我，我回到紐澤西作筆錄。我告訴他們蘿拉那天跟我在一起，從午餐時間直到隔天早上。明知她可能涉及這麼嚴重的事，我為何幫她說謊？我不知道。我想她控制了我，其實我無法拒絕她任何要求。」

「之後妳有跟她談過嗎？」

「我被警方約談後，我們一起喝過咖啡。她一直道謝，向我保證她跟謀殺案無關。她說她要求我作證，她才不會被警察和記者騷擾。此外，她告訴我教授終於接納她對書的貢獻，答應讓她掛名共同作者，我聽起來有點古怪。他為何在被謀殺之前突然改變主意？」

「所以妳不相信她？」

「對，我不信。但我身心狀態都很不好，我只想要回家忘掉一切。我決定休學一年，直到一九八八年秋天才復學，以便我回去時蘿拉已經不在。那段期間她打來我家裡幾次，但我不想跟她講話。我騙父母說我剛發生不愉快的分手，去接受心理治療。一年後，我回到普林斯頓，整個維德命案已經是舊聞，幾乎沒人提了。之後再也沒人問我關於那案子的事。」

「後來妳有再見到或跟她談話嗎？」

「沒有，」她說，「但是去年，我碰巧發現了這個。」

她拉開行李拉鍊拿出一本精裝書，推過桌面給我。那是蘿拉．威斯雷克博士寫的。書皮上有作者黑白照片與簡歷。我看著照片，發現她這二十年來沒怎麼變：同樣平凡的五官，只靠讓她顯得已經很成熟的堅定表情湊在一起。

「我在我待的勒戒所圖書室發現這本書。一九九二年出版。我認出封面上的照片，發現她改姓。這是她的第一本書。後來我發現它廣受好評，她後續的事業都建立在這本書上。我毫不懷疑這就是維德原本要出版的書。」

「我還懷疑那本書為何從未出版呢，」我說，「命案之後書稿似乎消失了。」

「我不確定它是否在教授命案中扮演任何角色，但我假設她偷了案發前她提到的書稿。或許她操縱弗林那傢伙下手殺人，而她偷了書。所以我又做了別的事……」

她從桌上的盒子抽出餐巾擦嘴，留下一抹口紅，然後清清喉嚨。

「我查出弗林的地址。那可不容易，因為他住城裡，這座城市有很多姓弗林的，但我知道他在普林斯頓主修英文並且一九八八年畢業，所以還是找到他了。我買了這本書寄去給他，沒有附信件說明。」

「他可能不曉得蘿拉偷了維德的稿子，仍然以為那是三角關係的不幸後果。」

「我也這麼想，然後我發現弗林過世了。我不知道寄書給他是否導致他寫下了整個故事，但或許那是他報復蘿拉騙他的方式。」

「所以，多虧妳和理查掩護她，蘿拉平安脫身。」我知道聽起來很嚴苛，但這是真的。

「她是那種永遠懂得利用關心她的旁人情感的人。總之，隨你運用我告訴你的情報，但我不打算作任何正式聲明。」

「我想沒有必要，」我說，「只要弗林的其餘書稿失蹤，整件事就只是個幻影。」

「我想這樣比較好，」她說，「這是個已經沒人感興趣的老故事。老實說，連我都沒興趣。我有自己的事情要在未來的日子好好想一想。」

⁂

我跟莎拉・哈波分開，想到就在覺得此事不再重要之後，或許我成功解開了整件事的脈絡，太諷刺了。

我沒興趣確保正義伸張。我從來不熱衷發掘所謂的真相，我也夠聰明知道真相和正義未必是同一回事。至少有一點，我同意珊——大多數人偏好簡單好聽的故事而非複雜又無用的真相。約瑟夫・維德死了將近三十年，理查・弗林也入土為安。或許蘿拉・拜恩斯的職涯建立在謊言上，也可能在謀殺上。但人們向來崇拜同樣平凡的人稱之為英雄——看看歷史教科書就能證明這一點。

回家途中我想像當維德躺在地上自己的血泊中，蘿拉・拜恩斯搜索屋內尋找那份書稿。同一時間，或許用球棒殺人的理查・弗林又做了什麼？他還在場或者離開了？他是去丟棄凶器嗎？但如果他是為了蘿拉而做，她為何拋棄他，若是如此，他為何繼續掩護她？

又或許那一連串事件只存在於莎拉・哈波的腦中，這個女人一步步沉淪，而先前的朋友為自己建立了可觀的事業。我們有多少人能夠真心為別人的成功喜悅，不會私下幻想他們遲早為擁有的付出代價？看看新聞吧，各位。

但我的疑問和所有其餘細節已經不重要。或許我只想相信蘿拉・拜恩斯，那個冷酷算計的女人，表演了一招撞球絕技，撞一顆球之後連帶牽動幾顆球。理查・弗林、提摩西・桑德斯和約瑟夫・維德對她都只是桌上的球，互相競爭直到她達成目的。

最諷刺的一點就是像維德這種人，畢竟很喜歡探索別人心智的人，竟在棋局中淪落到被他的學生逼死。在本案中，如果她證明比恩師對人類心智的活體解剖技巧更高明，蘿拉・拜恩斯就真的配得上她後來的成功。

⁂

翌日我在東村的 Abraço 咖啡館跟彼得碰面。

「怎麼樣了？」他問道，「你看起來很累，兄弟。出什麼事了嗎？」

我說我完成了受雇的工作，給他一份書面大綱。他沒太注意就把紙袋收進他的蠢公事包裡。我也給了他那本蘿拉・拜恩斯的書。

他沒問我別的事，看來彷彿心不在焉。於是我開始講話，告訴他一九八七年秋冬兩季發生什麼事的可能版本。他心不在焉地聽著，把玩一個糖包，偶爾啜一口茶。

「你可能說對了，」最後他說，「但你知道沒有任何具體證據就出版這種東西有多困難，對吧？」

「我說的不是出版東西，」我說，他似乎鬆了一口氣。「我比對過維德寄給Allman & Limpkin公司的提案章節和蘿拉書裡的那章。幾乎一模一樣。顯然那可能是她剽竊教授書稿的證據，否則可能就顯示他們一起寫書而她的貢獻很重大。無論如何，都不會證明她為了偷稿子，跟理查・弗林共謀殺了他。如果弗林有書面證詞又另當別論。」

「我覺得很難相信寄書稿給我的人是個凶手，」彼得說，「我不是說他不可能殺人，但是……」他音量變小，「你想他的書稿是自白書嗎？」

「呃，是。他快死了，他不太在乎死後的名聲，也沒有繼承人。或許蘿拉・拜恩斯騙他操縱他去殺了維德，然後丟下他自己面對後果，同時靠他殺人的結果建立自己的事業。當他收到那本書，才知道自己真正面對的風險多大，他發現那幾個月間真正是怎麼回事。他為了一個謊言毀了自己的人生。他從一開始到最後都被耍了。或許當時她承諾會回到他身邊，他們分手只是預防措施，以免引發進一步懷疑。」

「好吧，這是個有趣的故事，但是手稿不見了，你似乎也沒準備好寫一本書，」彼得說，回到目前的話題。他示意女侍拿帳單來。

「對，目前就是這樣。看來我浪費你的時間了。」

「沒關係。老實說，我不認為會有出版商願意冒這麼大法律風險出版這種書。聽起來蘿拉拜恩斯的律師會輕鬆獲勝。」

「我同意，兄弟。多謝你的咖啡。」

我回家，收拾這幾週來所有的調查相關文件，收進箱子丟進櫃子。然後我打給丹娜・奧森告訴她我無法查出任何新事證，我已經同意放棄這個案子。她說她覺得這樣比較好：應該讓死者安息，活人繼續過他們的生活。我心想她的話聽起來好像理查・弗林的墓誌銘。

⁂

那天晚上我去找法蘭克舅舅告訴他這整件事。

仔細聽我講完一小時後，你知道他說什麼嗎？我拋棄了他生平聽過最有趣的故事。但他一向過度熱心。

我們閒聊，喝了幾杯啤酒觀賞電視球賽。我努力忘記珊和失落書稿的那些事。似乎有效，因為那晚我睡得很熟。

⁂

兩個月後，有個搬去加州的郵報老同事打電話給我邀我去幫一個新電視影集寫劇本。我接受後決定在前往西岸前出租我的公寓。我收拾衣服時，又看到維德案的文件，我打給洛伊・費曼問他想不想要。

他說他有新進展。

「多謝你想到我——我也正想打給你，」他說，「我們似乎有人認罪了。」

我的心跳差點停止。

「那是什麼意思？是蘿拉．拜恩斯對吧？她承認了嗎？」

「呃，就我所知不是她。呃，不如你過來喝杯咖啡吧？把文件帶來，我把整個故事跟你說。」

「好啊，什麼時候？」

「隨便你，我在家裡沒地方去。記得我家在哪裡嗎？那就好，請別忘了那些文件，我還是有些事想不通。」

第三部

洛伊・費曼

我會明確陳述我看到什麼和聽別人說了什麼。
因為本書將會忠實陳述。

——《馬可波羅遊記》（第一冊，序言）

Part Three

Roy Freeman

1

麥特．多明尼斯在讓人遺憾沒養貓的那種夜晚打給我。我們談完之後，我走出去前門廊逗留了幾分鐘，設法拼湊我的思緒。天色漸暗，天上有幾顆星發亮，遠處迴盪著像蜂群低鳴的高速公路車聲。

當你終於發現吸引你好一陣子的案子真相，就像失去了一個旅伴。健談、愛刺探甚至可能沒禮貌，但是你已經習慣早上醒來就在身邊的同伴。那就是幾個月來維德案給我的感覺。但麥特告訴我的事把我在舊更衣室裡的小辦公室花很多時間想出的所有假設放上了沉重的蓋子。我告訴自己即使他說的一切都是真的，事情不可能這樣就結束，還是有些事情兜不攏。

⁂

我走回屋裡問麥特可否讓我跟死刑之前承認殺害約瑟夫．維德教授的法蘭克．史普爾談談。麥特是波多西矯正中心的老鳥，上司發現面談申請是來自八〇年代末期偵辦此案的警探之後，同意了他的要求。我想親眼看看他，親耳聽聽他對於西溫莎謀殺案的說法。我不相信他說了實話，不只是聽說加州來的作家想把他的名字放進書裡之後想爭取注意力。史普爾從精神病院獲釋，在紐澤西停留後維德立刻遇害，所以當年他可能看過報紙上的案情。

約翰·凱勒來找我，帶了手裡關於本案的所有文件。他不知道我們春季的對話後我又開始調查維德之死，我們喝咖啡談到了史普爾的自白。他告訴我因為那個案子他女朋友跑了。

「我不相信厄運，但這個案子有點邪門，」他說，「所以你最好小心一點。我很高興我放手了，我不想再被捲進這件事，永遠不想。反正，似乎是結束了，不是嗎？」

我告訴他似乎如此，祝他的新工作順利。但我根本不確定維德案的真相終於曝光。所以兩週後，當麥特回電說一切安排好了，我上網買隔天的機票，收拾好一個小帆布袋。

計程車早上五點來接我，一小時後我到達機場。麥特會在聖路易等我，準備帶我去波多西。

航程中我坐在一個推銷員旁邊，是即使要被槍斃了也會設法說服行刑隊買臺新吸塵器的那種人。他自我介紹叫約翰·杜賽克，但直到十分鐘後，他才發現我太專心看我的報紙沒在聽他說話。

「我敢打賭你是高中老師，」他說。

「你輸了。我不是。」

「我從不猜錯，洛伊。歷史科？」

「抱歉，差得遠了。」

「嘿，我知道了，數學科。」

「不是。」

「好吧，我投降。我知道機場旁邊有個安靜的小店，我請你吃早餐。我敢說你今天沒吃早餐。

我不喜歡自己吃飯。所以請賞光。」

「謝了，但是有朋友會來接我。」

「好吧好吧，但是你還沒說你是幹哪一行的。」

「我以前是警察，退休警探。」

「哇，我絕對猜不到。聽過三個警察走進酒吧的笑話嗎？」

他講了個爛笑話，我聽不出笑點。

我們降落後，他給我俗艷到看來比較像聖誕小海報的名片，驕傲地說我想得到的東西他都弄得到，只要打給他說出我的需求。我走向出口時，看到他跟一個穿著像鄉村歌手，Levi's牛仔褲、方格花布襯衫、皮背心、金色長髮上戴著牛仔帽的女人講話。

⁂

麥特在一座書報攤旁邊等我。

我們走出機場到附近一家咖啡店。預定兩小時後到達波多西矯正中心。

我們在西溫莎鎮警局同事過八年。九〇年代初期他住在密蘇里州，但我們保持交情偶爾通電話聊天，告訴對方自己的動態，我還去看過他兩三次，一起去打獵。麥特在波多西矯正中心工作了十一年，但他快退休了。他打了一輩子光棍，才在兩年前娶了名叫茱莉亞的同事，他們邀我參加過婚禮。之後我們就沒碰過面了。

「你的婚姻看來挺幸福的，」我告訴他，把糖包倒進一杯湯碗大的咖啡裡。「你變年輕了。」

他苦笑一下。他總是帶著自認即將大禍臨頭的挫敗氣息。以前他高大健壯，我們局裡同僚戲稱他佛西（Fozzie），就是大青蛙劇場的那隻熊。那是友善的綽號，不是批評——人人都喜歡麥特．多明尼斯。

「我沒什麼好抱怨。茱莉亞很棒，一切都很順遂。但我已經到了只想平靜退休，安享晚年的年紀。不知不覺間，我可能中風然後就像嬰兒一樣尿褲子。我想去路易斯安那州旅行，或去溫哥華度長假。或許我們還會去歐洲，誰曉得？我厭倦一直看管那些笨蛋。但她說我們該等一等。」

「我退休三年了，除了我孫女出生時去一趟西雅圖，來過你這裡兩次之外，我哪裡也沒去過，老兄。」

「好吧，我懂你意思。或許我不會去路易斯安那或寒冷的溫哥華。但我想要早上醒來，喝咖啡看報時不用煩惱接下來一整天要在該死的水泥箱子裡跟罪犯在一起。說到西雅圖，黛安娜和東尼還好嗎？」

黛安娜是我前妻，離婚後搬去西雅圖，東尼是我們的兒子。顯然東尼怪我搞到離婚，一直為此批判我。他總是露出「你搞砸了」的表情。我知道他是對的，我確實搞砸了。但我寧可認為大家有時候應該原諒別人。就我而言，我為當年的愚蠢付出了慘重代價，已經獨居二十幾年了。

東尼三年前結婚，我孫女艾琳一歲半。我只在她剛出生時見過她一次。

我跟麥特講了幾個她的趣事，聽黛安娜說的，但他突然改變話題。

「你覺得法蘭克．史普爾這傢伙是怎麼回事？經過了這麼多年——」

「真巧，大概三個月前有個記者聯絡我，問起同一個案子，所以我又開始調查。」

「好巧啊……」

「他有什麼毛病，突然說實話？他還有多久執行死刑？」

「五十八天。但注射前三十天他會移監到本州的死刑執行處，邦泰爾州立監獄，大概半小時車程。他有什麼毛病？我在電話中說過，有個加州來的傢伙去找他，在寫關於罪犯心智之類的書籍的教授。他對史普爾如何淪為殺人犯有興趣。直到當時眾所周知史普爾一九八八年在密蘇里州卡羅郡犯了第一件謀殺案，刺死一個在六十五號公路上讓他搭便車的老人。當時他二十三歲，已經在特倫頓精神醫院待過兩年。因為搶劫被捕後，他被宣告精神異常。他沒什麼好怕的——他從二〇〇五年就一直坐牢，兩個月前密蘇里最高法院駁回他的上訴，尼克森州長寧可自殺也不願特赦那種人。他決定整理他的犯行，讓歷史記載他偉大人生的真相……失陪一下，不好意思。」

他把巨大的軀體拖離桌椅的間隙走向廁所。我累了，請女侍再拿些咖啡來。她邊倒邊向我微笑。她的名牌寫著愛麗絲，看起來差不多我兒子的年紀。我看看牆上的忍者龜造型時鐘——時間還很寬裕。

「我剛說啊，」麥特回來坐下之後繼續說，女侍又給他倒了一杯咖啡，「史普爾滿腦子想要說服加州那個傢伙，一切都從多年前維德教授對他做的某種瘋狂實驗開始。」

「你的意思是他說他殺了維德，但都是被害人的錯？」

「呃，這有點複雜。我剛說了，二十歲時，史普爾跟一些人發生爭吵，搶了其中一人的錢。他的律師要求作精神鑑定，是維德負責的。史普爾因為精神異常理由被判無罪，送去醫院治療。他的律師安撫他過兩三個月他會要求維德再度鑑定放他出院。但他被關了兩年，因為維德反對釋放他。」

「我說過，記者找上之後，最近我複習過那個案子。這是當年我考慮過的線索：可能是維德以專家身分處理過的案子當事人報復。但是法蘭克・史普爾的名字從未出現。」

「誰曉得，或許因為他當時只是個小混混，二十歲小鬼？你不認為他多重要。但他會告訴你怎麼回事。我一點也不在乎他那種白癡講的故事。總之，我很高興你來了。你要在我們家過夜嗎？」

「我正在修理我的房子，刷油漆補屋頂，所以我想要在雨季前完成。下次吧，兄弟。我們走吧？」

「放輕鬆，我們有很多時間。五十五號州際公路這個時間沒什麼車。我們不用三十分鐘就能到。」他長嘆一聲，「史普爾抱怨他精神正常卻被送去瘋人院，但通常是相反的情形。你知道最高戒備監獄三分之一的重刑罪犯有精神病嗎？兩個月前我在芝加哥，接受犯罪行為學訓練。那邊有華府各機構來的許多大人物。顯然，犯罪減少二十年的循環之後，我們進入了反循環。因為精神病院已經人滿為患，瘋子有很高機率被丟進監獄跟正常受刑人在一起。像我這種當警衛的人，必須天天面對那種貨色。」

他看一下手錶。「我們出發吧？」

※

我們開上州際公路時，我開始想到法蘭克．史普爾，我來聖路易前研究過他的案子。他是死囚中最危險的凶手之一。他在三個州殺過七個人——如果他真的也殺了維德，就是八個——才被逮到。他也犯過四件強暴和無數搶劫案。他的最後兩個被害人是個三十五歲的女子和她十二歲的女兒。他為何犯案？他說那個女子偷藏了一點現金。史普爾兩個月前在酒吧跟她搭訕，他們在河邊的拖車同居。

如麥特所說，調查人員後來發現法蘭克．史普爾在一九八八年初次殺人，當時他才二十三歲。他在紐澤西州柏根郡出生長大，才二十一歲就初犯重罪。兩年後他從精神病醫院獲釋，前往中西部，有一陣子犯了各種奇怪的案子。他第一個被害人是密蘇里州卡羅郡的七十四歲老頭，開著卡車在六十五號公路上讓史普爾搭便車。戰利品？兩塊錢，碰巧合身的一件舊皮夾克和一雙靴子。

接著他決定去印第安那州，犯了第二件命案。然後他加入來自巴貝克，專長竊盜的幫派。幫派成員解散後，他回到密蘇里。有趣的是之後八年間他完全沒犯罪，在聖路易的披薩店工作。然後又去春田市在加油站工作了三年。但突然間他故態復萌。他在二〇〇五年被高速公路例行巡邏車攔檢而被捕。

維德案發生時，我的離婚已進行到尾聲，不知不覺間已經獨居在對我太太的房子裡。就像真正的酒鬼，我用這當藉口喝了更多酒，哭倒在任何願意聽的人肩膀上。我用最後一點清醒設法做我的工作，但我總是覺得我會搞砸維德案，還有當時其他幾個案子。局長艾利．懷特是很善良的人。換成我是他，我會把自己踢出警隊，評語壞到讓我連購物商場守夜保全的工作都找不到。

麥特打開車窗點了根菸，我們駛過五十五號州際公路，越過草原。這時是夏末，天氣很不錯。

「你上次進監獄是什麼時候？」他問，在唐．威廉斯口齒不清關於不了解他的女人的鄉村音樂歌聲中拉開嗓門，讓我聽得見。

「我想最後一次是二〇〇八年秋天，」我說，「我去雷克斯監獄給一個人錄口供，關於我在辦的一個案子。老兄，真是個鬼地方。」

「你想我們要去的地方能好到哪裡去？每天早上開始值班時我都想砸東西。他媽的我們怎麼沒去當醫生或律師？」

「我不認為我們夠聰明，麥特。我也不會喜歡切開病人。」

2

波多西矯正中心是一棟八角形紅磚大樓，被鐵刺網圍籬包圍，像陷阱中的巨獸位於草原中央。這是最高戒備監獄，有大約八百個度日如年的受刑人，加上一百個警衛與輔助人員。訪客停車場邊寥寥幾棵瘦小樹木是醜陋景觀中唯一的顏色。

麥特停好車，我們到西側的員工出入口，經過鋪著血紅色石板的庭院，再走進深入大樓內部的走廊。麥特沿路向我們遇到的制服人員敬禮，一群高壯、表情嚴肅、看過太多世面的人。

我們通過框形偵測器，收回塑膠托盤上個人的私物，來到一個地面鋪油布毯的方形房間，裡面的幾組桌椅都用螺絲鎖死在地上。

名叫蓋瑞．莫特的警員用濃厚的南方腔，對我們例行指示：「會面時間一小時整。如果你想提前結束，就告訴陪同受刑人的警員。會面期間任何肢體接觸都不允許，你們希望交給受刑人或他想交給你們的任何物品必須先經過檢查。會面期間，全程有攝影監視，你們取得的任何資訊日後可能被用於法律程序。」

我聽完我已經很熟悉的這段話，然後他離去。麥特跟我坐下來。

「這就是你工作的環境啊，」我說。

「不是世界上最歡樂的地方，」他嚴肅地說，「多虧你，我的假日之一泡湯了。」

「我們出去後我請你吃頓好午餐。」

「或許你該買酒請我。」

「那你就只能自己喝了。」

「你可以往那邊打招呼，」他說，用下巴指指角落對準我們的監視器。「茱莉亞在監控中心值班。」

他站起來。

「我得走了。我還要去附近購物中心採購。一小時後我會回來接你出去。乖一點，別讓任何人受傷。」

他離開前向攝影機揮揮手，我想像茱莉亞坐在椅子上盯著面前整排的螢幕。她是堅強的女性，幾乎跟麥特一樣高，在卡羅萊納州出生長大。

我等了幾分鐘，然後聽見門的嗡嗡聲。兩名武裝警員左右押著法蘭克・史普爾走進來。他穿著灰色連身服，胸口左側有塊白名牌寫著他的名字。雙手銬在背後，雙腳戴著腳鐐，縮減了他的步伐，走到哪裡都叮噹作響。

他又矮又瘦，要是你在街上遇到他，根本不會多看他一眼。但很多犯了令人血液凝結的謀殺犯長相就像他這樣——幾乎是普通人，像機械工或巴士司機。七〇年代之前你看到在監獄裡刺的刺青還認得出罪犯，但是後來人人都開始刺青了。

史普爾坐到我對面的椅子上發笑，露出黃得像炒蛋的牙齒。他有沙礫色鬍子，一路留到嘴巴兩側跟鬢相連。他快禿了，殘餘少數幾撮頭髮被汗水黏在頭皮上。

一名警員說，「你不會亂來吧，法蘭奇？」

「否則我就無法假釋了，對吧？」史普爾沒轉頭就回答，「你以為我會幹什麼？」他繼續誇張地說，「掏出我的屌打開手銬嗎？」

「講話小心點，公主，」警員回答，然後對我說，「如果你需要，我們就在門口。他玩花樣的話，我們一秒就能過來。」

兩人出去，留下我和他獨處。

「嗨，」我說，「我是洛伊・費曼。多謝你願意跟我談。」

「你是條子？」

「前條子。我退休了。」

「我就覺得你是條子。在九七年，我在印第安那州認識一個叫巴比的怪胎。他有隻叫奇爾的狗，即使沒穿制服的條子也嗅得出來，懂我的意思嗎？他那條狗真厲害。從來想不通是怎麼做到的。每次聞到條子味道就開始吠。」

「真是好狗，」我附和。

「是啊……我聽說你對紐澤西那件舊案有興趣。」

「我是派去辦維德案的警探之一，那個被打死的教授。」

「對，我記得他名字……有菸嗎？」

我戒菸十五年了，但多虧麥特勸告我帶了包駱駝牌。我知道在監獄裡，香菸是主要貨幣單位，僅次於毒品和安眠藥。我伸手到包包裡掏出那包菸，給他看，然後放回去。

「我走了以後會留給你，」我說，「他們得檢查過。」

「謝了。我外頭沒人罩。我二十多年沒見過我父母了。連他們是否活著都不知道。再三週我就要走了，說我不害怕是騙人的。所以，你想知道發生了什麼事，對吧？」

「你聲稱你殺了約瑟夫．維德，法蘭克。真的嗎？」

「對，長官，就是我。老實說，我不想那樣，我不愛殺人。至少當時不愛。我只想打他一頓，你懂我的意思。讓他上醫院，不是太平間。那傢伙把我害慘了，我要報復。但結果失手，我成了殺人犯。在瘋人院關兩年之後，已經沒什麼事能讓我驚訝了。」

「你告訴我整個經過吧？我們有一小時。」

「同時外面那些人會忙著洗我的車，」他說了個爛笑話，「有何不可？我就告訴你我跟另一個說要寫書的人講過的吧。」

⁂

十五歲時，法蘭克．史普爾高中輟學，開始跟經營電玩遊樂場的人混。他是他們的跑腿小弟。他父親在加油站上班，母親是家庭主婦；他有個小五歲的妹妹。兩年後，他全家搬到澤西郡，法蘭克再也沒見過他們。

二十歲時，他已經自認是個老手，參與過各種小犯罪：他在布魯克林拿贓物去銷贓，賣走私香菸和仿冒電子產品。有時候幫高利貸收些小債，有時候也幫幾個妓女拉皮條。

幫派裡總是有很多他這種小咖，從貧窮社區的街道一路延伸到有游泳池的百萬豪宅的複雜食物鏈中的小魚。大多數人淪落到同樣的地位：追逐下一張二十元鈔票，越來越老也越不重要。有些人會爬升到能穿昂貴西裝戴金錶。也有人犯下重罪，老死在廉價酒店裡，被眾人遺忘。

一九八五年秋天，史普爾在普林斯頓賣了兩箱香菸給兩個人，他們付給他法國香水。後來他發現半數以上是假貨，所以他要求退錢。他找到其中一人，發生爭執，他揍對方一頓拿走他身上所有現金，但碰巧有輛巡邏車經過，於是他因搶劫被捕。他絕口不提私菸的事，因為會捲入更大的麻煩。

法院派了個名叫泰瑞．杜安的公設辯護人給史普爾。不巧，被他打的人沒有前科。他三十八歲擁有一家小店，已婚有三個小孩。另一方面，史普爾輟學而且已經因為犯法被警告過幾次。杜安想要跟被害人和解，但沒有結果。

因為替代選擇是以成人受審，意思是要蹲苦窯五到八年，或是找醫學專家宣稱他暫時性瘋狂，律師勸法蘭克接受第二選項。杜安暗示他跟那個專家很熟，過兩個月法蘭克就會出院。特倫頓精神病醫院不是世上最愉快的地方，但總比灣岸監獄好。

約瑟夫．維德和另兩位檢查他的專家作出結論，法蘭克．史普爾患有兩極失調症，並且建議把他送往精神病醫院，於是幾天後他被送去特倫頓，滿心相信兩個月就能出來。

「你為什麼沒出院？」我問道。

「去過瘋人院嗎？」

「沒有。」

「永遠不要去。太可怕了，老兄。我進去不久，他們逼我喝一杯茶，我兩天後才醒來，連他媽的自己名字都記不得。那邊有些人會像野獸似的鬼叫或無緣無故撲過來扁你一頓。有個傢伙被餵食的時候咬掉了護士的耳朵。我在那邊看到的事情，天啊……我聽說直到六〇年代他們都會拔光病患的牙齒，聲稱為了避免感染。感染個屁啦……」

他講他的經歷。他被警衛和病患都毆打過。他聲稱警衛很貪腐，所以你要是有錢想要什麼都弄得到，但如果沒有，你就死定了。

「大家以為如果蹲苦窯你最常想到的東西就是女人，」他說，「但我跟你說不是這麼回事。當然，你會想要嘿咻，但最重要的東西是錢，相信我。如果你沒錢，就跟死了沒兩樣——除了想修理你的人，沒人對你有興趣。我一分錢也沒有，老兄。即使你父母沒寄錢來，在監獄裡你可以工作賺點錢。但在瘋人院如果外面沒人寄錢來，只能整天盯著牆壁。沒人寄過一毛錢給我。」

史普爾說，他入院三週後，被帶到一個特殊病房，裡面已經有十來個病患，全部是二十幾歲的暴力犯。他後來發現他和其餘人被餵了實驗藥物，是名叫約瑟夫・維德的教授安排的計畫一部分。

「我跟律師談過兩次，但他只是敷衍我。最後，他坦白告訴我一年後他可以向法官申請讓我出院或送往較寬鬆的醫院。我不敢相信碰上這種事。那兩個傢伙坑我，我打了其中一個從他皮夾拿了八塊錢，根本不夠賠償我香菸的損失，結果卻變成那樣，被關在瘋人院至少一年。」

「你沒機會跟維德教授商量嗎？」

「有啊，他有時候會來我們病房。他問我們各種問題，叫我們選顏色，填問卷，有的沒的。

我們只是白老鼠，老兄，白老鼠，你知道嗎？我直接跟他說，『杜安那混蛋說他認識你，所以我才同意來瘋人院免得遭遇更嚴重的事。但我的腦袋跟你一樣清醒。有什麼問題嗎？』他只用死魚眼看著我——到現在我都記得很清楚——你知道他說啥嗎？他聽不懂我在說什麼，我在醫院是因為我有精神病，接受治療是為了我好，所以我得待到他認為適當為止。放屁。」

史普爾又告訴我他開始作恐怖的惡夢，甚至不確定自己醒著還是作夢，他吃的那些藥對他的傷害大過幫助。病房裡大多數人有嚴重頭痛，隨著治療進行，很多人最後大半時間被綁在床上，不斷發呆。大多數人把吃的東西嘔吐出來，還會起疹子。

一年後另一個名叫肯尼斯．鮑德溫的律師來看他。那傢伙說他從離開紐澤西的杜安手中接管了本案。史普爾告訴鮑德溫他如何流落到醫院，當初的協議是怎樣。他不曉得新律師是否相信他，但他還是申請了法官重新檢視他當事人的案情。史普爾不知不覺間面對另一個由維德帶頭的委員會。他的出院要求被駁回，要求轉送管理較寬鬆的馬波洛精神醫院也不准。史普爾被丟回了特倫頓。

「我離開那鬼地方的六個月前，」他繼續說，「我們被移去別的病房，那間實驗病房被關閉。他們改變我的療法，我開始感覺好點了。我不作惡夢也沒有頭痛了，但我還是會醒來時忘了我是誰。我的神經過敏，即使我努力隱瞞跟大家和睦相處，顯示我沒瘋。他們怎麼能這樣整我，老兄？好吧，我不是好孩子，但我沒殺過任何人，要不是他坑我我也不會揍他。他們像畜生一樣對待我，也沒人在乎。」

再下次檢驗他的病歷時，史普爾發現維德已經不在委員會裡。他在法定監督下出院的要求通過了，兩週後他離開了醫院。

那是一九八七年十月間。他出來後，根本不知道要住哪裡。他的私物都被入獄前住的陋室房東賣掉抵房租。他的幫派同伴不想再見到他，怕跟他混會吸引警察的注意。只有一個人同情他，被送去特倫頓之前認識的華裔美國人，提供了他幾天住處和糧食。

過了幾週，他總算找到工作在普林斯頓轉運站附近的酒吧洗碗，善心的老闆讓他睡在店內儲藏室。他馬上開始跟蹤也住在西溫莎鎮的維德。他決心搬走展開新生活，但是報復教授之前他不想走。他認定維德加上杜安，或許還有其他共謀，在進行某種詭計，提供受測者作祕密實驗，他落入他們的陷阱。他要讓他們付出代價。但是到處找不到杜安，維德只好當倒楣鬼了。

他查出維德的地址，發現他獨居在孤立的房子。原本他打算趁夜色昏暗在街上扁他一頓，但偵查過教授家後，他決定屋裡是最佳的攻擊地點。史普爾再度強調，他沒打算殺他，只想痛毆他一頓，所以他從小孩子那弄來一支球棒，用舊毛巾裹住緩和攻擊力。他把球棒藏在教授家的湖岸邊。

他說，當時他已經跟一個酒保交上朋友，名叫克里斯．史雷德的密蘇里人。史雷德也想搬離澤西郡，在聖路易的拖車公園找到工作，所以他提議史普爾最好跟他走。他想要在年假過後立刻離開，更加快了事件進展的速度。

史普爾花了幾個晚上觀察維德的房子。晚上十點酒吧打烊，所以十點半左右他會躲在後院裡，監視房子。他注意到有兩個人常來——看似學生的年輕人，還有高大強壯的鬍鬚男，似乎是工匠之類的。但兩人都不會過夜。

「十二月二十日我辭掉酒吧工作，告訴老闆我要去西岸了。我離開時，他發給我工資和兩包香菸。我不想在附近被看見，所以我去了阿孫平克溪，躲在一間小木屋裡直到天黑，然後前往教授家。我想我大概晚上九點到的，但是教授有客人。他跟年輕人在一起，他們都在客廳喝酒。」

我問史普爾是否記得那個年輕人長怎樣，但他說他無法描述，告訴我他跟校園裡用父母錢的其他死小孩看起來沒兩樣。動手前大約三天，他在觀察維德家的時候，年輕人差點隔著窗子看見他；他來不及躲藏就被他直視。幸好，當時下大雪，所以年輕人可能以為他眼花了。

「我想那一定是叫理查．弗林的人，」我說，「你確定沒有年輕女子跟他們在一起嗎？」

「確定。只有他們兩個。我說過，我大約九點到。年輕人直到十一點左右才離開，之後屋子裡只有教授。我又等了十分鐘左右，確認年輕人真的走了。我想過去按門鈴，在維德開門時給他一拳，但他省了我的麻煩——他打開朝向後院的窗子，然後上樓去。所以我溜進屋裡躲在走道上。」

維德下樓回到客廳，關上窗子坐到沙發上，閱讀一些文件。史普爾摸到他背後用球棒打他的頭。或許這一擊力道不太猛，因為教授還能站起來轉身面對他。史普爾繞過沙發開始狂打教授，十到十二下他才倒地。史普爾戴著面具，所以他不怕被維德認出來。他正要搜索屋內找錢時，聽到有人打開了前門。他跳出窗外，繞過房子逃進暴風雪中。

他把球棒丟進半結冰的溪裡，躲在阿孫平克溪附近的小木屋過夜。隔天早上他在普林斯頓轉運站跟史雷德會合，他們前往密蘇里。後來他才發現教授死了。

「我可能打他打得太用力了，」他總結說，「那就是我淪為凶手的經過。你知道嗎？在那之後，每次我做了壞事，就像從夢中醒來，我不敢相信是我幹的。我總是相信我因為他們在那鬼地方餵我的藥丸才發瘋了。我這麼說不是為了逃避責任；反正，現在也沒意義了。」

「你是受監控的，」我說，「你離開紐澤西時沒人拉警報嗎？他們沒來找你？」

「我不知道，老兄。我就走了。之後沒人問我任何問題，我也沒再犯法直到二〇〇五年，他們在高速公路因為超速攔下我。我告訴律師很多年前我是特倫頓的病人，於是他要求精神鑑定。委員會判定我夠清醒可以受審，所以我被定罪。你知道諷刺在哪裡嗎？我清醒時——我說過了我很清醒——我淪落到瘋人院。但連我都相信自己腦袋有問題時，他們拒絕送我去瘋人院，決定實施注射死刑。」

「從那之後有幾年好日子，你或許細節記得不太清楚，容我再問一遍：你確定教授當晚跟一個年約二十的白人在一起，沒別人了？或許你看不太清楚——當時戶外下雪，你躲在後院，或許你視線不太好——」

「我確定，老兄。你說你偵辦這個案子……」

「對。」

「那或許你記得現場是什麼樣子。客廳有兩扇大窗戶和玻璃門，通往後院和湖邊。開燈同時拉起百葉窗的時候，你可以清楚看到室內的一切。教授和那小子都在餐桌前吃飯。他們談話，年輕人離開，剩下維德一人。」

「他們有爭吵嗎？」

「我不曉得。我聽不見他們說什麼。」

「你說年輕人離開時是十一點？」

「大概十一點，我不是很確定。可能是十一點半，但不會更晚。」

「十分鐘後，你攻擊了維德。」

「我說過，我先進屋裡躲起來，然後他下樓回客廳，那時我才打他。或許不是十分鐘，而是二十分鐘，但不會超過。我第一下打他時雙手還很僵硬，因此我才失手，我在室內肯定躲不太久。」

我看著他猜想，我在調查教授死於某個老病患復仇行為的可能性時，他的名字怎麼完全沒被我發現。

沒錯，維德以專家身分作證過的案子很多。檢察官又笨又拙劣。他派我們到處亂跑然後隔天對我們應該追查的線索又改變主意，所以我沒機會仔細查看所有細節。記者在騷擾我們，在報上寫出各種瘋狂的報導。我開車到處跑時車上藏了一瓶酒，懷疑著我是否醉到會被逐出警隊。回想那段日子，我都懷疑我對誰殺了約瑟夫·維德真正有多少興趣——當時我在乎的只有自怨自艾，為自己的行為找藉口。

「所以，你一點兒也不知道你攻擊後聽到進入教授家的人是誰？」

「不知道，我馬上閃人了。我沒料到有人會在那時候出現，所以我盡快逃走沒有回頭。我以為我只是海扁了他一頓。那個區域有很多毒蟲，所以警察會認為是竊盜。我不認為有人被毆打有什麼大不了，反正，到時我已經走了。但他死了，改變了一切，對吧？」

「你不知道門口是否有超過一個人？」

他搖頭。「抱歉，我知道的全告訴你了。」

「維德沒有馬上死亡，而是兩三個小時後，」我說，「如果午夜左右真的有人上門，那個人應該會叫救護車，但是沒有。或許你只是以為聽見開門聲。那晚颳大風，或許只是鉸鍊發出雜音。」

「不，」他堅定地說，「就像我說的。有人開了門鎖走進屋內。」

「而那個人就讓他在地上等死？」

他望著我半晌，皺起額頭，讓他看來像隻困惑的猴子。

「我倒不知道……所以，他沒有立刻死掉？」

「沒有。這個不明人士可以叫救護車拯救他。直到隔天早上，那時已經太遲了，那個維修工才打九一一。當時維德已經死了幾個小時。」

「所以你有興趣的是誰出現了？」

「對。攻擊期間，維德有說什麼嗎？他有呼救，或問你是誰之類的嗎？他有說出任何名字嗎？」

「沒有，他沒有呼救。或許他喊了什麼，我不記得了。起先他想要自衛，後來他跌倒，只能護住頭部。但他沒有大叫，這我確定。反正，附近沒有人能聽到。」

警員進來，其中一人示意我時間到了。我正想向史普爾說「改天見」，但是發現這一點也不好笑。再過五週他就死了。我再次向他道謝同意跟我談。我們站起來，他的動作彷彿想要握手，但又轉過身，被警員左右押著，用腳鐐造成的蹣跚步伐走掉。

⁂

我單獨留在房間裡。我從袋子掏出香菸拿著，免得我忘記出去時交給警員。是誰午夜時出現在教授家發現他倒在地上，但沒有叫救護車？那個人沒按門鈴或敲門，而是用鑰匙進來，如果史普爾沒說謊。這麼多年後，人的記憶可能有差錯。總之，有一點可以確定——他告訴我的肯定不符合當年德瑞克·席門斯的說辭，幾個月前還向那個記者覆述過的。

在調查的尾聲，約翰·凱勒寫下了他蒐集的所有資訊大綱；他寄給我的文件裡有一份副本。他懷疑謀殺當時蘿拉·拜恩斯在屋裡，她偷了教授剛寫完即將寄給出版商的書稿。凱勒猜想蘿拉和理查可能是共犯，因為蘿拉體能上沒辦法獨自殺掉維德。他認為弗林最可能拿球棒，但蘿拉·拜恩斯才是命案的主謀、首腦與唯一因此獲利的人。

但如果史普爾說了實話，那麼蘿拉·拜恩斯不需要弗林當謀殺的共犯。碰巧在襲擊後抵達現場，她發現教授躺在地上，可能趁機偷了書稿，關上史普爾跳進來的窗戶，出去時鎖上門。德瑞克·席門斯陳述說在早上，他抵達教授家時，發現窗戶關著門也鎖著，所以上一個離開的人一定有鑰匙，因為教授的鑰匙放在門口的電話桌上。

接著我想起另一個重要細節，醫學鑑識報告有提到。法醫有一點很疑惑：維德搏鬥時挨了那麼多下，只有一下是致命傷。可能是最後一擊，在左太陽穴，當時被害人已經倒地又可能昏迷。史普爾說他的球棒上包了毛巾。這種球棒不該是那麼致命性的武器。但萬一殺死維德的最後一擊是別人下手的呢？

⁂

幾分鐘後麥特回來了，我們循著原路出去。我在大門把香菸留給法蘭克．史普爾，我們走向停車場。天色變晴了，這時草原上空萬里無雲。有隻老鷹飛在高空，偶爾發出尖銳的叫聲。

「兄弟，你還好吧？」麥特問我，「你像死人一樣蒼白。」

「沒事。裡面的空氣可能跟我不合。附近有什麼好餐廳嗎？」

「有比爾餐館，大概三哩外，五十五號州際公路上。要去嗎？」

「我說了要請你吃午餐，不是嗎？我的回程飛機還有四個鐘頭。」

他默默開車到他說的店，同時我回想史普爾的說詞。

我覺得怪的是他的自白不符合德瑞克．席門斯的說法。席門斯也宣稱躲在後院。果真如此，那他不可能跟史普爾沒看見彼此。後院很大，但唯一能躲藏不被屋裡的人看見，同時又能看到客廳窗戶的位置，是在左邊，湖的相反側，當時有些裝飾用的高大松樹，約十呎高，還有一叢木蘭花。

「你在想他說的話，對吧？」我們停在餐館對面的停車場時麥特問道。

我點頭。

「你根本無法確定他不是亂掰的。那種垃圾為了香菸什麼謊都敢扯。或許他為了爭取注意編出來的，或希望他們如果重啟維德案，死刑會延後。那是發生在別州，或許他希望被送去紐澤西受審謀殺案，會在法院拖很多年浪費更多稅金。他的律師已經試過這招了，但是沒結果。如果你問我，那是好事。」

「但萬一他沒說謊呢？」

我們下車。麥特脫帽，伸手摸摸他的銀髮再戴回去。

「你知道嗎，我一直在想加州來的那個人，寫謀殺案書那個。我一輩子都跟罪犯一起生活。起初我設法把他們丟進牢裡，然後我設法讓陪審團和法官盡量關他們久一些。我了解他們，這些壞蛋也沒什麼好說的：有些天生如此，就像天生有繪畫或籃球天賦。當然，他們都有悲慘身世，但我不在乎。」

我們走進店裡點了午餐。吃飯中，我們閒談，沒提到史普爾。吃完之後，他問道，「我說啊，你這是怎麼回事？你沒別的事好做嗎？」

我決定告訴他實話。麥特不是應該瞞騙的人，我也確定他不會用我無法忍受的憐憫表情看我。

「大約六個月前我去看了醫師，」我說，「我開始忘東忘西，尤其是路名，以前我記性向來很好的。我試過做練習：哪個演員演過哪部電影，誰唱過什麼歌，某場球賽的比數是多少，諸如此類。我發現我記人名也有問題，所以我去看醫生。他作了些檢查，問我各種問題，兩週後他通知我大消息。」

「別跟我說是——」

「好吧，我就不說了。」

他給我一個眼色，我繼續說。

「是阿茲海默症，對，初期階段。我還沒開始忘記上廁所，或我昨晚吃了什麼。醫師叫我保持大腦活躍，作練習；他給我一本書和一些影片協助。但我想起那個對維德案有興趣的記者。我去過局裡幫他從檔案室拿了一些文件。他寄給我他的發現，所以我心想用這類事情保持動腦似乎是個好主意，真正有趣又重要的事情，而不是設法記住以前的球賽。我發現我一直以為我搞砸了那個案子，因為當時我只是個混蛋。所以，接著我打給你然後跑來了。」

「我不確定像這樣挖掘死人往事是不是好事。我只是為了聊天告訴你，順便一提，我沒料到你會因此跑來。我真的很遺憾聽到——」

「弄清楚當時發生什麼事、我怎麼讓兇手跑掉的，對我很重要。再一兩年，但不超過三年，我就會忘記維德是誰，甚至忘了我曾經是警察。我想要彌補我捅的紕漏，因為我發生的一切壞事，其中大多數我還在付代價。」

「我想你對自己太嚴苛了，」他說，示意女侍請她再拿些咖啡來。「我們都有高潮和低潮。我不記得你曾經怠忽職守。我們都尊敬你，洛伊，認為你是個好人。好吧，我們都知道你愛喝酒，但我們必須盡力保護自己防範周圍發生的事，不是嗎？過去就過去了，好好照顧自己吧。」

他頓了一下又問，「他有對你進行療程嗎？我是說那個醫師，吃藥之類的？」

「我有在吃藥。我完全聽醫師的話，但是不抱太大希望。我上網看了關於阿茲海默症的文章，所以知道沒有解藥。只是遲早問題。等我無法再照顧自己，我會去住安養院。」

「你確定不要過夜嗎？我們可以多聊聊。」

「現在改機票得貼錢。但或許我還會再過來。我沒什麼別的事幹。」

「隨時歡迎你，你很清楚。但別再去監獄了。」

「我保證。」

⁂

他載我去機場。雖然我們這麼說，我有種詭異的預感這是我最後一次看到他了，他回頭走向門口後我看著他穿過人群，像巡洋艦乘風破浪，直到他消失到門外。

三小時後我在紐華克機場降落，搭計程車回家。途中司機放了清水合唱團的舊ＣＤ，我邊聽邊回想我跟黛安娜在一起的初期：我們如何在野餐認識；我弄丟了她電話號碼然後跟幾個朋友走出電影院時巧遇她；我們在澤西海岸的汽車旅館裡初次做愛。真怪，那些記憶似乎比我剛去過的波多西之旅更清晰。

我早已發現當你專注投入過某事，你腦中的一部分會反覆回想，即使你在想別的事。我付了車資正要打開車門時，判斷史普爾自稱殺了維德的說法是真的——肯定是，他沒什麼好怕的——不知何故德瑞克．席門斯在二十八年前我訊問他時說了謊。現在我必須查明理由。

3

兩天後我去找席門斯，事先打過電話給他。我從約翰・凱勒寄的文件中找到他的地址。席門斯住在普林斯頓警察局附近，我大約下午三點抵達，烏雲的雨滴打落在木板屋頂上。

會面之前我試著回想他的長相，但是想不起來。我查案時他四十出頭，所以我預期他已經衰老。我錯了——如果忽視他臉上的皺紋和白髮，他的外表年輕多了。

我自我介紹，他說他隱約記得我——看起來像牧師，不像警察的人。我問他凱勒的筆記中提到的女人，雷歐諾拉・菲莉絲在哪裡，他說她去路易斯安那州照顧她動手術的母親去了。

我們走進客廳，我坐到沙發上，同時他端來一杯有肉桂味的咖啡。他解釋這是向雷歐諾拉學的，她是路易斯安那州的法裔。他也給自己倒了一杯咖啡之後點根菸，把已經裝滿的菸灰缸拉近。

「要是在街上遇到，我恐怕不能認出你來，」他說，「老實說，我盡量忘掉那個案子發生過。你知道兩個月前有個記者來問我案情嗎？」

「對，我知道，我也跟他談過。」

我告訴他法蘭克・史普爾的說法，一面參閱我用來整理資訊的筆記本裡寫下的註記，就像以前我的習慣。他仔細聽我說，沒有插嘴，偶爾啜飲咖啡同時一根接一根地點菸。

我講完後他沒有評論，只問我是否要再來杯咖啡。裝滿菸蒂的菸灰缸似乎要滿到我們之間的桃花心木桌面上了。

「現在你了解我為何想找你談了？」我問。

「不懂，」他冷靜地回答，「二十幾年來沒人問過我任何事，現在卻每個人似乎都有興趣。我不懂，你呢？談當年的事情不會帶給我任何樂趣。教授是我唯一的朋友。」

「德瑞克，你記得當年你在證詞中說什麼嗎？還有不久前你告訴那個記者的話？」

「當然。」

「你的說法跟史普爾告訴我的兜不攏。他聲稱案發當晚他躲在房子後方的庭院裡。你說過你同時間也躲在那裡，晚上九點。你們怎麼可能沒看見彼此？你說教授跟蘿拉・拜恩斯喝了酒，然後理查・弗林出現開始跟維德爭吵，後來蘿拉離開，但稍後你看到她的車停在附近。但是史普爾沒提到蘿拉・拜恩斯。他聲稱教授和理查・弗林在一起，他沒發現他們之間有任何不和。」

我在我的筆記簿裡寫下了兩個版本中的所有差異，逐一條列。

「那又怎樣？」他說，似乎一點興趣也沒有。「或許那傢伙忘了當時發生的事，也可能他說謊。」

「這不難猜，」我回答，「你們有一方沒說實話，現在我傾向認為是你。我感興趣的是你為什麼騙我。你為何相信他不信我？你究竟想要我怎樣？」

他笑了笑，但是皮笑肉不笑。

「或許我沒說謊，但我就是記不清楚當晚的事。我老了：人老會健忘不是很正常嗎？」

「我說的不只是兩個月前你告訴凱勒的話，還有當年案發之後你告訴警方的，」我說，「兩者完全相同。你告訴凱勒說維德與蘿拉有一腿，記得嗎？」

「或許他們有。你怎麼知道他們沒有？」

「你不是唯一聲稱蘿拉．拜恩斯跟教授有染的人。因為弗林愛上她，讓調查人員有理由假設他醋意大發殺了維德——這是可能的動機。」

「我一直這麼認為，他們是一對。我也仍相信當晚理查只是假裝離開，但後來他回去殺了教授。如果你無法證明，那是你的問題，懂嗎？至於他們的關係，或許你沒有問對人。」

「那晚你沒有躲在後院，對吧，德瑞克？你為什麼要陷害弗林？」

他突然顯得生氣又激動。

「我沒有要陷害任何人，老兄。就像我說過的：我在場而且看到他們三個人在客廳。」

「你是說你在雪中站了一個多小時？你穿著什麼？」

「我哪知道？不記得了。」

「為何你沒看見史普爾，他也沒看見你？」

「或許他說謊其實不在場，又或許他記錯時間了。關我什麼事？」

「你為何指稱蘿拉．拜恩斯在場？」

「因為我看到她，她的車也停在附近。你一直要我像鸚鵡重複同樣的話，老兄。」

他突然站起來。

「很抱歉，但我答應一個顧客今晚要修好他的車。就停在車庫裡。我得走了。我不想跟你說話——恕我直說，但我不喜歡你的口氣。該打球了。多謝你的合作。」

「你說什麼？」

「洋基對巴爾的摩金鶯：捕手瑟曼．李．孟森死於墜機之後我在場聽到主播說。今後，聲明在先，我不會再跟任何人談維德，除非對方有強制令。我送你出去吧。」

我離開，感覺有點荒謬，好像扮偵探的小孩剛被「嫌犯」之一趕出家門。我當過警察，但那個時代早已過去。現在我只是亂搞的老頭，身上沒警徽也沒槍。我上車把筆記簿丟進置物箱。

我駛上山谷路時，風擋的雨刷勉強應付著傾盆大雨，我自問希望整件事有何結果。我幾乎確定德瑞克說謊，他也在案發後的證詞中說謊，但我無能為力。麥特說過史普爾的律師嘗試重啟調查，但沒成功。我只是個癡呆的退休警察到處亂搞。

※

接下來兩天，我在修理自家屋頂和油漆客廳，同時思考案情。

那個週六我整理後院，週日我過河進城去找一個老同事，吉姆．佛斯特，他心臟病發作，兩週前才出院。天氣晴朗，所以我們去散步然後在拉法葉街附近一家戶外餐廳坐下吃午餐。他告訴我他採取的所有激烈節食法。我問他是否記得約瑟夫．維德案，他有點驚訝，說想不起那個名字。

「他是一九八七年十二月在自己家中被殺害的普林斯頓教授。密蘇里州波多西有個死囚聲稱是他殺的。那傢伙名叫法蘭克．史普爾，當年才二十二歲。那時候是我偵辦的。」

「我從來不喜歡法蘭克這個名字，」他看著我盤裡的義大利香腸說，「小時候我看《亂世佳人》，有個叫法蘭克的角色有口臭。我不知道為何這個細節留在我腦中，但我聽到這名字總會想起來。你為什麼還對這案子有興趣？」

「你是否曾經執迷一個案子，畢生難忘，即使在多年之後？」

「我有很多案子，洛伊。」

「對，我知道，但我發現經過這麼多年此案還是困擾我。我是說，我有預感裡面還有內幕，重要的事情，在等著我，你知道嗎？我說的不是法律秩序之類屁話，而是正義，如果我失敗就永遠沒救的感覺。」

他想了一會兒。

「我想我懂你的意思……九〇年代我調到紐約市警局後，在緝毒組幹過一陣子。當時我們還有跟聯邦政府合作，在地獄廚房跟西岸的人和戈提的手下搏鬥。沒時間感覺無聊。有個愛爾蘭老大的前妻，名叫米拉的年輕女子說我們要是庇護她，她願意供出內幕。我安排在西四十三街一家叫做滿月的酒吧見她。我跟一個叫肯．芬利的同事去，一年後他在澤西跟尼加拉瓜幫派發生槍戰喪生了。呃，那女士出現，我們點了酒，我告訴她證人保護計畫的內容，如果她願意跟我們合作。然後她說她得上洗手間，所以我等著。手下跟我坐了十分鐘左右，接著我們發現不太對勁。我請女侍進女廁找她，但她不在裡面。最後我跟經理商量，讓我們搜索。不見人影，老兄。那裡沒窗戶，唯一出路是經過馬桶或通風管，根本連嬰兒都過不去。我們想不通怎麼回事：我們的桌子就在廁所邊，要是她出來，我們會看見。此外，那家店幾乎沒人，那個時間也沒別人進出廁所。」

「好奇怪的故事……你有查出是怎麼回事嗎？」

他搖搖頭。

「或許我不喜歡去想。到現在都讓我汗毛直豎。好像她憑空消失了，就在我幾呎外，而我渾然不知。她一直沒被找到，生死不明。多年來我絞盡腦汁想了解這怎麼可能。或許每個警察都遇過這種案子，洛伊。或許你最好別想太多。」

我陪吉姆走回地鐵站後，到停車場去取車。經過麥克納利・傑克遜書店時，我看到一張小海報宣布蘿拉・威斯雷克博士要在週三下午來店演講，就是三天後。我在私下不會有膽接近她，所以我想或許能在簽書後跟她講幾句話。我遇上海報這件事對我是個徵兆，所以我決定碰碰運氣。

海報上沒有照片，所以當晚我上網試著找到一張。我隱約記得她——高挑、苗條、有自信的年輕女子，當時在約談中冷靜地回答了我所有的問題——但我想不起她的臉。我找到幾張近照研究了幾分鐘，注意她的高額頭，冷酷眼神和嚴肅的嘴巴。她在許多方面不算漂亮，但我能理解理查・弗林為何瘋狂地愛上她。

⁂

三個月前，應約翰・凱勒要求，我去了西溫莎鎮警局檔案室影印了一些維德案的文件。現在我去了普林斯頓警局詢問席門斯案的事，當時德瑞克被控謀殺他老婆。理查·弗林在書稿中只大略提到該案，說他是從蘿拉·拜恩斯那聽到細節。看看檔案沒有什麼不對。謀殺發生在一九八二年，我調到西溫莎警局的幾年後。

我打電話給布洛卡托局長，當年我就認識他，我們共事，他沒有多問就答應讓我看檔案。櫃檯的人給我訪客識別證，然後我到地下室，放檔案的地方，證物室也在這裡。

檔案室的格局看起來跟我在職時沒什麼改變。有位老警察，我也認識的瓦爾·明斯基，把舊紙箱放到我手上，帶我到一間臨時辦公室，有桌子和檯燈，一臺老舊影印機，兩張椅子和一些空架子。他叫我慢慢看我要求的文件，聲明不准抽菸，丟下我走了。

接下來一小時，邊看檔案，我心想弗林的描述雖然簡短，但很精確。

德瑞克·席門斯沒有承認殺人，由包括約瑟夫·維德的三位專家檢查之後，因為精神失常理由判決無罪。被捕後，席門斯被拘留在紐澤西州立監獄，然後被移送到特倫頓精神病醫院，造成他失憶症的意外就發生在那裡。

一年後，身體復原，他被移送到馬波洛精神病醫院，幾個月後他獲釋出院。是約瑟夫·維德寫了專家評估讓法官決定把席門斯移送馬波洛與後來釋放他。在監控下出院後，檔案裡只有一份文件：一九九四年，法官命令解除監控，也是在專家評估之後。

我寫下維德以外，在一九八三年讓席門斯出獄的報告書上簽名的另兩位專家的名字。其中一個叫琳賽·葛拉夫，另一個叫約翰·庫里。

然後我發現一張電話號碼清單。

席門斯沒有馬上被逮捕；而是在他妻子死後八天才被抓。清單裡是從案發前一週直到德瑞克被捕時席門斯住宅的電話通聯紀錄。我影印了清單放進我的公事包。

我有個承辦席門斯案的好友尼可拉斯．昆恩，九〇年代死於心臟病。文件裡的另一個人可能在我離職後才進入警局。他名叫伊恩．克里斯托杜洛斯。

我把紙箱還給明斯基警員，他問我是否找到了想找的東西。

「還不曉得，」我說，「你認識辦這個案子的克里斯托杜洛斯警探嗎？我認識另一個昆恩，但他大約十五年前過世了。」

「我當然認識。他大概五年前調去紐約市警局了。」

「你知道誰能告訴我怎麼聯絡他嗎？」

「等我一下。」

「多謝了，瓦爾。」

「應該的。」

明斯基打了幾通電話，講了幾個出牆主婦和酒醉媽咪的笑話，同時像抽筋似的不時向我眨眼。最後他皺巴巴的紅臉露出得意的表情，在便利貼上寫了個手機號碼遞給我。

「顯然他還沒退休。他在布魯克林區的六十七分局，史奈德大道上。這是電話號碼。」

我把克里斯托杜洛斯的號碼輸入手機的通訊錄，向明斯基道謝後離開。

⁂

那天下午我在遠景公園附近的咖啡店總算見到了伊恩·克里斯托杜洛斯，同時試著找到那兩位專家。

終於我在網路上發現有個叫琳賽·葛拉夫的精神醫師在城裡執業，在東五十六街。那家診所也有網址，我看了一下葛拉夫女士的簡歷。有百分之九十九的機率我找對了人——一九八一到一九八五年間，琳賽·葛拉夫幫法醫辦公室擔任過專家，之後她去紐約大學任教了六年。她跟兩名同僚在一九九八年開了這家診所。

我打給診所嘗試安排會面，但是助理說葛拉夫醫師直到十一月中旬才有空。我告訴她我有特殊問題，所以想在電話中請教葛拉夫醫師。我留下我的號碼，她說她會轉達我的話。

這天下午我去見克里斯托杜洛斯時，我還是無法找到約翰·庫里。他又矮又壯，黑髮，是刮鬍後一小時就會長出一天份量的那種人。接下來一小時，他用不友善的語氣告訴我他印象中的席門斯案。

「那是我的第一個重大案件，」他說，「我進警局一年半，只辦過些小案。案發時我要求昆恩讓我當搭檔。你也知道怎麼回事，你絕對不會忘記第一個謀殺案，就像不會忘記初戀女朋友。但席門斯那個混蛋脫身了。」

他說他毫不懷疑德瑞克·席門斯殺了他老婆，動機是她外遇。席門斯看來很正常，但很狡猾，所以精神評估結果讓整個警局都很不滿。

「證據很確鑿，所以如果上法庭他會判無期徒刑不得假釋，毫無疑問。但我們無能為力。法律就是這樣——沒人能凌駕專家的判決。他們送他去醫院，他兩年就離開了。但我不認為上帝在打瞌睡，因為他在醫院裡被人打頭然後真的瘋了，據我聽說。他們在一年後修改法律，一九八四年，企圖刺殺雷根總統的人因為精神異常被判無罪之後，國會通過精神異常辯護改革法案⑩。」

我告別克里斯托杜洛斯回家後，繼續尋找庫里的蹤跡，但沒有收穫。琳賽・葛拉夫當晚和接連幾天也沒回電給我，但我也沒指望她會。

晚上十點左右，我在看重播的《男人兩個半》影集時，黛安娜打來了。

「你答應過我要求時你會幫忙的，」我們例行問候之後她說。我們已經兩三週沒聯絡了。

我想起她說的是什麼事：我應該要幫她找出她多年前上班的公司發的在職證明；她要用來申請退休。我掰了個藉口再承諾隔天馬上辦。

「我只是問問，」她說，「不急。或許我過幾天可以親自過去找。你還好嗎？」

每次聽到他聲音我總感覺我們幾天前剛離婚。我說我很好，我會幫她找證明，但我相當健忘，剛剛才想起來。這時我懂她為何打來了，問她，「麥特打給妳了，對吧？」

「那個大嘴巴竟然——」

她頓了兩秒沒說話。

「洛伊，真的嗎？沒有懷疑嗎？你問過別的醫師嗎？有沒有什麼我能幫忙的？」

我很尷尬，彷彿黛安娜發現了我可恥的事。我告訴她我永遠無法接受她的同情。我也不認為把餘生耗在連自己名字都記不住的殭屍上對她最好。

「黛，我不想談。現在不想，以後也是。」

「我想過去幾天。除了填那個該死的申請表以外我沒別的事做，而且這事不急。」

「不行。」

「拜託，洛伊。」

「我跟別人住了，黛。」

「你怎麼到現在才說。」

「她上週搬進來的。我們兩個月前認識。她叫雷歐諾拉．菲莉絲，是路易斯安那人。」

「路易斯安那的雷歐諾拉．菲莉絲……你還不如說迪士尼樂園的米妮老鼠。我不相信，洛伊。你從我們分開之後就獨居。」

「我說真的，黛。」

「你為什麼要這樣，洛伊？」

「我得掛斷了，抱歉。我保證會找出妳的證明書。」

「我要過去，洛伊。」

「別來，黛。拜託。」

---

⑩ 精神異常辯護改革法案（The Insanity Defense Reform Act），一九八四年修改法案內容包含：無法控制個人行為不再作為辯護理由，除非被告在嚴重心智異常或缺陷的影響而失去能力體察自己的行為，並且限制心理專家陳述最終意見。

我掛斷，躺在沙發上，緊閉眼睛直到發痛，我的眼睛開始流淚。

跨種族夫婦在七〇年代初期並不常見，即使在東北部也是。我記得我們走進酒吧時遭受的眼光，有些是敵意，有些是憤怒。也有些認同的表情，彷彿黛安娜跟我相愛只是為了證明什麼。我們都必須面對，我至少還能自我安慰我永遠不必去跟麻州的姻親們過聖誕節。但後來我染上酒癮失去了一切。當我喝酒時，我不只是粗魯，我很惡毒。我想要羞辱她，所有事都怪她，說些我明知會傷她最深的話。即使經過了這麼久，當我回想自己當時的樣子，仍會反感得胃常翻攪。

忘記那一切會是我的病帶來的唯一好處——我將不再想起那些年，因為我根本不會記得從前曾經存在。

三年前離婚、參加許多戒酒聚會、在艾班尼的診所勒戒一次和再犯兩次後，我成功戒了酒。但我知道我仍是個酒鬼，直到死亡。我知道我一走進酒吧點了杯酒，就會停不下來。我有時候很想這麼做，尤其退休後，當時我認為已經沒有什麼事情重要。但每次我都告訴自己那是最難看的自殺方式，還有其他較快較乾脆的方法。

我穿好衣服去距離我家大約三百呎的公園散步。那是個山丘，中央有片大空地，我喜歡坐在那邊的木頭長凳上。從那邊我看得到全鎮的燈光——彷彿我漂浮在屋頂上。

我逗留了大約半小時，看著遛狗或走捷徑去山下巴士站的人們。然後我慢慢走回家，思考著我叫黛安娜別過來是否做了全世界最蠢的傻事。

4

週三下午我在四點四十五分抵達麥克納利・傑克遜書店，比活動開始提早了四十五分鐘。蘿拉不到一個月前出版過關於催眠術的新書，那天下午的演講是她巡迴打書的一站。我買了一本坐在樓下的座位上。幾乎每個位子都有人。

當天一早我去了黛安娜需要開證明的公司。有個辦事員承諾隔天她會用電郵附件寄過來，所以我發簡訊給黛安娜告訴她問題解決了。但她沒回覆，我心想她一定是關機了。

蘿拉看起來比我在網路找到的照片好看，她顯然是很有經驗的演說者。即使我提心吊膽，仍興趣盎然地聽她說，猜想著她一旦發現我的身分與來意會在幾秒內叫我滾蛋。

她講完，短暫地回答問題後，大家開始排隊簽書。我是最後一個，她疑惑地看著我。

「費曼，洛伊・費曼，」我說。

「給費曼，洛伊・費曼，」她微笑著說，然後簽了書。

「謝謝。」

「我也謝謝你。你是心理學家嗎，費曼先生？」

「不，我是刑事組的退休警探。將近二十八年前我調查過約瑟夫・維德教授命案。妳可能不記得我了，但我當年約談過妳。」

她盯著我，張嘴想說什麼卻又改變主意，用左手摸摸頭髮。她看看周圍發現我是最後一個要簽名的。她把筆蓋套回筆上放進身旁椅子上的手提包裡。有個染紫色頭髮的中年女子在幾呎外盡責地盯場。

「我想跟費曼先生去散散步，」她告訴紫髮女人，對方驚訝地看著她。

「您確定——」

「我很確定。明天早上我會打給妳。妳保重。」

我幫她穿上大衣，她拿起手提包，我們離開。天色暗了，空氣瀰漫著雨天的氣味。

「黛比是我的經紀人，」她說，「有時候她的表現像母熊，你知道的。你喜歡演講的內容嗎，費曼先生？」

「很有趣，真的。」

「但那不是你來的目的，是吧？」

「我希望有機會跟妳談一會兒。」

「通常我演講後不會同意跟任何人談話，但某方面我好像也在期待你來。」

我們經過Zanelli咖啡酒館，她接受我的邀請，一起進去。她點了一杯紅酒，我點了咖啡。

「我洗耳恭聽，費曼先生。兩個月前我同意跟一個記者談這件事之後，我發現郵差總按兩次鈴。我知道我會碰到某人詢問我很久以前的事。稱之為女性直覺吧。真巧，我們很接近理查·弗林出生長大的地方。我認識他時布魯克林是他的世界中心。你知道他想寫一本關於維德案的書嗎？」

「對，我知道。我看過書稿的摘錄。約翰．凱勒，那個記者，給了我一份。但是同時發生了一些事，所以我想要問問妳。」

我告訴她法蘭克．史普爾和他對當晚經過的說法。她仔細聽著，沒有插嘴。

「我說我跟理查．弗林不是戀愛關係，那個記者可能不相信我，」她說，「當然，跟維德教授也不是。但是總之，他說的似乎符合事實，不是嗎？」

「威斯雷克小姐，我不認為是法蘭克．史普爾殺了教授。他在現場時持有房子鑰匙的人進去了。當時教授還活著。那個人差點當面撞見史普爾，但他勉強在最後一刻跳窗逃走。我再說一遍：教授還活著。史普爾只想給他一點教訓。但是當一個人已經昏迷倒地你還用球棒猛打他的頭，表示你打算殺了他。總之，出現的那個人沒叫救護車。為什麼？我想那個人表現得像投機的掠食者，利用狀況占便宜。維德昏倒在地上，窗子開著，所以可能有人闖入，痛打他之後逃逸。那個人會被指控謀殺。」

「你想問我是不是那個人，照你的說法，投機的掠食者？」

我沒回答，於是她繼續說，「費曼先生，那天晚上我沒去教授家。我已經兩週沒去了。」

「威斯雷克小姐，妳的朋友莎拉．哈波提供虛假不在場證明騙了我們。妳也騙了我們。約翰．凱勒跟她談過，給我他的筆記。現在哈波住在緬因州，但必要時她可以作證。」

「我猜你早就知道了。莎拉是很脆弱的人，費曼先生。如果當年你向她施壓，她會立刻屈服跟你說實話。我請她告訴你我們在一起是很冒險。但我是因為不想上報，免得被媒體霸凌。我不希望出現關於教授跟我的各種骯髒影射。如此而已。我不怕被指控謀殺，只想避免醜聞。」

「那麼當天下午放學之後，妳在哪裡？理查．弗林在他的書稿中聲稱妳沒跟他在一起。妳可能也沒跟男朋友提摩西．桑德斯在一起，否則妳不會叫他作證──」

「那天下午我在布洛姆菲爾德的一家診所，我去墮胎，」她簡短地說，「我懷了提摩西的小孩，他正要去歐洲。他回來後我告訴他這個消息，他似乎一點也不開心。我想在回家過節前解決這個問題，因為我確定家母會發現出了什麼事。我根本沒告訴提摩西我要去那裡，獨自去診所。我很晚才回到家，跟理查．弗林發生激烈爭吵。他不是酒鬼，但我認為他醉了。他整晚都跟教授在一起，說他告訴教授我是他女朋友。我收拾行李去了莎拉家。無論如何，假期過後我都打算搬走。你了解那天我為何不想告訴你我的行蹤，我為何請莎拉說我們在一起了嗎？我懷孕了，有人在傳跟教授緋聞的八卦，所以媒體可能連結這兩件事──」

「那個記者凱勒的結論是妳偷了維德的書稿用自己的名義發表。」

「什麼書稿？」

「妳在五年後出版，第一本書的書稿。在他的書稿中，弗林說妳向他透露維德正在寫一本很重要的書，會大幅改變現狀，關於精神刺激和反應之間的關係。其實，那就是妳第一本書的主題，不是嗎？」

「是，沒錯，但我沒有偷教授的書稿，」她搖搖頭說，「你說的那份書稿根本不存在，費曼先生。我給過教授我的論文和前幾章的大綱。他對我的概念很熱心，提供了我一些額外材料，然後狀況逐漸混淆，他開始認為那是他自己的作品。我發現了他寄給出版社的提案，裡面聲稱書稿已經準備交付。其實，他的出書計畫並不完備，只有我寫的那些章節和摘自他舊作的不連貫混合——」

「容我請問妳所說的那份提案是何時又怎麼發現的？」

她啜一口酒，清清喉嚨，然後說，「我想是他要求我整理他的一些文件，不曉得其中就有他的提案。」

「那是什麼時候？妳剛說妳已經一陣子沒去了。」

「呃，我不記得在什麼時候發現提案，但那是我開始迴避去找他的主要理由。他跟同僚們不和，他也無法專心寫完另一本書。同時，他想要討好隔年他打算投效的大學。他想回去歐洲待一陣子。」

「是哪一所大學？」

「我猜是劍橋——」

「雇用他的神祕人士是誰？」

「呃，他們沒有教授自以為的那麼神祕。據我所知，他和某軍方機構的研究部門合作，他們想研究被迫在極端情境中行動的受測者承受心理創傷的長期效應。在一九八七年夏天，合約過期了，就這樣。但教授有時候容易小題大作。在某方面，他寧可認為他是被那機構壓迫，被捲入各種祕密事務，因為知道太多被霸凌。老實說，或許那是他的事業走下坡的下意識補償方式。悲劇發生前兩年，電臺、電視脫口秀和報紙訪談變得比他的科學事業更重要。他很喜歡在街上被人認出來，在大學裡他覺得比其他教授更優越。換句話說，他成了明星。但他忽略了工作中真正重要的部分，那是有影響的——他沒有新東西可說，也開始發覺了。」

「但是莎拉．哈波——」

「莎拉有嚴重的問題，費曼先生！別以為她休學一年是因為維德教授被殺。我們一起住了一年，我很了解她。」

「是喔，所以妳發表的那本書不是維德的作品？」

「當然不是！我寫完博士論文後，一寫完書就發表。如今我認為那本書結構太拙劣，當年我還很驚訝受到惡評。」

「但是妳的書第一章百分之百和教授寄給出版商的類似。凱勒有一份教授的提案。妳說妳也看過。」

「那是因為他偷我的東西，我老實說。」

「所以維德正要偷妳的作品……妳為什麼沒設法阻止？當你發現副本，提案已經寄給出版商了。要是他沒被殺，可能就用自己名義出版了——我是說妳的書。」

「如果我指控這種大人物學術詐欺，可能會被人當成偏執狂。我是無名小卒，他是全國最受喜愛的心理學家之一。」

她說得對。但另一方面，她是很有決心的人，我們說的可是她的畢生之作，讓她被認同最強而有力的成就。我不難想像如果有人想用什麼方式傷害她她會怎麼反擊，尤其事關她的職涯。

「好吧，我們回到教授被殺當晚。那天晚上，妳跟弗林吵完架離開之後，他留在家裡嗎？」

她沒有立刻回答。

「沒有，」最後她說，「他比我早先拿外套出門了。」

「妳記得那是什麼時候嗎？」

「我大約晚上八點回家，他十點剛過就到了。我記得他十一點左右又出門了。」

「所以他有足夠時間在午夜左右回去西溫莎。」

「對。」

「他離開前有叫計程車嗎？」

「可能有，我不記得了。」

「當晚他有和教授爭吵嗎？」

「我記不太清楚……他似乎很生氣。我說如果教授要求我跟他睡，我可能會同意，但他從未開口，之後他摔門離開。那是事實。起先，我覺得理查愛上我很好笑，但是越來越煩人。他表現得好像我背叛他之類的。我想要永遠解決這回事。不幸我沒成功。後來他騷擾了我很久，即使之後我們都離開了普林斯頓。」

「現場散落著文件，抽屜也被打開，彷彿凶手或別人匆忙地在找什麼東西。但不是史普爾，因為他聽見門口有人後跳窗離開現場。好吧，或許那是有時間回去現場的弗林。但若是如此，他為什麼對那些文件有興趣？」

「我不知道，費曼先生。我記得的全都告訴你了。」

「去年他打電話給妳，有沒有向妳承認什麼事？告訴妳當晚妳還不知道的經過？」

「沒有，不算是。他很激動而且胡言亂語。我只聽懂他指控我涉及維德之死，而且我利用他達到卑劣目的。他的可憐多過嚇人。」

她沒說她為弗林的悲劇結局或教授之死難過，一次也沒有。她的語氣平淡又精闢，我猜想她腦中有許多精心準備的答案。

我們離開酒館，我幫她叫計程車。我差點把簽名書忘在桌上，但她微笑指出那本書不適合這種場所的顧客閱讀。

「現在這整個案件，」她上車之前問我，「你打算怎麼辦？」

「不曉得，」我說，「或許不怎麼辦。史普爾認罪後，他的律師試圖重啟調查但是失敗。他幾週後會被處死——死定了。看來這個案子仍會是懸案。」

她似乎鬆了口氣。我們握手，她上了計程車。

我察看手機發現收到黛安娜的簡訊。她說她明天早上會到，給了我航班編號。我回覆我會去機場接她，然後走到停車場開車回家。

⁂

隔天早上我幾乎是巧遇那個電話號碼。

我備份德瑞克．席門斯在他妻子死亡前後的的通聯紀錄，我決定查查看。共有二十八個號碼，按五個欄位排列：撥出號碼，地址，來電號碼，日期與通話時間。

有個地址很眼熟吸引了我的注意，但是名字沒印象——傑西．班克斯。通話持續了十五分四十一秒。然後我想起地址是什麼，所以我又查了其他幾件事。顯然在當時，一九八三年，這個名字和號碼對調查人員無關緊要，但對我來說很重要。不過在一九八七年十二月，我開始調查維德案的時候，我根本沒想到把兩個案子連結起來，因為另一案發生在四年前。

這時想起來了。我想起德瑞克·席門斯停止對話時的表情，當時令我很懷疑，我又查了維基百科上的一些細節。

接下來兩小時我把兩個案子，席門斯案與維德案的所有細節一起比對，一切開始兜攏了。我打給梅瑟郡地檢署的一名助理，我們碰面長談，把我所有文件攤在桌上。他打給布洛卡托局長，安排所有細節，然後我回家。

我有一把貝瑞塔Tomcat點三二手槍，放在樓下的櫃子裡。我從盒子裡取出，檢查扳機之後往彈夾裝了七發子彈。這是我退休時警局送的告別禮物，從來沒用過。我用抹布擦掉保養油，把槍放到外套口袋裡。

⁂

我在警局附近停車，在駕駛座上等了十分鐘，告訴自己還有時間改變主意，回頭，忘了這整件事。黛安娜再兩個鐘頭就到了，我已經在帕利薩德公園附近的韓國餐廳訂了位子。

但我不能置之不理。我下車走向街尾的房子。我腦中反覆響起一首博西·史萊吉⑪的老歌

⑪ 博西·史萊吉（Percy Sledge, 1941—2015），美國傳奇藍調歌手。

〈陰暗的街尾〉。口袋裡的槍隨著每一步一直撞擊我的腰，讓我感覺要出事了。

我爬上木頭臺階按門鈴。過了一會兒德瑞克·席門斯來開門，一點也不驚訝看到我。

「唉，又是你……進來吧。」

他轉身消失在門內，讓門開著。

我跟著他走，走進客廳之後我發現沙發旁有兩個大手提箱和一個帆布袋。

「要出遠門嗎，德瑞克？」

「路易斯安那。雷歐諾拉的媽媽昨天去世，她必須在那邊待到葬禮結束再賣掉房子。說她不想單獨在那裡，所以我想改變一下也沒壞處。要咖啡嗎？」

「謝謝。」

他走進廚房，泡好咖啡端著兩個大馬克杯回來，把一個放在我面前。然後他又點了根菸觀察我，茫然的表情好像企圖猜出對方牌面的撲克玩家。

「這次你又想幹什麼了？」他問，「你口袋裡有強制令或只是喜歡看到我？」

「我說過我退休很多年了，德瑞克。」

「世事難料，老兄。」

「你的記憶什麼時候恢復的，德瑞克？八七年嗎？更早？或者你從未失憶只是一路假裝？」

「幹嘛問這個？」

「『該打球了。謝謝你的合作。』你說過為了紀念在俄亥俄死於墜機的瑟曼·李·孟森起立喝采八分鐘之後，主播說這句話的時候你在球場裡。但那是七九年的事，德瑞克。你怎麼知道七九年你在布朗克斯區的球場裡，而且是你親耳聽到？」

「早說過意外之後我努力學習自己的過去而且——」

「放屁，德瑞克。那種事是問不到的，你只能記住。你在七九年有寫日記嗎？有寫下來嗎？我想沒有。另一件事：你為什麼在據稱發現你妻子屍體那天早上打電話給約瑟夫．維德？事實上，你什麼時候認識他的？你跟他什麼時候、如何安排得到對你有利的專家意見？」

他安靜坐著抽菸仔細盯著我一會兒，不發一語。他很冷靜，但他臉上的皺紋顯得比我印象中更深了一點。接著他問，「老兄，你帶了竊聽器嗎？」

「沒有。」

「介意我檢查嗎？」

「我來證明沒竊聽吧。」

我站起來，翻開我的外套衣領，慢慢解開我的襯衫鈕釦之後轉身。

「看吧，德瑞克？沒竊聽器。」

「好吧。」

我坐回沙發上等他開始講話。我確定他等了很久想告訴別人整個經過。我也確定他一旦出城就永遠不會回來了。我遇過很多像他這種人。有時候你就是知道面前的人準備好吐實，在那一刻你彷彿會聽見喀啦聲，好像輸入正確密碼打開保險箱。但你不能急。你必須讓他們照自己的步調走。

「你真是個好警察……」他頓了一下，「你怎麼發現當天早上我跟維德通過電話？」

「我看過通聯紀錄。維德剛買下那棟房子，電話號碼還沒有轉移到他名下。前任屋主是名叫傑西．班克斯的人，已經過世了，房子是透過房仲業者賣的。調查電話的警方碰到了斷點，所以他們放棄那條線索。即使他們發現維德的名字，當時跟案子也沒有任何關聯。你還是太魯莽了。你為什麼從你家的號碼打給維德，德瑞克？附近沒有公共電話嗎？」

「我不想離開家，」他說，捻熄已經抽到底的香菸。「我怕被人看見。我也必須趕快跟他聯絡。我不曉得巡邏車抵達後他們會不會當場逮捕我。」

「你殺了她，不是嗎？我是指你老婆。」

他搖搖頭。

「不，我沒有，雖然她該死。正如我說過的——我發現她倒在一灘血裡。但我早知道她背著我偷腥了……」

⁂

接下來半小時他告訴我以下的故事：

高中最後一年他被送進精神病醫院以後，他的人生支離破碎。每個人都認為他瘋了，他出院之後同學們也都迴避他。他放棄上大學的念頭找了個卑微的工作。他父親棄家跑掉了。而他母親在他童年時就過世，他孤苦伶仃，大約十年過得像個機器人，只是工作，還有接受醫療。他們告訴他必須終身持續服藥，但是有些不良副作用。到最後，他不再吃藥了。

然後他在高中畢業的九年後遇見安妮，一切都不同了，至少起初如此。他愛上她，她似乎也愛他。他說，安妮在羅德島州的孤兒院長大，十八歲才離開。她曾經露宿街頭，跟一些幫派鬼混，到了十九歲她成了大西洋城的妓女。她在普林斯頓某汽車旅館的停車場，認識正在修理暖氣系統的德瑞克之前，算是衰到谷底了。

安妮搬進來跟他住，他們成為情侶。大約兩週後，兩個持槍黑道出現在門口說那個女孩欠他們錢。德瑞克沒說什麼。他到銀行去，領出所有的積蓄五千美元，把錢給他們。他們收錢後說不會再來煩她。大約兩個月後，年假之前，德瑞克向安妮求婚，她答應了。

德瑞克說，有一陣子生活似乎很順利，但兩年後一切開始惡化。安妮酗酒而且一有機會就偷腥。她沒認真交過男友，只是跟一連串陌生人隨機發生性關係，她似乎也不在意德瑞克是否會發現。她在公開場合保持形象，但他們獨處時她會改變語氣——她會罵他羞辱他，說他是瘋子和窩囊廢，怪他讓他們過困苦的生活，沒辦法多賺些錢。她指控他沒給她比較有趣的生活，不時威脅要離開他。

「她真是個婊子，老兄。當我說我想要生小孩，你知道她說什麼嗎？她不要我這種智障。她就這麼告訴在停車場搭訕她然後娶她的人。我為什麼忍受這些？因為我沒得選擇——我愛死她了。她可以做任何事，但我還是不會離開她。其實，我總是擔心她為了某個白癡離開我。當我走在街上，總覺得每個人都在嘲笑我。我到處遇到別人，總會懷疑他們是否跟她上床。但我還是無法把她趕出去。」

但過了一陣子她的行為改變了，他發現她不太對勁。安妮的穿著進步，開始化妝。她戒了酒也似乎比以前開心。她開始完全無視德瑞克。她會很晚回家，一大早出門，所以他們幾乎碰不到面也不講話。她甚至懶得跟他吵架。

不久他就發現怎麼回事了。

「我長話短說，」他說，「我跟蹤她，看見她跟一個老頭進了飯店房間。信不信由你，我什麼都沒跟她說。我只祈禱他拋棄她然後就沒事了。我記得我認識她之前，孤單一人有多麼可怕。」

「那個人是誰？」

「約瑟夫．維德。他有錢、有權又出名。他除了跟我老婆攪和沒別的事做，比他小了將近三十歲的女人。我一直無法確認他們是怎麼搞在一起的。大學裡很多教授和學生會在她工作的咖啡店打混，所以或許他們就是這樣認識的。我有點瘋癲，那是真的，但不是白癡——我知道維德會不擇手段避免陷入醜聞。」

所以他老婆被殺的那個早上，德瑞克從安妮的隨身物品中翻出教授的電話，打給他。他告訴他出人命了，照情況看，警方可能會想拿他當代罪羔羊。他說他會把維德拖下水，因為他知道他們有一腿。他還說他很久以前進過精神病醫院，所以維德安排他以精神異常理由獲判無罪，轉送到法醫精神病院會是件容易的事。

後來他被捕，被控謀殺妻子。被宣告法律上精神異常後，他被送到特倫頓精神病院。維德探視過他很多次，託辭是他對他的案例有特殊的專業興趣。他承諾三個月後席門斯就會轉送到條件好得多的馬波洛醫院。但在那之前，席門斯在特倫頓遭到其他病患的攻擊。

「我脫離昏迷後，不認得任何人，甚至也不知道我怎麼進醫院。連我自己的名字都想不起來。他們作了各種檢查，判定我不是假裝失憶症。我真的什麼都不記得了。對我而言，維德變成了友善關愛的醫師，被我的慘狀感動。他說他會免費治療我並且讓我轉去馬波洛。我對他的善心大受震撼。

「我在馬波洛待了幾個月，記憶沒有恢復。當然，我開始想起一些事，我是誰，父母是誰，我上哪所高中，這類的事。沒有一件好事——我媽去世，精神病院，爛工作，偷腥的老婆，還被控謀殺。我放棄再去回想。我以前是個窩囊廢。我決定出院後要重新開始。

「是維德負責那個同意釋放我的委員會。我根本沒地方去，所以他幫我找地方住，離他家不遠，還給我工作當他家的維修工。那房子看起來不錯，但是老舊，總是有東西需要修理。我不知道你是否知情，但是逆行性失憶症只會讓你忘記關於身分的事情，其餘的不會，像你擁有的技能。你不會忘記怎麼騎單車，但你會忘記何時學會，希望你懂我意思。所以，我知道怎麼修東西，但我一點也不知道在何時又怎麼學到的。」

德瑞克繼續說，對他而言，約瑟夫．維德是聖人。他確保他受到治療，每個月付他修理工作的薪水，帶他去釣魚，他們至少每週一次晚上聚會。有一次，他帶他到大學裡催眠他，但是沒有告訴他治療的結果。

一九八七年三月中旬的某個晚上，德瑞克在家裡，看電視轉臺，想找電影看。過了一會兒他看到NY1頻道的新聞報導，有個柏根郡的男子自殺。**啊，那是史坦．馬里尼**，他看到螢幕上照片時不禁說。他正想轉臺時發現史坦是他在西門子工作時的維修班之一。史坦大約跟他同時間結婚，並且搬去紐約。

他也了解這是什麼意思。他想起了沒人告訴過他也沒看過書面資料的往事。

「就像當年在德州他們挖到石油，像噴泉衝出地面。埋藏在我心智中所有東西的蓋子被掀開了，砰！全都想起來了。我無法形容那種感覺，老兄。好像用正常速度的一百倍看電影。」

他原本想馬上打電話通知視為恩人的人，但又決定太晚了不好打擾他。他怕會再度遺忘一切，所以找了本筆記簿開始寫下他想起來的每件事。

⁂

他站起來問我是否想出去後院走走。我寧可留在原地，因為我不知道他是否在某處有藏槍，但我不想讓他不滿所以跟過去。他幾乎跟我一樣高也強壯得多。萬一開打，除非我用口袋裡的槍否則毫無勝算。我不知道他是否注意到了。

我跟著他走到髒亂的後院，幾片草地從裸露泥土和鋪路石的裂縫中冒出來。他深呼吸一下溫暖的午後空氣，又點根菸然後繼續講故事，沒有看著我的眼睛。

「我想起的一切恍如昨日：我怎麼認識安妮，起初如何順利，但後來她開始背叛我，我如何發現她跟那個該死的大學教授外遇，她愚弄我的方式，然後那天早上發生的事，跟維德通話，我被捕，在醫院裡的苦日子。

「我研究維德開給我的藥丸標籤，然後去藥房問店員那是不是治失憶症藥。他說那是治流感和消化不良的藥。多年來我以為是朋友與恩人的人，其實只是害怕有一天我會想起真正發生的事而監護我。他把我留在身邊以便監視我，懂吧？天啊，我感覺腦袋像要爆炸了……

「有幾天我根本沒踏出家門，維德過來時，我告訴他我頭痛想要睡覺。我幾乎有點難過我克服了該死的失憶症。」

「維德察覺了嗎？」

「我想沒有。他忙著想自己的事。我對他只是一件舊家具。其實，我想我對他已經隱形了，我猜啦。他已經不怕我會說什麼做什麼。他想去歐洲。」

「然後你殺了他。」

「我恢復記憶之後，一直想那麼做，但我不想坐牢或進瘋人院。那天我把工具箱忘在他家了。稍早我修好樓下的馬桶，我們一起吃午餐。我隔天早上還有工作，在我家附近，我決定去維德家拿工具箱。按門鈴之前，我繞過房子到後院，發現客廳裡的燈亮著。他跟那個學生弗林坐在餐桌旁。」

「你有看見我說的那個人法蘭克．史普爾嗎？」

「沒有，但據你所說，我可能跟他錯開了。我回到房子正面，打開門鎖，在衣帽架旁看到我的工具箱，維德可能在廁所裡發現，就放在那等我去拿。我拿了就離開。他根本沒發現我進去過。他們都在客廳裡談話。

「回家途中我心想，如果出什麼事，那傢伙就是主嫌。他為那個老頭想追的女生神魂顛倒，所以那就是動機。

「我大約十一點去了酒吧，以便讓大家看到我，當作不在場證明。我跟認識的老闆聊天。他正準備打烊。我知道他從不戴錶，牆上也沒有時鐘。離開前，我說，『嘿，席德，午夜了。我該走了。』後來作證時，他說當時是午夜，卻不記得是我告訴他的，懂吧？

「我還是不確定要怎麼做。好像在夢中——不知道怎麼形容。我不確定那個學生走了沒，天氣還是很糟，我心想或許維德會邀他留下過夜。我有一支皮棍，幾個月前在我修理的車子置物箱裡發現的。不知道你用過沒有，但那是很好用的武器。」

「我在一九七〇年代也有一支。」

「呃，我去了，悄悄打開正門溜進去。室內的燈還亮著，走進去之後我發現他躺在地上，渾身是血。他看起來好慘：臉被打爛，又腫又瘀青。窗戶敞開。我關窗再關掉所有燈光。我帶了手電筒。」

他轉向我。

「我確定是弗林幹的。我想他們一定在我走後發生爭吵，然後打起來。把人打得那麼慘就表示你有誤殺他的準備，不是嗎？只要一記重拳，噗！完蛋！

「我不曉得該怎麼辦。毆打搞我老婆，之後愚弄我，假裝是我朋友，把我送進瘋人院，再把我救出來以便監視我的人是一回事，但毆打已經倒地半死不活的人又是另一回事。

「你知道嗎，我想我會丟下他閃人，或者叫救護車，誰曉得……但這時，當我俯身到他頭上，拿著手電筒，他睜開眼睛從地上看著我。我看到他怪異的眼神，我想起那一晚我如何跟蹤他跟安妮進去飯店房間，我如何爬樓梯，像呆子似的用耳朵貼著門。彷彿我還不知道裡面在幹什麼，我還得去偷聽他搞她。我想起那個婊子，我救她脫離街頭生活，卻總是嘲笑我，罵我無能。

「就這樣了，老兄。我拿出黑傑克⓬用力打了他一下。

「我鎖上門。在回家途中，我把黑傑克丟進溪裡。睡前，我想到維德躺在那兒，渾身鮮血死掉，我非說不可，感覺真痛快。我對自己的行為一點也不難過，把別人開頭的事作個結束。隔天早上我回到屋裡，其餘的你都知道了。我沒料到弗林不是打他的人，直到幾天前你跑來。總之，直到那個記者找來，我根本沒想太多。對我來說那是陳年往事了。全部經過就是這樣，老兄。」

「維德兩小時後死了，至少法醫是這麼說的。如果你叫了救護車就能救他一命。」

「我知道他們怎麼說，但我仍然確定他當場死亡。反正，已經不重要了。」

「離開那房子之前，你有打開抽屜把一些文件灑在地上，設法偽裝成搶劫嗎？」

「沒有，老兄，我就走了。」

「你確定？」

「對，非常確定。」

我斟酌了一會兒該不該繼續追問。

「你知道嗎，德瑞克，我在想……你一直沒發現那晚是誰殺了你老婆……」

「沒錯，我沒查出來。」

「你不會困擾嗎？」

「或許吧。那又怎樣？」

⓬ blackjack，一種外面包裹皮革，內裹為鉛或金屬的小型棍棒。

「你畢生的最愛倒在地上的血泊中，你做的第一件事卻是打給她的情人要求他救你。你跟維德通話八分鐘後打給九一一。相當怪，不是嗎？只是好奇：教授真的相信你嗎？你有當面跟他討論過那個謀殺案嗎？」

他從口袋掏出香菸，發現已經空了。「我在工作室裡還有一包菸，」他指著玻璃門廊說。

「我希望你別想做傻事，」我說，他驚訝地看著我。

「喔，你是說……」他說完開始大笑。「你不覺得我們扮牛仔已經太老了嗎？這裡沒槍，別擔心。我這輩子沒拿過槍。」

他走進工作室時，我把手放進口袋慢慢用拇指打開保險。然後我上膛握在手裡。我當了四十多年警察，但從未開槍打過任何人。

我看到他在散落著各種雜物的工作檯上到處翻找。然後他彎腰去找一個箱子裡面。過一會兒他用右手拇指和食指捏著一包駱駝牌回來。

「看吧？你的手可以離開口袋了。那裡面有槍，對吧？」

「對，有槍。」

他點根香菸，把菸放進口袋，再疑惑地看我一眼。

「現在怎樣？我希望你了解我不會向警察重複這些話。我是指現役警察。」

「我知道你不會。」

「但你認為我殺了安妮，不是嗎？」

「對，我認為你殺了她。當時，警方搜索過她的經歷，尋找潛在線索。我看過報告。她不是妓女，德瑞克。認識你之前她在大西洋城當了兩年酒吧女侍，一間叫Ruby的咖啡店。眾人形容她是個和善的小姐，正直又聰明。或許一切都是你的幻想——我是指黑道向你要錢，她的複雜過往，跟很多人亂搞和在背後嘲笑你。那不是真的，老兄，全是你掰的。我甚至不確定她跟教授有姦情。或許她只是向他求助。你的記憶復原後，你的惡夢也回來了，不是嗎？」

他直視著我的眼睛，用舌尖緩緩舔過下唇。

「我想你該走了，老兄。你相不相信關我屁事。我還得收拾行李。」

「該打球了，德瑞克，是嗎？」

他左手食指指著我，彎曲拇指做出手槍狀。

「你真的挺聰明，我說真的。」

他陪我走到大門。

「德瑞克，雷歐諾拉什麼時候去路易斯安那的？」

「大概兩週前。問這幹嘛？」

「沒什麼。保重了。」

⁂

我感覺他的眼睛盯著我背後一路到轉角，我轉彎，離開他的視線。德瑞克似乎不知道現在錄音已經不需要用竊聽器了。只要外套胸前口袋一枝錄音筆。

幾分鐘後，我開著車離開薇絲朋街，聽到警車的笛聲。我記得，席門斯相關文件的某處宣稱，他父親多年前搬到別州失聯了。我懷疑當年有沒有人查證這個說法。他告訴我維德曾經催眠他。教授發現了他的病患能做出什麼事來嗎？他怎麼會把自家鑰匙給這種壞蛋？或者他確信他的失憶症無法回復，席門斯永遠會是一顆沒有引信的炸彈？但引信其實一直都在。

往機場途中，我回想弗林的書名和我小時候嘉年華活動常見的鏡子迷宮——你在裡面看到的一切既真實又虛假。

我駛上高速公路時天已經黑了。我開始思考跟黛安娜重逢，最後會有什麼結果。我緊張得彷彿要赴第一次約會。我想起槍——我從口袋拿出來，關上保險藏到置物箱。到頭來，我的警察人生還是沒開過槍，我告訴自己這樣的結局是好事。

我知道我會忘掉這個案子，就像忘掉構成我人生的其它故事，可能不比別人好也不差的經歷。我想如果我必須選出一段記憶，會記住到最後的故事，阿茲海默症永遠無法奪走的記憶，那我會希望記得前往機場這段冷靜、沉默、充滿希望的路程，我知道我會再見到黛安娜，或許她會決定留下。

我看到她走出出口，發現她只提了個小袋子，極短程旅行用的那種小手提袋。我揮手，她也揮手回應。幾秒鐘後我們在一處書報攤會合，我吻她臉頰。她的髮色變了，擦了新香水還穿著我沒看過的衣服，但她對我微笑的樣子跟以前一樣。

「妳只帶了這些嗎？」我問她，接過她的行李。

「我雇了貨車下星期把其它的東西送來。我會住一陣子，所以你最好告訴那個年輕女人快點滾。」

「妳是說米妮老鼠嗎？她拋棄我了，黛。我想她還愛著那個叫米奇的傢伙。」

我們牽著手走到停車場，上車駛離機場。她告訴我我們兒子、媳婦和孫女的事。我邊開邊聽著她的聲音，感覺這幾個月來困擾我的這個案件的記憶一點一滴地剝離，沿著高速公路飛舞著消失，就像舊手稿的紙頁被風吹走。

後記

德瑞克的故事造成的衝擊效應一路傳到了阿拉巴馬的小鎮。幾天之後丹娜．奧森打來找我，當時我正要去洛杉磯見一個電視製作人。我也要跟約翰．凱勒會面，他最近搬去西岸在加州橘郡租了棟房子。

「哈囉，彼得，」她說，「我是丹娜．奧森。還記得嗎？」

我說我記得，我們聊了幾句後她進入正題。

「之前我騙了你，彼得。我知道書稿存在，理查過世前我就看過了，但我不想交給你或任何人。我很生氣。看完後，我才發現理查多麼愛蘿拉．拜恩斯那個女人。即使他似乎生她的氣，我毫不懷疑他至死都愛她。他這麼做並不誠實。我感覺像一匹他因為不知該怎麼辦才養的老馬。我照顧他忍受他的一堆怪癖，相信我，他的毛病可多了。當我陪在他身邊，他耗盡人生最後幾個月寫那本書。我感覺被背叛。」

我在西好萊塢的羅斯伍大道上，在我預定見那個人的餐廳前面。

「奧森女士，」我說，「以最近的情況，我是說席門斯被捕，我不認為——」

「我不是打來談生意的，」她說，先把話講清楚。「我猜想你作為經紀人對那份書稿已經沒什麼興趣。但理查的遺願還是希望把稿子出版。除了那個拜恩斯的故事，你知道他多麼想當作家，我想如果你接受他的作品他一定很高興。不幸他無法活著看見了。但我現在發現還是寄給你比較好。」

我不知該說什麼。顯然我不會看到真實犯罪故事，意思是，弗林的整個推論剛被最近的事件推翻了，證明作者的想像力是美化了實情。約翰．凱勒和變成媒體寵兒——「退休警探勇破二十八年謀殺懸案」——的退休警探洛伊．費曼用電話長談過，後者暫時搬去西雅圖的前妻家躲避記者。約翰寄了郵件給我簡短地解釋這個故事已經沒有懸疑了。

但我不能這麼跟她說，因為她已經很清楚了。

「如果我能看一下也很好，」我說，向走進餐廳的製作人揮手，他的臉幾乎完全被巨大綠色太陽眼鏡遮住，看起來活像隻大蟋蟀。「妳還記得我的郵件地址，對吧？明天我就會回家，我會找時間看完。」

製作人看到我，但他懶得加快腳步或揮手回應。他看起來冷靜、冷漠，用這種態度強調他的重要性。

奧森女士確認她有我的郵件地址，會馬上把書稿寄給我。

「他最後幾週很辛苦，彼得，我想從稿子的最後幾章看得出來。裡面有些事情……但是反正，你會自己看到。」

⁂

那天晚上我見到約翰・凱勒，他到我的飯店門外接我。他曬黑了，還留著兩星期的鬍鬚，挺好看的。

我們在西七街上一家叫糖魚的日本餐廳一起吃晚餐，約翰告訴我那是最近的潮店，他訂了包廂。侍者每五分鐘就來一次，送上不同餐點，沒有一項食材我能分辨的。

「真想不到！」我告訴他跟丹娜・奧森對話內容後他驚呼，「你想想！當時要是她給了你書稿，你就不會告訴我這個故事，我不會去找到費曼，他不會去挖掘舊檔案。我們可能永遠不會發覺命案的真相。」

「另一方面，我就有書賣了，」我說。

「一本不是事實的書。」

「誰會在乎？你知道嗎？理查・弗林直到最後都很倒楣。即使死後，他也錯失了出書的機會。」

「那也是一種看法，」他舉起小杯清酒說，「敬理查・弗林，倒楣鬼。」

我們乾杯紀念弗林，然後他熱心地告訴我他的新生活，在電視圈工作多麼開心。他參與編劇的影集評價不錯，所以他期待至少能輕鬆再幹一季。我也為他高興。

⁂

我還沒讀過書稿。一回到紐約就在收信匣發現了。我用十二級Times New Roman字型，加寬行距，列印出共兩百四十八頁，放在我辦公桌上的檔案裡。我一直讓它擺著，就像中世紀僧侶習慣保存人頭骷髏，提醒自己人生短暫無常，死後就會面臨審判。

很可能理查．弗林直到臨死都錯了。蘿拉．拜恩斯可能偷了教授的書稿丟下他在地上等死，但她不是他的情婦。德瑞克．席門斯認為理查．弗林毆打維德之後跳窗逃走是錯的。約瑟夫．維德誤認蘿拉．拜恩斯和理查．弗林在交往。他們都錯了，只透過他們企圖窺探的窗子看到自己的執念，原來那其實一直都是鏡子。

有位法國大作家說過，對往事的記憶未必是事情的原貌⑬。我想他說得對。

⑬ 引自馬塞爾．普魯斯特《追憶逝水年華》。

致謝

我要在此向幫助我完成這本書的每個人表達謝意。

我的寫作經紀人，Peters, Fraser & Dunlop公司的Marilia Savvides，不只迅速把我的作品從紙堆裡撈出來，也協助我再度潤飾原稿，善盡職責。多謝妳做的一切，Marilia。

Century公司的Francesca Pathak與Emily Bestler Books公司的Megan Reid編輯了內文，這個過程極度順利與愉快。很榮幸跟他們合作。我也很感激英國Penguin Random House和美國Simon & Schuster公司的神奇團隊。Francesca和Megan，我也謝謝你們的所有明智建議——讓原稿更豐富而光彩煥發。

Rachel Mills、Alexandra Cliff和Rebecca Wearmouth在短短幾週內把本書賣到全世界——那段期間對我們全體真是難忘的樂事啊！多謝了，女士們。

我的好友Alistair Ian Blyth幫助我在險惡的英語之海揚帆出發而不會淹死，那可不輕鬆。感謝你，老兄。

我把最重要的私人感謝留到最後：內人米海拉，其實本書是獻給她的。要不是她相信我，我可能早就放棄文學這條路了。她總是提醒我我是誰，我真正歸屬哪個領域。

最後的感謝歸於你，在書海中選了這本書的讀者。就像古羅馬作家西塞羅說的，現在這年頭啊，小孩都不聽父母的話，每個人都在寫書。

藍小說 271
鏡之書

作 者—尤金．切洛維奇
譯 者—李建興
主 編—嘉世強
編 輯—張瑋庭
企劃經理—何靜婷
封面設計—高偉哲
內頁排版—極翔企業有限公司
董 事 長
總 經 理—趙政岷
出 版 者—時報文化出版企業股份有限公司
10803台北市和平西路三段二四〇號三樓
發行專線—（〇二）二三〇六—六八四二
讀者服務專線—〇八〇〇—二三一—七〇五
（〇二）二三〇四—七一〇三
讀者服務傳真—（〇二）二三〇四—六八五八
郵撥—一九三四四七二四時報文化出版公司
信箱—台北郵政七九～九九信箱
時報悅讀網—http://www.readingtimes.com.tw
電子郵件信箱—liter@readingtimes.com.tw
法律顧問—理律法律事務所 陳長文律師、李念祖律師
印 刷—勁達印刷有限公司
初版一刷—二〇一七年十月二十七日
定 價—新台幣三〇〇元
（缺頁或破損的書，請寄回更換）

時報文化出版公司成立於一九七五年，
並於一九九九年股票上櫃公開發行，於二〇〇八年脫離中時集團非屬旺中，
以「尊重智慧與創意的文化事業」為信念。

國家圖書館出版品預行編目（CIP）資料

鏡之書 / 尤金．切洛維奇（E. O. Chirovici）著；李建興譯 . – 初版 . –
臺北市：時報文化, 2017.10
面； 公分 . –（藍小說；271）
譯自：The Book of Mirrors
ISBN 978-957-13-7169-6

883.157 106017724

THE BOOK OF MIRRORS

ISBN 978-957-13-7169-6
Printed in Taiwan

破局

揭祕！蔣經國晚年
權力佈局改變的內幕

吳建國——著

總統府用箋

我們在困難的時候、最要緊的
是堅定和積極、什麼叫做勝了
世界有了信心就是勝了世界、什
麼叫做神仙沒有了私慾、就是
神仙、

祝您健康

經國 七月十五日黎明

中華民國　年　月　日

謹以本書獻給先父、先母
以及那些生長在大陸
卻將終生事業無私奉獻給台灣的一代人

所有改革都是被迫的！

——鄧小平

（選錄自《鄧小平文選》第一卷第九七頁、第一二五頁）

吳建國校長新書《破局》發表會

馬前總統英九先生致詞全文

二〇一八年一月十二日

今天的主角吳建國校長、時報出版公司發行人趙政岷先生、各位貴賓、各位女士、先生，大家午安、大家好！

謝謝時報出版公司與吳建國校長邀請我來參加吳校長《破局》這本新書的發表會。我拜讀後，了解這本書所寫的是蔣經國總統十年任期（民國六十七年到七十七年）的政情發展，內容相當詳盡。其中有一個地方，我有不同的看法。

經國先生解嚴與開放探親的決策，絕不只是因為江南案或十信案的緣故。事實上，當時的兩岸關係與國際關係，都發生更重要的作用。

我個人在民國七十年九月學成回國服務，擔任總統府第一局的副局長並兼任總統祕書，

到經國先生逝世，前後一共六年五個月，涵蓋經國先生第一任的後半段與第二任的全部。

經國先生對台灣有四大貢獻。第一，是推動十大建設；第二，是解除台澎戒嚴；第三，是開放大陸探親；第四，是力行勤政愛民。十大建設促成經濟升級；解除戒嚴帶動民主改革；開放探親導致兩岸和解；勤政愛民端正台灣政風。每一項都是歷史性的貢獻。我有幸追隨他六年五個月，那時十大建設與勤政愛民的工作大都已經完成或持續在做。我有機會參與的幕僚工作，主要是第二項（解除台灣戒嚴、推動民主改革）與第三項（開放大陸探親）兩部分。

過去三十年，常有人問我，經國先生何以同時解除戒嚴與開放探親？對國內衝擊會不會太大？這兩個大決策一個是國內政治，一個是兩岸關係，乍看之下，好像互不相關。但深一層看，就可瞭解彼此都跟兩岸有關。民國三十八年台灣為什麼要宣布戒嚴？台灣人民為什麼不能到大陸旅行？當然是出於當時對大陸軍事防衛的需要。民國七十五年十月七日經國先生在接見美國華盛頓郵報發行人葛蘭姆（Katherine Graham）女士時，預告將儘速解除戒嚴、開放組黨，就是為了因應兩岸關係、國際情勢與國內民情的改變。這兩個決策，是先解嚴再開放探親。但這兩個重大決策，都跟大陸在一九七九年與美國建交後，達到它多年來渴望促成美國與台灣斷交、撤軍、廢約（中美共同防禦條約）的目的，因此也決定在建交生效的一九

七九年一月一日，停止對金門、馬祖的砲擊，展現和平的姿態。事實上，早在一九七二年美國與中共發表《上海公報》後，到雙方一九七九年建交的七年間，中共對金門的砲擊，除了從八二三砲戰結束後開始的「單打雙不打」以外，砲彈也從高爆彈換成砲宣彈，也就是說，砲彈爆炸時，飛出來的不是破片，而是毛澤東的相片等，砲擊只剩下象徵意義。換言之，美中建交的前提是兩岸和平。所以美中建交，中共象徵性的砲擊也自然停止，並趁勢提出「和平統一，三通四流」的主張，三年後（一九八二）又提出「一國兩制」的號召，大搞統戰。當中共已經擺出笑臉，我方如果還在戒嚴，如臨大敵，在國際與兩岸宣傳上當然是對我方不利的。所以當時由陳立夫先生建議、經國先生同意，提出「以三民主義統一中國」的號召，在一九八一年作為國民黨對中共「和平統一」的回應。兩岸的氣氛，也有顯著改變。解嚴的壓力，越來越大。兩岸探親，在經過香港偷跑進入大陸的人越來越多的時候，再不開放已經不可能了。更何況經國先生一生愛護榮民，這是為什麼他這麼快決定開放探親的理由。

除此之外，大陸經濟驚人的成長與社會的改變，一再受到國際社會的重視與肯定，也構成經國先生的壓力。以中共副總理鄧小平來說，從中共在一九七八年十一屆三中全會後推動「四個現代化（工業、農業、國防、科技」），開始改革開放以來，鄧小平五次出現在美國《時代雜誌》（Time Magazine）的封面上，其中有兩次——一九七八年與一九八五年——

還是「風雲人物」（Man of the Year）。這在全世界政治領袖中是罕見的，對自認制度、發展優於大陸的台灣，當然造成不小壓力。一九七八年經國先生第一次擔任總統，鄧小平的影響還不大。但第二任總統時，一九八五年正是江南案與十信案爆發的時期，這兩件醜聞對當時政府的傷害很大，造成與大陸很不利的對比。經國先生因為十大建設聲望如日中天，他順利高票連任總統，就是明證。這兩案雖然並未牽涉到經國先生本人，但對政府與他的衝擊必然不小。綜合來說，大陸的快速發展，兩岸從熱戰變成冷戰，再從冷戰變成冷和。雙方的敵意顯著降低，民間交流的需求提高，也使政府必須正視與考慮新的政策。

此外，民國七十三年前美軍顧問團團長戚烈拉（Richard G. Ciccolella）將軍親筆來函建議經國先生丟掉戒嚴這個名不符實的包袱與黑鍋，也有一定作用。因為戚烈拉將軍是二次大戰歐洲戰場名將，曾經在一九四四年十月率一團兵力生擒德國元帥倫斯德（Field Marshall Karl Rudolf Gerd von Rundstedt）而獲得銀星勳章。他也是經國先生的至交好友，他在台灣三年，經國先生曾教他划酒令猜拳，戚烈拉夫人還是經國先生的英文家教。他的來信經國先生很重視，還找我去問「戒嚴」的英文怎麼說？我查了五種辭書後報告經國先生，國際社會就是認定戒嚴等於「無法無天」（no law at all）或「軍事統治」（military control）。這使經國先生大感意外與遺憾，雖否認台灣並非如此。但他顯然已瞭解國際社會何以在戒嚴一事對台灣如此不

友善。

當然，除了戚烈拉將軍外，當時駐美錢復代表，就曾在民國七十五年返國出席十二屆三中全會時向經國先生當面強烈建議解嚴。

總而言之，經國先生解嚴與開放探親的決策，絕不只是因為江南案或十信案緣故，當時的兩岸關係，國際關係都曾發生重要的作用。

各位都知道，在經國先生逝世三十年間，台灣媒體做過多次歷任總統的民調，經國先生永遠是最受人民愛戴的一位。今天中國時報頭版頭也刊出最新的民調，也是五三．三％認同經國先生貢獻最大。經國先生生長在一個威權社會，這不是出於他的選擇，但他卻能在關鍵時刻，突破他成長的侷限，選擇親手終結威權體制，為中華民國實踐自由民主的憲政，開啟五千年的先河。

我們今天紀念他，也會永遠懷念他。

謝謝大家！

PREFACE

推薦序　以歷史為鑑

柯文哲（台北市長）
2018-01-12

二〇一八年元月十三日是蔣經國總統逝世三十周年的日子，一位曾經在台灣政壇呼風喚雨近四十年，但現在卻有兩極評價的前台灣總統。

有人欣賞他重視官員操守，痛惡複雜政商關係，親民愛民，建設台灣的魄力和努力，稱讚他是台灣民主改革的舵手。但也有人批評他是獨裁統治者，整肅政敵甚至情敵，嚴重侵害人權，晚期的政治改革只是在國內外民主力量的壓力下被迫進行的。

但即使是一個獨裁統治者，為什麼在去世多年後，仍然獲得不少人的懷念？是我們對台灣過去的歷史認識不足？還是我們當前的政治出了什麼問題？這是一個值得我們反省的題目。三年多前，我在競選台北市長時，曾發表對蔣經國總統的看法，也引發不同的評價。作為一位外科醫生，我有我堅持的理念，但我也主張要務實，而且這個務實要建立在理性的基

礎上。每個人的看法或許不一樣，但大家能誠實講出自己的想法，才有可能真正瞭解彼此，才有可能真正的反省與改進。

歷史長河其間或有逆流，但總體來說還是朝向正面發展。回顧台灣民主與自由的發展，過去幾十年間，在威權的結構裡沉浮，在窒息的政治裡掙扎，最終在時代潮流與契機來臨時，翻轉了歷史的命運。經過很多人的犧牲奮鬥，我們今天享有一定程度的民主自由，但也仍有許多亟待改革的事務要處理。

在今天，我們必須承認，我們對蔣經國統治台灣的那段歷史，遺忘多於記憶，懷舊多於認識，忽視多於檢討。面對歷史，在對錯之間，如果能夠經由資訊的公開、真相的檢討，理性的對話，重新面對我們走過的歷史。如果有不好的地方，我們避免再犯；如果有好的地方，我們繼續發揚光大。希望透過這些努力有更好的未來，這才是我們面對歷史的態度。

吳建國校長出版《破局》這本書，從歷史資料的整理與訪談，從他理解的角度出發，探討蔣經國晚年的權力佈局，揭露一些不為人知的秘辛。他希望能為那個時代作見證，也向那些生長在大陸，卻將終生事業無私奉獻給台灣的那一代人致敬，這樣的精神非常可貴。

蔣經國在生命晚期啟動民主改革，解除戒嚴、允許反對黨成立、開放大陸探親、開啟兩岸交流、解除報禁，公開宣示：「我在台灣住了將近四十年，已經是台灣人了。」解嚴三十

年來，台灣在民主自由發展的路上，儘管過程紛紛擾擾，但總是朝向正面前進，蔣經國總統當年順應潮流所做的努力是有貢獻的。最近促進轉型正義條例在立法院完成三讀，或許正是我們重新檢視歷史的一個契機。

從包容對方的缺點，尊重對方的特點、欣賞對方的優點，到接納對方成為自己的一部分，用寬恕取代怨恨，應是台灣做為文明國家的美德。台灣是一個移民社會，無論先來或後到，這裡是我們共同生活的國度，也許我們有不同的過去，但我們現在生活在一起，那麼我們到底要不要走向共同的未來？這是我們要思考的。我們不一定要贊同對方的想法，但可以透過對話化解歧見，找出團結前進的道路。

希望大家能從吳校長出版的著作裡找到反省與彼此對話的可能，更希望透過更多的反省與對話，讓民主、自由、與幸福的養分繼續灌溉我們共同生活的台灣。

PREFACE

自序　見證一個時代的結束

吳建國

計畫要寫這本書已有許多年了。

原因就是對於蔣經國在晚年從保守走向開明、開放的過程，一直是研究那段歷史、或對那段歷史感興趣的專家學者與讀者共同關心的一個問題。而坊間有關的書籍，都只是對那段歷史的經過，有敘述、有描寫、有記載，卻鮮少有人能從當時所發生一連串事件，對蔣經國產生重大衝擊與影響的角度，來探討他不得不做出走向開明、開放的決定。

作者並非研習文史的專家，可是對歷史與近代人物傳記，特別有興趣閱讀與了解。也因此常在各大報刊，撰寫批評時政的政論文章。

記得作者在台灣公開發表的第一篇政論文章，就是在蔣經國就職中華民國第六任總統的前兩天（一九七八年五月十八日），刊登在「聯合報」國內要聞版，名為「對新總統的四點建議」，那年作者才二十八歲，真是「初生之犢不畏虎」，竟然不自量力，僅憑著滿腔熱忱，

斗膽敢寫這樣的文章，向最高當局建言，可能也是台灣輿論的首例。

作者之所以提到這段往事，主要是讓讀者知道，作者與許多同齡的朋友與讀者一樣，親身經歷了那個時代，心中的感受格外強烈。尤其，在經歷了蔣經國極端保守的第一任期（一九七八～一九八四年），當時作者與許多所謂「自由主義分子」經常利用各種機會，表達台灣應該在政治上更為開放民主、在兩岸政策上更為大膽積極、有所作為的主張，然而卻沒有收到很大的效果，也不見任何改變的跡象。

不過，在進入第二任期之後，歷經「江南命案」、「十信事件」的沉痛打擊，所信任倚重的幹部一一發生問題，加上健康的明顯惡化，蔣經國的態度開始轉變。等到他正式公開宣示「蔣家不能也不會再競選中華民國總統」的那一刻，蔣經國已親自結束了一個屬於自己與蔣家的時代，決定「還政於民」，台灣的「改革元年」已然來到。

這本書就是講述蔣經國所以會做如此重大改變的原因。簡單說，他的改變是「被迫」的，是不得已而為之的決定。但是，歷史弔詭的就是，雖然「破了他原來的佈局」，卻因此開創了一個嶄新的局面，反而得以奠定了他在歷史上輝煌的評價與地位。

所以，本書命名為《破局》，乍看之下會感到是負面的、否定的，然而若經更深一層的思考，讀者會發現其實這是正面的、是肯定的。因為所幸「破局」了，才促使蔣經國決心走

上了開明、開放的道路，因而使他有截然不同的歷史評價與定位。

當然，蔣經國原來的佈局究竟是什麼，相信沒有人能夠真正知道。只能從他的第一任期內，堅持以維護台灣安全與安定為首要考量的保守做法上，合理猜測如果沒有發生「江南命案」、「十信案件」這幾個幾乎足以動搖國本的重大事件，蔣經國的第二任期還是極可能採取與第一任期同樣的政策，平穩的帶領台灣在既有的道路上，繼續的發展下去。那麼這樣的蔣經國，在歷史上的評價將會遠不及今天所享有的崇高地位，應該是中肯的看法。

然而，蔣經國最為台灣人民所懷念的地方，還是他確實做到了「苦民所苦」與「民之所欲，常在我心」。他完全沒有「私欲」，過著如他自己所說「神仙」一般的生活為滿足，他沒有「碧山莊」、「鴻禧山莊」、「帝寶」等豪宅，也絕不吃什麼「魚翅宴」，他對貪污腐敗，絕不寬容，不論官位再高，權力再大，只要一經證實存在操守問題，輕則罷官，重則法辦，無一例外。

相反的，他十分在乎升斗小民生活的如何。在他主政時期，絕對不輕易允許學費、水費、電費、煤氣費與油價等民生必需品的調漲。他為此曾與擔任行政院長的俞國華幾乎「翻臉」，惹得經建會主委趙耀東要提出辭呈。他堅決反對以「自由化」、「國際化」、「提高經營績效」等經過刻意美化的名詞，將國有資產以「民營化」的名義，實際變成了「財團化」。

他為此與李國鼎爭論，李國鼎不死心，要請「總統多想想」。豈知蔣經國毫不客氣的回了李國鼎一句：「我早想過了，你們才要多想想。」

這就是蔣經國，一個最真實的蔣經國。在他之前，或在他之後，都不可能會再有的蔣經國。本書做了最完整的呈現。

作者要非常感謝已故的行政院長李煥，他生前在作者的請教下，透露了當年許多政壇的祕辛，豐富了本書的內容，還原了那段歷史的真貌。

另外，原國防部情報局長汪希苓將軍與陳虎門將軍，在作者再三勸說與動之以情之下，才首度毫不保留的將「江南命案」的來龍去脈，做了完整真實的陳述，揭開了這個改變台灣命運重大事件的真相。令人震驚之餘，更有「駭人聽聞、難以置信」的感嘆，是本書極具價值、最有可讀性的部分。

同時，作者也要感謝前駐韓代表李在方大使願意接受訪談，為「劉少康辦公室」的興衰做了最好的說明。

而當，本書在二〇一八年元月十二日下午舉行新書發表會時，敬承馬前總統英九、台北市長柯文哲親臨會場，發表有意義、有內涵的講話，作者在此特別申謝。

坦白說，作者在寫這本書時，許多時候是充滿了內心的矛盾與掙扎。一方面作者自許要

就所知內幕，做最真實的報導。另一方面，又覺得若將真實的內容不加修飾的說出來，對這些當事人來說，未必公正，甚至殘忍。其中特別是作者十分尊敬與佩服、有能力又幹練的蔣彥士祕書長，當年之所以被罷黜，牽涉到他私生活的領域，是否應該如實的說出這段鮮為人知的內情，作者一直心裡很糾結。難得的是在與蔣祕書長的外孫蔣顯斌訪談後，他坦蕩真誠的將自己外公不為人知、極為難得「有情有義」的一面做了令人感動的闡釋，也還了蔣祕書長歷史評價上的公道，使得本書更加完整正確，蔣顯斌世兄實在功不可沒。

自然，對於內人成樹芬教授長期以來的支持與協助，作者是衷心的感激。她的許多建設性的建議，甚至《破局》的書名，都是出於她的靈感而來，可見她對本書的重要貢獻，是難以言喻的。

而時報文化出版公司趙政岷董事長自始就對本書高度的重視與支持，才促使作者決心完成寫作。而蘇清霖總監與整個製作團隊的費心，作者謹表示衷心感謝！

總之，寫完這本書，對作者來說，有如卸下了一個心頭的重擔，也完成了一個心願。

想到自己是何等幸運能夠見證那個台灣人民最團結、台灣經濟最繁榮、台灣錢淹腳目的黃金時代。然又懷著複雜的心情，見證了那個時代的結束。只是在沒有了蔣經國的台灣，對台灣到底是福、是禍，只有留待台灣人民自己去思考與評價了。

還有那一批在大陸生長，卻將自己一生事業完全奉獻給台灣的那一代人，他們身不由己的在那個大時代中，默默接受了命運的安排，守份的在自己的崗位上，勤奮努力的工作，造就了今日的台灣，毫無怨言，很不容易。作者將本書獻給他們，不過聊表懷念與感恩之意，是最起碼能做的一件事而已。

走筆至此，作者不禁想到明朝楊慎所寫《二十一史彈詞》，第三段說秦漢的開場詞，也以此詞句，做為這篇序文的結束：

「滾滾長江東逝水，浪花淘盡英雄。
是非成敗轉頭空，
青山依舊在，幾度夕陽紅。
白髮漁樵江渚上，慣看秋月春風。
一壺濁酒喜相逢，
古今多少事，都付笑談中。」

——完稿於二〇一七年中秋
增修於二〇一八年春節

PREFACE

楔子　蔣氏父子在台灣統治的結束

一九八八年一月十三日，星期三，照例是國民黨中央舉行全體中央常務委員會議的一天。

前一天下午，擔任祕書長的李煥還曾親自來到蔣經國的臥床前，向他報告明天常會主要討論的議題，由於沒有重要討論事項，李煥還曾建議蔣經國不必親自出席主持，而是循例由中常委輪流主持，以免蔣經國過於勞累，不利身體的保養（見《追隨半世紀》書第二五七～二五八頁，林蔭庭著，天下文化公司一九九八年二月出版）。

不料，當天蔣經國精神出奇的好，表示自己已經有一陣子沒有主持中常會，所以，想到明天應該體力許可，可以親自主持，也可與許多久未晤面的中常委同志見面，甚至還流露出期待與喜悅的表情。

李煥見蔣經國興致如此高昂，不便再加勸阻，就自請告退了。

第二天早上八點不到，李煥就來到中央黨部祕書長辦公室坐鎮，檢查各種常會的資料，做好蔣經國要來親自主持常會的準備工作。

結果，事與願違，早上八點半，七海官邸侍衛來電，告訴李煥，蔣經國早上起來，本來已著裝準備出席常會，卻不料突然感到噁心欲吐，頭暈眩。因此，只有躺在床上休息，不能前來主持中常會了。

對於這種狀況，李煥早已習慣。過去已有許多次，蔣經國說好要來主持中常會，都因臨時身體不適，取消了原定的行程。

蔣經國不來主持常會，國民黨中央也早建立了一個輪流由中常委主持的制度。執行起來，毫無窒礙。當天的常會，就照輪流的秩序，由行政院長俞國華擔任主席，由於沒有重要議案的審議，常會行禮如儀，很快就結束了。

李煥臨危受命

回到辦公室，李煥整理著案頭諸多的資料。想到半年前，蔣經國執意要李煥接任中國國民黨中央委員會祕書長的職務，李煥曾再三向蔣經國懇切請辭，希望能繼續讓他在所熟悉、

所熱愛的教育部長工作上，多為國家服務兩年，相信對國家的貢獻絕對會超過從事黨務工作。

尤其，當時李煥已在積極籌畫延長國民教育為十二年的計劃，並已得到初步的共識與結論，那就是十二年國民教育的實施，必須是免試的、免費的與自願的。

因為，延長國民教育的目的，就在消除升學掛帥的弊病，讓每位願意升學的青年，都能有學校讓他升學。否則，還要維持聯考，升學的壓力與惡補的陋習仍然存在，如此延長國民教育，又有何意義？

其次，既然延長國民教育的主要目的，就是要提升國民素質，這應是政府的責任，加上在俞國華擔任行政院長期間，政府財政收支狀況良好，年年均有大量歲收的盈餘，足以支應延長國民教育所需增加的經費。

最後，所謂「自願」的，就是根據中華民國憲法，只有義務教育是強迫的。是以，政府在辦理非義務教育的國民教育時，只能本乎自願的原則，讓所有願意接受十二年國民教育的國民，都能享受政府的德政。在當時李煥的規畫中，只要再有兩年的時間，十二年國民教育就能順利開始實施，完成這個台灣教育史上劃時代的成就，才是李煥個人衷心追求的個人事業目標（請參閱《追隨半世紀》書中第二四五頁）。

不過，蔣經國可不這麼認為。他對台灣政治的民主與開放，已訂了自己心中的時間表，雖然並未曾公開宣佈，卻自己根據心中的時間表，正逐步堅定執行已定的政策。

事實上，自從一年多前，一九八六年九月二十八日，一群政治上追求民主開放，甚至提出應建立台灣為一個新而獨立國家訴求的所謂「黨外人士」政治異議分子，在台北市圓山大飯店集會，臨時起意，正式宣佈成立「民主進步黨」。這是台灣過去三十餘年來的第一次，發起組黨的多位首從分子，已有被台灣當局逮捕的心理準備。不過，事後等待了幾天，卻未見那時專門負責抓政治犯的台灣警備總部有任何行動。大家納悶之餘，甚至還有些「失望」、「失落」的感覺。

過了幾天，一九八六年的十月七日，蔣經國總統透過接受美國華盛頓郵報（Washington Post）發行人葛蘭姆女士的專訪，正式宣佈台灣即將全面解除戒嚴，並開放黨禁與報禁。

這在當年可是驚天動地的大消息，蔣經國的這番談話，立即在國際間激起了千里浪，預告一個全新的時代即將來臨，一個與過去三十餘年截然不同的時代就要到了。他亟需能夠瞭解他想法、又能忠實執行他命令、觀念又要開明開放的重要幹部，在這個關鍵時刻，來擔任關鍵職務。黨政高層人事的調整已是勢在必行。

此時的蔣經國，已是風燭殘年，為嚴重糖尿病所苦的軀體，使得他腳部腫脹潰爛，必須

依靠乘坐輪椅出門。臃腫虛胖的身材，就算平日在家，也都只有躺臥床上，以減輕身體沉重的負擔。

如此健康狀況的蔣經國，已沒有足夠的精神，承擔治理一個國家繁忙的工作。他只能躺在床上治國，依靠的就只剩少數幾位能夠得到他信任的老臣、重臣了。

這樣的狀況，事實上已有幾年了。蔣經國早已不復當年在救國團、在行政院時期那樣的上山下海，探訪民瘼，結識民間多為布衣寒士的好友。

自從他就任總統以後，蔣經國的身體已大不如前。從第一任總統任期時所患嚴重眼疾的白內障，使他一度眼睛失明，只能靠祕書讀報、唸公文的方式，處理國事，以致到第二任總統任期，腳部的不良於行，使他只有躺臥在床，在病榻上治國。

身為台灣最有權力的頭號人物，他自知來日不多，他必須要與時間賽跑，要以有限的時間，完成如此重大的改革，本來就非易事，最重要的是他身體不行，許多事不能自己親自督導執行，就必須仰賴自己信得過、又有能力來執行這些重大改革的幹部。

他的腦海中，第一個想到的就是李煥。這位曾經與他一起創辦救國團，還經常得到蔣經國耳提面命式教導、在蔣經國時代來臨的一九七〇年代，曾身兼國民黨中央組織工作會主任、革命實踐研究院主任與救國團主任三大要職、被視為蔣經國最倚重幹部的李煥，的確是

在那個時候，能夠擔負台灣民主開放大任的不二人選。

為此，蔣經國從一九八七年初開始，就告訴李煥，要他準備接任國民黨中央委員會祕書長。可是，李煥的反應，是出奇的冷靜與堅定。他告訴蔣經國，自己過去曾經在黨部工作很長的時間，當時也有許多的付出與努力。然而，結果卻不是如此，他認為過去在黨務工作上的經驗與失敗，自認並不適合從事黨務工作。他很滿意現在教育部長的工作，這是他教育專業的本行，做起來有目標、有方向、有成就。他很委婉的拒絕了蔣經國的好意，希望蔣經國能同意他繼續留在教育工作崗位上，為國服務，他就很心滿意足了。

李煥這番話，或許是肺腑之言，不是做作。但是聽在用人孔急的蔣經國耳中，卻並不以為然。

當時擔任國民黨中央委員會祕書長的是馬樹禮。馬祕書長為人正直，頗具有早年受人敬重黨工的特質。蔣經國是在一九八五年二月，台灣發生十信案件，時任國民黨中央委員會祕書長的蔣彥士不幸牽涉在內，不久遭到撤換。蔣經國特別徵召長年在日本，擔任駐日代表的馬樹禮返國，接任祕書長的職務。

馬樹禮在兩年半的祕書長任內，給人的印象，總是沉穩有餘、開創不足。

所以，在這個需要開創的時候，撤換馬樹禮，改由李煥接任，應是最合適的安排。

李煥雖是百般的不願意，在這個時候重返黨部、重做馮婦，不過，對於蔣經國來說，除了李煥，他已無其他人選可用。他不惜三番兩次找李煥談話，向他分析為何在這個時候，非要用他擔任祕書長的必要。蔣經國清楚的將政治的民主開放，做為解嚴後，必須要推動的重要配套工作。這個工作除了李煥以外，已沒有第二適合的人選，足以擔當這個重任。蔣經國甚至不惜以共創歷史相勉，盼望打動李煥，同意出任國民黨中央委員會祕書長。

然而，這一次李煥似乎是抱著鐵硬的心腸，不管蔣經國說什麼，他就是委婉的希望蔣經國另尋高人，不願再度回到曾讓他跌倒的黨部，觸動他內心的傷痛。

說到最後，蔣經國不得已，拿出了師長的威嚴，要李煥服膺他的命令，因為在國家需要的時候，是沒有個人意願可言，唯有服從長官的命令。

李煥看到臥病在床的蔣經國，還為了國事憂心，真的感覺於心不忍。想到自己打從民國三十三年在重慶報考中央幹部學校，開始追隨蔣經國，就是深受蔣經國無私的精神所感召，而決定永遠追隨他。李煥自己一生的事業，幾乎每個工作都是蔣經國所安排。他對蔣經國是絕對的服從，在蔣經國前面，他是無我的，更何況蔣經國在病榻上治國的晚年，他怎能違逆他的命令呢？

就這樣，一九八七年七月一日，李煥奉命接任國民黨中央委員會祕書長，當時台北新聞

界紛紛以頭條新聞，報導這個重要的任命，甚至還有許多報紙不約而同的都說：「蔣經國終於打出了手上最後一張的王牌」！

可是，對李煥個人而言，離開了他所熱愛的教育工作，使得原本已規畫完成、水到渠成的十二年國教，竟因此推遲了二十七年，而實施的辦法卻早已偏離李煥當年親訂的免試、免費、自願的基本原則，結果不但沒有人認為十二年國教是政府的德政，反招致整個社會的反對，民怨四起。九泉之下的李煥，若是有知，應該會有許多的感慨。

蔣經國最後的三大心願

發表祕書長新職四天後，蔣經國特別在總統府召見李煥，當面交代他三項重要工作：

1. 黨務要革新；
2. 政治要民主；
3. 國家要統一。

這三個工作要點，或許可以認為是蔣經國生前最後的遺願。因為，半年後，蔣經國就過世了。他交代李煥的這三件事，應該就是他臨終前，心中念茲在茲的最大心願（請參閱《追隨半世紀》書中第二四七頁）。

一九八七年七月十五日，政府正式宣佈解除解嚴，同時宣佈解除黨禁與報禁。從這一刻起，台灣進入了一個嶄新的時代。

為了因應解嚴後所面臨的新政治局面，並執行蔣經國所交代的三項重點工作，李煥召集了三位副祕書長，做了以下的分工：

首席副祕書長宋楚瑜負責開放大陸探親事務的規畫；

高銘輝副祕書長負責地方自治法治化，就是省市首長開放民選的問題；

馬英九副祕書長負責中央民意代表全面改選，就是國會改革的問題。

有了妥善的安排，李煥也感到十分振奮。畢竟，在面臨台灣政治新局的關鍵時刻，能親身參與，並主導新局的發展，總是一件非常有意義的事。

開放老兵返鄉探親，打破「三不政策」

一九八七年十一月二日，在蔣經國的指示下，政府決定允許老兵返鄉探親，打破了兩岸幾近四十年的隔絕與隔離，也為國家的統一邁出了重要的一步。同時自己打破了當初一再堅守的不接觸、不談判、不妥協「三不政策」，可說意義更為不凡，代表一個嶄新的時代，已然來到。

正當這一切的發展，都在按步就班的穩健規畫下，朝既定目標前進時，沒有想到蔣經國的健康會在此時發生急劇的變化。

本來，以蔣經國的情況，若是保養得宜，經常維持輕鬆愉快的心情，應該可以再拖一陣，不是太大的問題。

然而，就在一九八七年十二月二十五日，適逢行憲紀念日，依例國民大會在台北市中山堂集會，邀請總統蒞會致辭。

當天蔣經國精神不錯，決定親自參加。他穿著西裝領帶，坐著輪椅來到會場。

在行禮如儀之後，大會主席恭請蔣經國致辭。

就在蔣經國正要開口說話時，坐在中排的民進黨國大代表突然有計劃的拉開白布條、跳上座椅，高呼：

「國會全面改選」、「打倒萬年國會」！

等口號，會場一時紛亂騷動，有人拍桌叫罵，有人推倒桌椅，會場亂象與理應莊嚴的行憲紀念，顯得無比矛盾。

坐在輪椅上的蔣經國，這是他有生之年第一次面對民進黨人士的粗暴抗爭。他無力的勉強抬起脖子，凝視著前方發生的這一幕，口中似乎在喃喃自語：

「我為你們做了那麼多，你們還不滿足，為什麼要這麼對我呢？」

是的，從一九八六年九月二十八日民進黨正式組黨，當晚警備總部請示蔣經國是否要抓人。

蔣經國嘆了口氣，揮揮手，表示算了，由他們去，不必抓了。

九天後的十月七日，蔣經國又親口宣佈即將解除戒嚴、開放黨禁與報禁。然後，包括政治的全面民主開放與中央民意代表的全面改選，都早已組織了專案小組，正在積極研擬辦法，逐步實施中。

因此，在蔣經國的心中，認為你們（指民進黨）的要求，我幾乎都已照辦，你們還有什麼不滿足？為什麼還要在國家如此重要的集會場合公然「鬧場」，給政府難堪，有必要嗎？

懷著這樣不解與失望的心情，蔣經國坐在輪椅上，滿臉的倦容，沉重的國事壓力，幾乎使他的脖子抬不起來，無神的雙眼望向遠方那些正在大鬧現場的民進黨國大代表身上，對於他們不能共體時艱、不能支持他的民主改革，心中的痛苦是不可承受的重。

據接近蔣經國身邊的黨國大員事後的認知，民國七十六年十二月二十五日的民進黨國大代表大鬧行憲紀念日會場，的確對蔣經國的心情造成了很大的傷害。之後的十餘天，直到蔣經國過世，他的心情都處於低潮糾結之中，幾乎可以說是鬱鬱以終。

吐血而亡，沒有交代身後的權力安排

時間再轉回一九八八年一月十三日下午，最先是行政院俞國華院長在一點半左右，接到

蔣孝勇（蔣經國的三子）從七海官邸打來的緊急電話，要俞院長盡速趕到七海官邸，而且提醒他要從正門進入。蔣孝勇並沒有在電話中提到蔣經國病危，只是要俞院長立刻趕來。

俞院長接到電話，立即驅車在兩點鐘趕到了七海官邸，並從正門進入官邸，看到蔣孝勇獨自著急的坐在客廳中。

蔣孝勇見到俞院長，迫不及待的告知蔣經國病危，大量吐血，從口、鼻冒出許多鮮血。醫生正在官邸後方的蔣經國臥房中急救。夫人蔣方良平日身體也不是很好，此刻則在蔣經國的身邊，陪伴已經垂危的丈夫。

俞院長在瞭解情況的嚴重後，只有默默的在客廳中等待消息。

不久，同時接到通知的國民黨中央黨部祕書長李煥、總統府祕書長沈昌煥、參謀總長郝柏村、總統府副祕書長張祖詒與官邸祕書出身的故宮博物院院長秦孝儀，還有副總統李登輝都陸續趕到，大家都焦急的在客廳中等待消息，盼望能有奇蹟出現，讓蔣經國的病情轉危為安。

不過，奇蹟並未能如願出現。下午三點五十分，蔣經國的心臟停止了跳動，嚥下了最後一口氣，與世長辭。

從此，蔣經國時代正式結束，走入了歷史，也結束了蔣家父子兩代對台灣四十年的統

治。

蔣經國留給台灣人民的，卻是一個走向民主開放的社會，也開啟了與大陸的交流，還有實質極為豐盛的經濟遺產，包括政府零負債、外匯存底高居世界第二（僅次於日本）、經濟發展名列亞洲四小龍之首，如此一個漂亮的成績單。

然而，最大的遺憾，他對身後黨、政、軍權力的具體安排，沒有任何的交代。也因為如此，演成「後蔣經國時代」國民黨內主流、非主流的激烈政爭與鬥爭，加上黑金政治當道，國民黨的式微與沒落自是不可避免。

目錄

吳建國校長新書《破局》發表會 馬前總統英九先生致詞全文 001
推薦序 以歷史為鑑——柯文哲 006
自 序 見證一個時代的結束 009
楔 子 蔣氏父子在台灣統治的結束 015

PART 1 保守的第一任期（一九七八～一九八四年）

第1章——就任中華民國第六任總統 034
第2章——能幹的行政院長孫運璿 045
第3章——台美斷交的衝擊 066
第4章——推動國民黨的改革 088
第5章——大陸的和平攻勢 098
第6章——「保守派」與「開明派」的鬥爭 108
第7章——「美麗島事件」的發生與善後 122

第8章——成立「劉少康辦公室」反統戰 128
第9章——不幸的兩大政治慘案 136
第10章——提出「以三民主義統一中國」的號召 140
第11章——為眼疾所困 143
第12章——「劉少康辦公室」的擴權與擅權 149
第13章——大陸的「擒王小組」與王昇的訪美 160
第14章——解散「劉少康辦公室」 169
第15章——罷黜與外放王昇 175
第16章——孫運璿的中風 181

PART 2 走向開放的第二任期（一九八四～一九八八年）

第17章——選擇李登輝擔任副總統 186
第18章——蔣彥士爭取組閣 193

第19章——俞國華奉命組閣 199
第20章——李煥的復出 212
第21章——「江南命案」的真相與影響 220
第22章——「煤礦災變」與「十信案件」 262
第23章——撤換蔣彥士 269
第24章——蔣孝武接班夢碎 275
第25章——推動政治革新 280
第26章——嚴家淦病倒會中 285
第27章——黨外人士宣佈組黨 288
第28章——順應時代變革 291
第29章——罷黜宋時選 293
第30章——打出最後一張王牌 296
第31章——開放兩岸探親交流 299
第32章——「我已經是台灣人了」 303
第33章——最後的公開露面 307

第34章——結束悲劇人生，光榮走入歷史 311
第35章——尾聲 313
參考文獻 319
蔣經國晚年大事年表 321

PART

1

保守的第一任期

（一九七八～一九八四年）

蔣經國與李煥於1963年10月合影

CHAPTER 1

就任中華民國第六任總統

一九七八年五月二十日，蔣經國正式就任中華民國第六任總統。就職典禮是在當天上午九點，在台北市仁愛路國父紀念館舉行。蔣經國在時任司法院長戴炎輝的監誓下，從嚴家淦手中，接過了代表總統大位與大權的中華民國玉璽，開啟了為期十年的「蔣經國時代」。

在那個莊嚴的時刻，本書作者夫婦有幸受國民黨中央特邀，以海外學人身分出席總統就職大典，親眼目睹見證了這歷史的一刻。

其實，嚴格說來，「蔣經國時代」應該從一九七二年六月一日，蔣經國就任行政院長開始起算。只是那時他雖已是台灣的第一號實權人物，但是名義上上面還有總統，再怎麼說他不過是總統任命的行政院長，就算已是大權在握，表面上與形式上，他仍然表現出對總統的尊重，也是對憲政體制的敬重與遵循。

嚴家淦「讓天下」的風範

而在蔣經國邁向總統高峰之路上，嚴家淦扮演了一個蔣氏父子權力傳承上不可缺少的橋樑角色，使得原本在民主時代很大的忌諱、並極可能遭受批評與阻力的「父傳子」，得以顯得平順與理所當然，嚴家淦真的功不可沒。也難怪蔣經國後來對嚴家淦一直待之以禮，敬重有加。凡是遇到國家重大事務或重要人事更迭，蔣經國都會專程前往嚴家淦的辦公室，諮詢嚴家淦的意見。就是要體現對嚴家淦當時「讓天下」的感恩之意。

當然，蔣經國自己本身的努力，尤其在六年行政院長任內，厲行節約，推動公務人員「十大革新」，改善風氣，致力經濟發展，推動十大建設，奠定台灣從「開發中國家」走向「已開發國家」的重要基礎。同時，重視民生，有效管制物價，不允許水、電、油漲價，做到以實際的行動，真正的「苦民所苦」，台灣人民已經打從心底認同這位親民、便民、富民的平民作風國家領導人，至今仍為台灣人民所樂道與懷念，可見蔣經國在政治上著力之深，無人能出其右者。

另外一方面，在一九七五年四月五日午夜時分，蔣中正總統病逝士林官邸後，國民黨中央於四月六日就先依照憲法規定，由副總統嚴家淦繼任中華民國總統。接著，在四月二十八

日舉行臨時中央委員會議，推舉蔣經國出任中央委員會主席，領導國民黨。黨國分治的形式安排，反而可以看出，蔣經國已是實質的「黨國領導人」，掌握了台灣的黨、政、軍、情是名實相符的政治強人。

然而，當一九七八年三月，國民大會集會，改選中華民國第六任總統時，如何讓蔣經國很平順的從嚴家淦手中接下總統大位，其中需要細膩政治手腕的運作。

因此，在一九七八年一月七日，國民黨不尋常的召開了一次臨時中央常務委員會議，由總統嚴家淦主動提議，建議中國國民黨提名蔣經國為中華民國第六任總統候選人。

嚴家淦的提議，自然得到全體中央常務委員熱烈的支持，大家都在建議書上簽名。由於嚴家淦首先表態，無意參選下一任的總統選舉，等於為蔣經國邁向權力的最高峰，鋪平了道路。

不過，蔣經國在接班的過程，也並非一帆風順，還是有風波的。

一九七七年底的地方選舉與「中壢事件」

這就是在一九七七年十一月，台灣舉行包括縣市長、縣市議員、鄉鎮長、鄉鎮代表、直

轄市議員與省議員等五項地方公職人員的選舉。當年國民黨是唯一大黨，在歷次的選舉中，幾乎都可以囊括百分之九十以上的席位。

然而，就在這次的地方選舉中，竟然首次一舉失掉桃園縣、台中市、台南市與高雄縣四個重要縣市的執政權，同時還第一次發生了台灣地方選舉中出現群眾暴動事件。

在選情緊繃的桃園縣長選舉中，善於鼓動群眾的黨外縣長候選人、也是當時任省議員的許信良，為了防範調查局出身的國民黨提名人歐憲瑜以「做票」方式贏得勝選，因此發動群眾包圍中壢市警察局，發生打燒警察局與員警巡邏車的不幸事件。最後所幸許信良順利當選，打燒警察局與警車的群眾才逐漸散去。這就是台灣民主政治史上著名的「中壢事件」。

「中壢事件」發生之後，國民黨中央不能不追究責任，查處有關負責選舉的主管責任。首當其衝的就是被視為蔣經國最得力幹部的中央黨部組織工作會主任李煥。

李煥是在民國三十三年，報考了由蔣經國擔任教育長的中央幹部學校第一期研究部，從此追隨蔣經國，從大陸到台灣，李煥的每一個工作都是蔣經國安排。特別是民國四十一年，蔣經國在台灣創辦「中國青年反共救國團」，主任是蔣經國，主任祕書就是李煥。兩人密切的工作關係，幾乎到了無所不談的地步。

當時蔣經國已預見台灣「政治本土化」是不可避免的大勢所趨，因此特別交代李煥，

透過青年工作的關係，多多發掘、培養台灣省籍的青年才俊。這個重要的「政治本土化」工程，在台灣又被戲稱為「吹台青」，就是要重用「口才好、會說話（吹）、台灣省籍（台）的青年（青）」。凡是透過李煥引薦的人才，蔣經國可以說是「照單全收」，幾乎全部受到蔣經國的提拔。當年台北政壇就盛傳：通往蔣經國得到賞識、重用唯一的捷徑就是經由李煥的引薦。李煥在蔣經國心裡的份量可見一斑，

後來，蔣經國又安排李煥參加黨務工作，擔任中央黨部第一組主任（負責黨的人才培訓與選舉工作）與省黨部主任委員，以及行政院青年輔導委員會的主任委員，就是要李煥全方位的接觸台灣各界優秀的人才，為蔣經國時代所需的幹部，做好儲備的工作。

等到一九七二年六月一日，蔣經國擔任行政院長，已不再適合擔任親手創辦的救國團主任，於是就將救國團主任、中央黨部組織工作會主任與國民黨革命實踐研究院主任這「三大主任」要職全部交由李煥一人擔任，這是李煥事業的第一個高峰，其炙手可熱的程度是無人可比的。

然而，一九七七年年底地方選舉國民黨的挫敗，發生「中壢事件」，責任歸屬的矛頭直指黨主席蔣經國。為了替蔣經國分擔責任，李煥以中央組織工作會主任的身分，扛下了所有敗選的責任，主動向蔣經國表示，願意辭去所有黨職，包括中央組工會主任與革命實踐研究

院主任的職務，以示負責。
本以為自己應該可以保有與黨務工作無關、救國團主任的李煥，萬萬沒有想到此刻的蔣經國竟然冷冷的再加了一句話：
「連救國團主任一併辭去。」
就這樣，為蔣經國所倚重、賴為股肱的李煥，就在真正的「蔣經國時代」即將來臨前的四個月，於一九七八年一月四日的國民黨中常會上，被撤除了所有職務，從政治權力的巔峰，被貶為一介平民。

「朝秦暮楚、王升李換」

當時國民黨中常會通過蔣經國交辦的重要人事案時，還有以下一段有趣的人事更替上的插曲，成為台北政壇流傳一時的順口溜。
原來在通過撤換李煥組織工作會主任的同時，國民黨也更換了中央文化工作會的主任。

事前台北政界盛傳將由蔣中正總統時的親信祕書秦孝儀接文工會主任。不過，當天蔣經國交中常會的名單上，文工會主任卻由另一位出身總統官邸的中文祕書、也是蔣經國中央幹部學校學生的楚崧秋擔任。

另外，蔣經國在軍中人事的安排上，在一九七五年拔擢了從贛南時期就追隨他的王昇出任國防部總政治作戰部主任，並升任二級上將。

因此一個膾炙人口的順口溜乃應運而出：

「朝秦（孝儀）暮楚（崧秋），王升（昇）李換（煥）。」

意思是說：「早上聽說文工會主任是秦孝儀，晚上卻換成了楚崧秋。重用了王昇，換掉了李煥。」

這個順口溜其實反應的是蔣經國的「天威難測」，尤其在人事的安排上，最忌諱的就是「見光死」，只要消息先曝光，原已內定的人事佈局，都可能臨時生變。

這是在蔣經國就任總統前的一個風波，雖然不致影響蔣經國全面當家的大局，相信必定還是在某種程度上打亂了蔣經國第一任總統的部分人事佈局。如果沒有一九七七年底國民

黨選舉的挫敗、沒有「中壢事件」的發生，李煥在蔣經國第一任總統就職時，就應該升任國民黨中央黨部祕書長，成為蔣經國掌管黨權的第一大將，不會使李煥在蔣經國總統第一任期時，被台北新聞界形容「冠蓋滿京華，斯人獨憔悴」，雖然李煥在九年後還是被蔣經國任命為國民黨中央黨部祕書長，但是那時的蔣經國已是風燭殘年，來日不多，李煥能發揮的時日也隨之大減。這樣的變化，究竟是蔣經國的得失、還是李煥的得失、或是國家的得失，真是令人感慨萬千。

高票當選總統

再回到前面的話題，嚴家淦在臨時中常會的提議通過後，接著，在一九七八年二月十五日的中國國民黨第十一屆二中全會中，也正式通過提名蔣經國為中華民國第六任總統候選人，謝東閔為副總統候選人。

一九七八年三月二十一日，第一屆國民大會第六次會議再以一一八四票的高票，選出蔣經國為中華民國第六任總統，得票率高達百分之九八．三四。

第二天，國民大會選出謝東閔為中華民國第六任副總統。

因此，從一九七八年五月二十日起，蔣經國成為台灣最有權力與政治影響力的人物，進入了實質的「蔣經國時代」。在就任總統之後，他首先發佈了兩項重要的人事案：提名孫運璿出任行政院長與任命蔣彥士為總統府祕書長。

任命行政院長的考量

由於根據那時的中華民國憲法，總統任命行政院長，必須得到立法委員多數的同意。所以，孫運璿的任命，還必須經過立法院的同意。只是在那個以資深立委為主的立法院，以蔣經國崇高的威望，立法院的同意只是形式，只要得到總統的提名，幾乎沒有不通過的先例。

提到蔣經國當年提名孫運璿出任行政院長的內幕，還有一個在台北政治圈流傳的說法。據說，蔣經國在一九七八年三月經國民大會選舉為中華民國第六任總統後，就開始為提名行政院長的事，與他信任的重要幕僚幹部，積極進行了廣泛的徵詢與討論。

據李煥生前告訴作者，在當時蔣經國的心目中，認為有資格擔任行政院長的國家人才，不外從黨政、財經與軍事各界中，考量合適的人才，加以拔擢。

在這樣的思維下，蔣經國的核心幕僚們，先為他擬了一個資望足以擔當行政院長的黨政、財經、軍事人才參考名單：

黨政：張寶樹、薛人仰、陳建中。
財經：李國鼎、孫運璿、俞國華。
軍事：賴名湯、俞大維。

在這三大類國家重臣中，蔣經國首先排除了由軍事人才組閣的可能。他認為，唯有在戰爭時期，才有需要組織軍事或戰鬥內閣。當年的環境，並沒有這樣的需要，因此首先排除了由軍事人才組閣的可能。其次，在黨政與財經人才中，蔣經國覺得國家的發展，還是應該以經濟發展為優先，所以確立了從財經人才中尋找合適人才組閣的原則。

而在列名的財經人才中，由於俞國華出身官邸，與蔣中正總統及蔣經國都有很深的淵源。同時，俞國華那時擔任中央銀行總裁，責任重大，是名實相符的「蔣家帳房」。如果任命俞國華組閣，很難找到合適又為蔣經國所信任的中央銀行總裁繼任人選。

如此在排除法的原則下，就剩下孫運璿與李國鼎兩位足以擔當行政院長的大任。

而在最後階段考慮到底那位適合擔任行政院長的關鍵因素上，孫運璿得以勝出，主要歸功於以下三個原因：

一、李國鼎的身體狀況沒有孫運璿理想，李國鼎甫於一年多前在美國做了心血管的繞道手術（Bypass），恐怕不能勝任繁重的行政院長工作。

二、李國鼎在蔣經國擔任行政院長期間，曾因政策問題，與蔣經國發生爭執，蔣經國還曾氣的直說：

「並不是只有你李國鼎一個人可以做財政部長。」

（請參閱《李國鼎先生紀念文集》第三一七頁，李國鼎科技發展基金會二〇〇二年十二月出版）

不久李國鼎就請辭財政部長，轉任政務委員。這段仕途上的不順遂以及與蔣經國發生的不愉快，也對李國鼎出任行政院長造成一定的影響與阻力。

三、孫運璿侍母至孝，這對於同樣重視中國傳統倫理文化的蔣經國，更是一個加分。

就基於以上的因素，孫運璿終於脫穎而出，出任行政院長。

CHAPTER

2

能幹的行政院長孫運璿

蔣經國在五月二十日就職的當天，就發佈了新任行政院長孫運璿的人事命令，不過依據當時憲法的規定，總統任命行政院長必須得到立法委員過半數的同意。

立院高票通過

為此，蔣經國在兩天後的五月二十二日，正式以總統名義，諮請立法院同意這項人事任命案。

於是，執政的國民黨中央黨部在祕書長張寶樹的統籌下，透過黨政關係的運作，動員所有黨籍立法委員，務必要支持孫運璿出任行政院長。

蔣經國本人也親自出席五月二十四日在三軍軍官俱樂部由國民黨中央黨部舉辦的推介會

上，向所有黨籍立委介紹孫運璿，要求大家投票支持孫運璿。

在此同時，孫運璿本人也在黨部的安排陪同下，展開了密集的拉票、拜票活動。三天之內，拜訪了兩百多位立法委員。

「住在台北附近的一個都不能漏，住在中、南部的要寫信拜託。」孫運璿如此說（請參閱《孫運璿傳》第一七九頁，楊艾俐著，天下雜誌股份有限公司一九八九年四月出版）

他還特別提到為了爭取非國民黨籍立委的支持，更是展現了高度的積極性。他曾親自兩度到無黨籍立委康寧祥家中拜訪，可惜康寧祥都不在家，沒有遇到。因此，孫運璿特別交代立法院警衛，只要看到康寧祥來到立法院，就請他們立刻打電話給他。五分鐘內，孫運璿趕到了立法院，終於達成了當面拜票的目的。

就是憑著這樣的熱忱與平實穩健的作風，孫運璿得到了立委不分黨籍的普遍支持，結果在立法院行使同意權的前夕，黨部估計一定會高票通過。為了避免孫運璿得票率高於蔣經國當年（一九七二年）擔任行政院長在立法院的得票率（百分之九三．三八），國民黨部最後

還必須安排部分老病、不良於行的資深立委，不要出席當天（五月二十七日）的立法院會，以略為降低孫運璿的得票率，不致發生「票高過主」的局面。最後孫運璿以百分之九二·一五略低於蔣經國的高票，順利通過了立法院的同意，出任行政院長。

組閣的經過

而在組閣的過程中，孫運璿留任了蔣經國所任命的三分之一閣員，除了外交部長提了三位人選，請蔣經國圈選，以及國防部長請蔣經國決定以外，其餘所有閣員名單都是孫運璿自己挑選，報請蔣經國核定，蔣經國則是照單全收，沒有任何的更動。

唯一的遺憾是孫運璿本來屬意曾任財、經兩部部長的李國鼎，能夠重任經濟部長。李國鼎本人都為孫運璿的誠意說動，可惜李夫人為了李國鼎的健康，堅決反對。孫運璿不得已只有打消了這個意圖。

同時，孫運璿也曾有意任命行政院有史以來首位的女性閣員。他屬意的人選是出身台灣世家的台大中文系教授林文月，不過由於林文月本人無意仕途，使行政院首位女性閣員延遲了十年，直到郭婉容出任財政部長，才得以誕生。

另外，他任命了兩位年輕閣員，一位是新聞局長宋楚瑜，一位是研考會主任委員魏鏞。他們兩位的表現都很稱職，特別是魏鏞負責的研考會，是專門稽察考核其他行政部門績效的不討好單位。孫運璿對甫從美國教書回台服務的魏鏞格外支持，要他放手去做，不必有任何的顧慮。孫運璿就是這樣無私的處理公事，得到全體閣員一致的認同，發揮了團隊的精神，建立了良好的政績。

五月三十日，孫運璿率所有閣員在總統府宣誓就職，展開了為期六年的最高行政首長生涯。

處理棘手的國際問題

其實，孫運璿擔任院長的運氣並不很好。就職不過半年，就面臨了台、美斷交的嚴峻考驗。接著，台灣被迫退出了世界銀行與國際貨幣基金，國際奧會又決定容納大陸入會，要求台灣更改名稱與國旗國歌。世界石油輸出國家組織在此時宣佈調漲石油價格，引發了台灣連續三年的經濟衰退，無異使台灣處境「雪上加霜」。

經濟部長出身的孫運璿，對財經問題倒不陌生，絞盡腦汁，為台灣謀生存的出路，還算

是他的專長本行領域，足以因應。

麻煩的是政治上的問題，既敏感又複雜，對學工科的孫運璿，無疑是一大考驗。他只有在邊學邊做中，理出頭緒，逐一解決。

然而，偏偏那段時間是多事之秋，台、美斷交後所遺留的諸多事務以及未來何以持續台、美非官方的特殊關係，令閣揆孫運璿頭痛不已。

來自大陸與島內的挑戰

在此同時，大陸當局又發起對台灣密集的「和平統一」統戰攻勢，而在蔣經國堅持「不接觸、不談判、不妥協」的「三不」政策下，台灣難免已居於兩岸關係發展上被動、劣勢的不利處境，如何扭轉這種局面，正是孫運璿日夜思考的核心問題。

加上台灣經歷經濟起飛的一九六〇與一九七〇年代，過去國民黨一黨獨大的島內政治形勢，已受到來自非國民黨政治勢力的嚴峻挑戰。這些被統稱為「黨外」的本土政治人物，提出「政治民主化」、「全面改選中央民意代表」、「開放黨禁、報禁」、「解除戒嚴」等直接挑戰國民黨統治的訴求。

前面提到一九七七年十一月舉行的地方選舉，「黨外」人士一舉拿下桃園縣、台中市、台南市、高雄縣四大縣市的執政權，又發生「中壢事件」，一時之間，黨外勢力頗有斬獲，士氣大振，對於原本定於一九七八年十二月底要舉行的中央民意代表增補選，更有相當的準備與把握。結果卻因台、美斷交，國家進入緊急狀態，政府宣佈暫停選舉，舒緩了黨內、黨外劍拔弩張的競爭態勢。

不過，選舉可以延期舉行，「黨外」人士要奪國民黨執政權的企圖並未有所緩解。於是，藉著紀念「世界人權日」的機會，凸顯台灣民主現狀的不合理現象，喚起台灣人民的覺醒，共同反對國民黨的統治，一個規模超過預期的大遊行，在一九七九年十二月十日於高雄市區熱鬧登場。本來在事前的協調中，「黨外」主事者一再向治安單位提出和平登場、和平結束的保證。然而，當遊行的隊伍集結以後，這些保證不再能夠得到實現，最後釀成了台灣有史以來最嚴重的一次群眾暴力事件，也就是所謂的「美麗島事件」。

「美麗島事件」雖然在政府下令奉命執法的軍憲警人員嚴格做到「打不還手、罵不還口」，才使得事件沒有擴大。事後，政府決心以維護社會治安為要，逮捕了主要的八位遊行主事組織者，交付軍法做公開的審判，以取信於民與滿足國際媒體關注的要求。

就在政府全力處理「美麗島事件」的善後問題時，一九八〇年二月二十八日先發生了

「美麗島事件」涉案人林義雄的滅門血案。次年七月二日晚間則發生了美國卡內基美侖大學（Carnegie Melon University）數學系教授陳文成，在經過台灣警備總部約談後，離奇陳屍台大校園的命案。

這兩大殘忍、迄今仍未偵破的命案，嚴重打擊了台灣當局的國際形象。孫運璿不得不痛心的來收拾殘局。

因此，在孫運璿擔任行政院長的前三年，可以說將大部分的時間精力都花在如何開拓台灣的國際活動空間、爭取國際友人的支持上。以恢復台灣在國際奧會會籍為例，孫運璿決定透過當時台灣籍的國際奧會委員徐亨，到瑞士（國際奧會所在國）法庭控告國際奧委會違反了自己所定的章程規定，結果迫使國際奧會讓步，允許台灣在新的名稱「中華台北」與新設計的會旗、會歌的原則下，恢復了會籍，從此台灣的運動員得以再度馳騁國際體育賽會，就是當年在極困難環境下，開拓了台灣參與國際活動空間最好的一個例子。

將台灣帶入已開發國家行列

對於孫運璿所擅長的經濟發展領域，其實並不是他那時工作最重要的部分。但是，由於

他長期在經濟發展上所建立的廣大人脈與關係的基礎，他也絕對沒有耽誤台灣經濟發展的速度與腳步。

因為，台灣經濟建設在一九八〇年代最重要的目標，就是要完成產業的轉型，要從勞力密集的傳統加工產業，朝向技術密集的高科技產業發展，使台灣得以進入已開發國家的行列。

一九七八年底，新竹科學園區正式開工興建，奠定了台灣日後高科技產業的基礎。

一九七九年，行政院院會通過了「科學技術發展方案」，明訂材料科學、自動化、資訊、國防、生物、航太、精密機械、能源等八大新科技，是一九八〇年代政府努力帶動台灣工業轉型的關鍵技術。另外成立了「國防工業發展政策指導小組」與「國防工業發展基金會」，並宣佈開放台灣人民可以自由出國觀光旅遊。

而在因應大陸當局對台灣的統戰工作上，孫運璿一反過去台灣被動、挨打劣勢的做法，改為主動出擊，得到許多的好評。

例如，一九七九年七月，政府為了在與美國斷交後，爭取海外廣大僑民、留學生、學人的向心與支持，決定擴大舉辦當年的國家建設研究會。在開幕典禮上，孫運璿致辭，提出「統一中國、重建大陸的歷史任務，必須由台灣承擔，所以我們要爭一時，也要爭千秋」的

看法，更誓言「要把三民主義的種子插滿大陸」。同時，他也表示「我們才是中國的真正代表，兩岸如要進行和談，必須照我們的條件，不能讓大陸的條件圈住我們」。這是兩岸互爭誰才是代表中國的「爭正統」時期，當時雙方都堅持「世界上只有一個中國」、「大陸與台灣同屬一個中國」，並無任何爭議。

而孫運璿在台灣民心士氣低迷的時候，所發表振奮人心的談話，的確收到相當的效果，也建立了孫運璿政治上面相當的聲望。

發表突破性政策談話

再如，一九八二年六月十日，孫運璿利用在台灣舉行「中美大陸學者會議」閉幕茶會的機會，以流利的英語，發表了一篇極具震撼力的講演。那是台灣國際處境最困難的時候，與美國剛於一九七九年元旦斷交，接著紛紛退出了許多重要的國際組織。本來冀望一九八一年元月甫就職、素以反共見稱的雷根總統能有新的對台政策與做法。可是，情況並沒有好轉與改變，雷根新政府仍然拒絕售予台灣國防上迫切需要的高性能戰鬥機，又在一九八二年五月公佈了三封分別寫給大陸領導人鄧小平、胡耀邦與趙紫陽的信函，公開指出「台灣問題是中

美政府之間非常困難的問題，美國政府支持、歡迎任何和平解決台灣問題的決定。」

身為台灣最高行政首長的孫運璿，看到美國新政府對台灣如此不友善的態度，自然心急如焚，亟思有所作為，企圖在國際上製造輿論，將所謂的「台灣問題」技巧的轉化為「中國問題」。

於是他為此成立了專案小組，研究如何達到這樣的目的。成果就展現在這次的講演中：「今天，國際間受到中共的影響，都把自由中國（台灣）當做一個問題來看，也就是所謂台灣問題。其實這是不對的，在台灣的自由中國不僅進步、繁榮，而且也是國際間具有建設性的一員，根本不成其為問題。」

孫運璿指出，真正的問題應該是「中國大陸問題」，中國大陸人民應否長期生活在共黨統治之下的問題，自由世界願意有一個「唯我獨尊的共產中國」，還是要有一個「愛好和平的非共中國」的問題。

他又提醒在場的學者，中共擅長以提倡談判來製造假像，事實上，談判不過是共黨一貫鬥爭的一種方式而已。

他特別引述了美國故總統甘迺迪的名言，藉此繞過了台灣是否願意與大陸談判的敏感問題：「美國不恐懼談判，但絕不在恐懼中談判」，以及雷根總統在當年國情諮文中的談話：

「美國唯有居於強有力的地位，始從事談判」。

這段話孫運璿意有所指的是希望美國繼續售予台灣先進武器，只要台灣實力壯大了，兩岸的和平談判就有可能了。

在演講的最後，孫運璿明白表示了台灣政府對兩岸關係的立場，這是第一次台灣政府的行政首長，公開表明兩岸在「有條件下」，進行談判、完成統一的談話：

「中共應盡速放棄四個堅持（註：指的是堅持社會主義道路、堅持人民民主專政、堅持中國共產黨的領導、堅持馬克思列寧主義與毛澤東思想）、加緊努力改變生活方式，只要在大陸上的政治、經濟、社會、文化等方面與自由中國的差距不斷縮小，中國和平統一的條件就自然漸趨成熟，到那個時候，統一的障礙就自然減少了」。

當孫運璿結束了鏗鏘有力的講演時，全場的學者一致起立報以熱烈的掌聲。著名的美國柏克萊加州大學東亞研究所教授史卡拉賓諾不禁問道：「台灣對大陸的三不政策是否要改變了？」

這裡所指的「三不政策」，就是蔣經國親自核定對大陸任何提議，台灣都視為對台的統戰，因此必須採取絕對「不接觸、不談判、不妥協」的堅定立場。（請參閱《孫運璿傳》第二一三～二一七頁）

開明作風建立政治聲望

也就因為孫運璿所表現「廣開言路、察納雅言」的開闊胸襟與氣度，很快就得到台灣輿論與人民打從心底的擁護與愛戴，建立了一般政治人物最渴望、又最難得的「政治聲望」。「能幹的行政院長」與孫運璿畫上了等號，他雖是工程師出身，長期在台灣的經濟建設領域得到相當的肯定與認同，與尹仲容、嚴家淦、李國鼎並列為台灣經濟起飛與奇蹟的締造者。

不過，孫運璿與上述諸位台灣經濟建設功臣唯一不同的地方，就是他在擔任行政院長時，已跨越了經濟建設的領域，成為一位有聲望的政治家，儼然成為台灣當時朝野公認僅次於蔣經國的第二號政治實力人物。

在那個強人政治的年代，孫運璿這樣強勢作為的表現，是有一定政治上的風險。所謂「功高震主」向來是政治人物的忌諱，歷史上許多能臣名將，往往都因此惹上殺身之禍。因此，「明哲保身」與「隱藏哲學」反而是許多政治人物引以為鑒的座右銘。

不過，在孫運璿的心中，國家第一是他念茲在茲的唯一信念，還有就是對蔣經國的絕對

效忠，使他得到蔣經國絕對的信任。他沒有派系的觀念，用人唯才，認為天下能幹的英才都是他的幹部。這種「以天下為己任」的做法，使得孫運璿院長任內，真正達到「得道多助，政通人和」的境界，各方政績卓著，佳譽廣傳。

然而，自古以來伴隨能臣名將而來的，也絕對有許多忌才好事的小人。孫運璿開明優異的表現，在國民黨內終難免有負面聲音的出現。以上述那篇精彩的演講為例，由於事前再三推敲，講稿最後定稿的時間已是講演的前一天，適逢蔣經國因健康原因，在日月潭休養，以致孫運璿來不及將講稿事先送請蔣經國過目。因此，發表以後，中外轟動，均認為台灣的三不政策極可能鬆動。

這一切看在蔣經國眼中，加上國民黨內反對兩岸政策改變的保守派大將們，紛紛到蔣經國面前告「御狀」，陳述孫運璿發言的不當，對國家造成的傷害，要求蔣經國撤換行政院長，以杜中外輿論猜測的悠悠之口。

為此，蔣經國並沒有受到任何影響，仍然堅定的信任孫運璿。但是，為了平息黨內不同意見人士的憤怒，蔣經國特別約見孫運璿，交代他在行政院會中，要針對台灣政府仍然堅持「三不政策」的堅定立場並沒有絲毫改變，做了突出與突愕的談話，才平息了這場不小的政治風波。

事後，孫運璿也自承這場風波的確在政治上對他造成相當的傷害。台北政壇核心人士中，開始有人有意散播孫運璿不容易駕馭的傳言。（請參閱《孫運璿傳》第二二〇頁）

可是，孫運璿並不後悔自己做了這件事，改善了台灣在國際上一貫保守與不知變通的印象與看法。只是孫運璿對那些曾協助他草擬這篇重要講稿，期待兩岸關係應該有所改變，朝向開放進步方向發展的許多中外專家學者感到抱歉，因為礙於現實，他所說的都無法實現，沒有任何後續的發展。由這件事就可充分證明蔣經國第一任總統時期，堅守反共陣營、對內壓制反對勢力、對外絕不與大陸接觸、談判、妥協的絕對保守立場。

合作無間的「前三雄」

孫運璿六年行政院長任內，除了前述諸多的理由，使得他做到政通人和、政績卓著以外，另外一個重要的因素，就是他與當時蔣經國最信任的其他兩位權力核心幕僚：國民黨中央黨部祕書長蔣彥士與總統府祕書長馬紀壯，彼此之間合作配合的十分密切良好，有任何國家重要的事，他們一定互相商量，做出決定，交由適當單位負責執行。有時一天之內，他們三位甚至要見面兩、三次，都是為了國家大事。尤其那時蔣彥士又身兼負責對大陸反統戰任

務「劉少康辦公室」召集人，孫運璿則是最後的決策者。許多重要的國家政策都是經由「劉少康辦公室」內部討論形成，再由孫運璿或蔣彥士面報蔣經國核定。

特別在蔣經國一九八一年以後，因為眼疾，視力不佳，無法親自批閱公文，必須仰賴祕書讀報與讀公文的那段時期，除了格外重要，一定要呈請總統核閱的公文外，他們三位做了決定的許多國事就此定案，以為蔣經國分擔責任。

因此，孫運璿、蔣彥士、馬紀壯三位形成的「鐵三角」，就是在蔣經國第一任總統時期的權力核心，稱之為「前三雄」是最適當的形容詞。

尤其重要的是，他們三位都是性情中人，對於蔣經國是絕對的服膺與服從，對於國家則是絕對的忠誠。討論國家大事，只論是非，絕無個人私心與利益。三人頗能做到互相推心置腹的地步，可以與歷史上的桃園三結義相比擬。那段時間是台灣經濟快速成長的時期，台灣經濟已成功的從勞力密集的傳統產業轉型為技術密集的高科技產業，為日後躋身亞洲四小龍奠定了紮實的基礎。

如今回顧這段歷史，覺得很難得的是，雖然蔣經國當時健康不佳，幾乎不問政事，但是國家機器仍然如常運轉，國家大事絲毫不受影響，正常運作。就更不禁令人懷念起「前三雄」在那個時期的合作無間，對台灣所做出的貢獻。

自然在那個階段，台北政壇也有傳說「前三雄」的權力之大，甚至已在為蔣經國準備後事，為「後蔣經國時代」的權力佈置與分配，預做安排。

自然這樣的傳說，對「前三雄」很不利，也很不公平。畢竟，蔣經國的健康並沒有在第一任期有急劇的變化，「前三雄」就算當時有談到「後蔣經國時代」的安排，相信也是基於職責，為了穩定台灣政局的需要，而做的必要準備。

只是在強人政治之下，這個議題是天大的忌諱，是不可以談論的禁忌。證諸蔣經國的總統第二任期，「前三雄」都從政壇或因病退隱，或因故被拔除，或因派駐國外，有如過眼煙雲，消逝的無影無蹤，除了證明政治現實的無情外，是否與他們當時所觸犯的禁忌有關就不得而知了。

在那個威權的年代，伴君如伴虎，這是常態，並不足為奇。

奉命參加「財經會談」與「軍事會談」

孫運璿執政優異的表現與勇於負責的態度，深得蔣經國的信任。

一九八三年初，困擾蔣經國多年的眼疾，經過台灣名醫的醫治，已逐漸康復，視力大幅

改進，不再依賴祕書每日的讀報與讀公文。

恢復了健康的蔣經國開始正常處理國事的生活，孫運璿仍如常的每週兩次，前往蔣經國位於台北大直的寓所「七海官邸」，向總統彙報重要的政務。有時，蔣經國也會直接召見行政院各部會的首長，聽取他們對主管業務的處理情形。只是一般來說，蔣經國聽的多，很少直接下命令或指示給各部會首長。如果有意見，蔣經國都會循行政體系的倫理，告訴孫運璿，再由孫運璿透過行政系統，轉達下去。可見蔣經國還是懂得分寸，知道尊重行政院長的規矩，不會越權侵犯孫運璿的職權。從這個地方也可見到蔣經國與孫運璿彼此配合良好的程度。

蔣經國甚至還特別安排孫運璿參加由總統主持、行政院長並不與會的「財經會談」與「軍事會談」，這是以往少見的現象，也是蔣經國對孫運璿絕對信任的具體表現。尤其，「軍事會談」是只有軍事首長，如國防部長、參謀總長、三軍總司令等才有資格參加的重要會議。蔣經國安排孫運璿參加，等於是向各軍事首長宣示孫運璿特殊的地位，是可以過問軍事業務的行政院長，無形中更加重了孫運璿在台北政壇的分量，這是孫運璿努力得到的成果，頗為不易。

未受解散「劉少康辦公室」的牽連

不過，一九八三年並非太平的一年，在那年四月，蔣經國盛怒下，裁撤解散了「劉少康辦公室」（請參閱《王昇的一生》第二八〇頁。陳祖耀著，台北三民書局出版）。目標不是對著負責「劉少康辦公室」運作的孫運璿，而是實際負責擔任「劉少康辦公室」主任的王昇。

裁撤解散了「劉少康辦公室」還不足以平息蔣經國的怒氣，接著他又將從贛南時期就追隨他的老幹部，在軍中權傾一時，已擔任八年國防部總政治作戰部主任的王昇，調任屬於閒差的國防部三軍聯合訓練司令部主任。不久，又決定將王昇外放到遙遠的中南美洲，擔任駐巴拉圭大使。

本來在台北政壇呼風喚雨的王昇上將，從此遠離了台北，流放在外，直到「後蔣經國時代」，王昇才辭卸大使的職務，回到人事全非的台北，令人為之唏噓不已。

無緣擔任副總統

總之，六年的行政院長，孫運璿做的有聲有色，加上他個人建立的政治聲望與勤政愛民的作風，都深得台灣人民不分省籍的愛戴。

因此，那時台北政壇盛傳孫運璿極可能是下屆副總統的理想人選。甚至孫運璿本人也深信，以這六年來與蔣經國的相處與配合，他若被提名為下屆副總統，也是理所當然。換句話說，他已做好接任副總統的心理準備（請參閱《孫運璿傳》第二六〇頁）。

進入了一九八四年初的台北，由於國民大會即將集會選舉中華民國第七任總統與副總統，炒熱了台北的政治圈，各方人馬都在私底下動作頻頻，以謀取最大的政治利益。

就在國民黨決定二月十四日召開第十二屆第三次中央委員全體會議，通過總統、副總統提名人選的前夕，蔣經國在二月五日特別約見了孫運璿，感謝他過去六年的辛勞外，又加了一句話：

「未來六年又要辛苦你了。」

孫運璿從這句話就明白自己已與副總統無緣，難免心中的失落。

果然，二月十五日國民黨毫無意外的確定再度提名蔣經國為中華民國第七任總統候選人，接著蔣經國親自宣佈提名時任台灣省主席的李登輝為副總統候選人。

不過，在這次的中全會上，孫運璿十分難堪的受到資深國大代表劉瑞昌的公開批評，這應是孫運璿從政以來最感難過的一刻，坐在台下「聆聽」教訓的孫運璿有「如坐針氈」的感覺：

「你該做的事沒有做，不該做的事都做了；該講的都沒講，不該講的都講了。」（請參閱《孫運璿傳》第二六〇頁）

雖然孫運璿在國民黨最重要的權力核心會議上，遭受了如此嚴厲的批評，不過在座的許多中央要員都知道，這些資深中央民意代表往往都是利用這種重要的場合，發洩自己心中認為應該受到重視，卻未受到重視的情緒。因此，「語不驚人誓不休」是司空見慣的現象，並未得到與會諸要員的認同與回應，蔣經國自然也毫不受影響，因為孫運璿六年行政院長任內有沒有做事，成效如何，蔣經國心中是最清楚的。只是對當事人的孫運璿來說，在公開會議中受到如此嚴厲不公的待遇，又不好做任何辯駁，總是他從政生涯的遺憾。

晴天霹靂的意外

從此，蔣經國第二任期的人事佈局大致底定，孫運璿已做好準備，繼續留在行政院長的崗位上，勤奮努力的為台灣打拚。不過，人算不如天算，一聲霹靂，打亂了蔣經國原本的佈局，改寫了台灣的命運與歷史。一九八四年二月二十四日清晨二時，孫運璿正聚精會神的為當天早上要到即將開議的立法院，做施政報告所需的書面資料做最後的定稿時，突然感到一陣暈眩，他倒臥在地，口中喃喃呼喚著孫夫人的名字。當晚剛從美國探親回來的孫夫人發覺了異狀，立刻呼叫救護車，將孫運璿送入了台北榮民總醫院。

於是這位中華民國歷史上能幹又有卓越政績、更是台灣經濟奇蹟創造者的一代良相不得不從政壇隱退。「孫運璿時代」被迫提前落幕，留給台灣人民無限的懷念。

時乎命乎？孫運璿的中風，日後證明是台灣不可彌補的損失。

尤其是蔣經國過世的時候，國民黨內缺乏像孫運璿這樣具有政治聲望的領導人，在「無人服眾」的情況下，讓繼任的李登輝得以趁機坐大。埋下台灣日後政治紛擾、經濟衰退、社會亂象、族群分裂的因素，令人感嘆不已。

CHAPTER

3

台美斷交的衝擊

美國的絕情

「天要下雨，娘要嫁人」這句毛澤東說過的地方諺語，運用在美國與台灣斷絕正式外交關係的這件事上，應是最貼切不過的形容詞。

事實上，美國自從一九六九年元月，素來以反共著稱的尼克森就任總統後，就積極尋求與大陸改善關係。其中一個重要的因素，就是美國基於國家利益的考量，為了抒解蘇聯對美國國家安全的嚴重威脅，自然產生了「聯中制蘇」的新戰略思維。雙方透過行之有年的華沙會談，美國方面已充分表達了希望與大陸改善關係的願望。

那時，大陸正值文化大革命期間，一九六九年初，中蘇才在東北邊界發生了轟動世界的

「珍寶島武裝衝突事件」，中共當局內外受敵，也亟思要有所作為，減輕國家安全嚴重的壓力。

在這種情形下，中美雙方都面臨了來自蘇聯這位共同敵人的威脅，因此對於改善彼此關係均有高度意願，雙方一拍即合。

一九七一年四月，大陸當局向美國參加世界盃乒乓球賽的國家代表隊，主動發出邀請，美國國務院立即報告白宮，並同意前往大陸做友誼訪問。這個舉世聞名的「乒乓外交」，已明確向世界宣告中美關係即將有突破性發展的資訊。

果然，接著在一九七一年七月，美國國家安全顧問季辛吉祕密的訪問了北京，受到北京當局高度的重視與高規格的禮遇接待，毛澤東與周恩來都親自接見，並與季辛吉做了深入的交談，達成於次年年初，邀請美國尼克森總統到大陸訪問的共識。

當中美雙方同時公佈了這項「改變世界」的重要消息後，受到直接與最大影響的當然是在安全與經濟上，絕對依賴美國，而且還與美國維持正式外交關係的中華民國。

果然三個月後，聯合國就以絕對多數，通過了所謂的「排我納匪」案，中華人民共和國取代了中華民國，成為國際承認代表中國的唯一合法政府。自此台灣成了「國際孤兒」，世界上沒有一個主要國家在外交上承認台灣，大陸當局成功達成孤立台灣的目的。

一九七二年二月，美國尼克森總統正式訪問大陸，雙方簽署了「上海公報」，美國確立承認「一個中國原則」、「台灣是中國一部分」的新對華政策，台灣的國際處境益發困難。

本來在尼克森總統的計劃中，準備在他的第二任總統任期內（一九七三～一九七七）就要完成與大陸正式建立外交關係。只是尼克森總統在一九七二年連任的競選中，發生了「水門事件」的不法醜聞，雖然連任成功，卻遭到美國國會彈劾的威脅，被迫辭去了總統職務。繼任的福特總統在缺乏民意的支持下，不敢驟然宣佈與大陸建立正式外交關係，使得雙方建交的企圖只有往後拖延。

大陸提出「建交三條件」

不過在福特總統兩年多的任期中，中美關係還是有一定的進展。一九七五年中美雙方相互在對方首都成立了聯絡辦事處（Liaison Office），等於已建立了「準外交關係」，當然下一步就是正式的建交。

在福特總統的計劃中，也是準備在一九七六年的總統大選中連任成功後，再完成與大陸的建交。

但是，爭取連任的福特總統竟然被來自美國南方喬治亞州前州長、花生農夫出身的卡特總統擊敗，使得福特總統根本沒有機會實現他的計劃。

然而，完成與大陸的建交在當時已是美國朝野跨黨派的共識。

一九七七年元月就職的卡特總統，所任命的國家安全顧問布里辛斯基，是一位知名的蘇聯問題專家。他深知蘇聯強大的軍事力量，對美國安全形成的嚴重威脅，因此他繼承了尼克森總統以來，所制定的「聯中制蘇」政策，很快就與大陸當局進入實質談判建交的協商。

大陸當局很早就明確表示，美國必須在接受下面三個條件的前提下，雙方才能談到建交問題：

1. 與台灣斷絕正式外交關係；
2. 廢除一九五四年與台灣當局簽署的共同防禦條約；
3. 撤出在台灣所有的軍事設施與人員。

這就是被簡稱為「斷交、廢約、撤軍」的中美建交三條件。

這三條件也很快為外界所知曉，大家普遍認為美國政府應該不會完全接受大陸當局建交

的三條件，而會在談判中討價還價，爭取維持與台灣一定的關係，特別是雙方的軍事合作關係，因為台灣毫無力量保衛自己的安全，美國不能棄台灣的安全於完全的不顧。

但是事情的發展出乎許多專家學者與政府官員的預料，卡特政府在與大陸當局經過數次的接觸談判後，就非常清楚大陸領導人是絕對不會在這三個基本條件上做任何的讓步。如果美國政府是真心為了國家利益的需要，就必須盡速完成與大陸的關係正常化。而要達到這個目的，就必須接受大陸當局的建交三條件。

因此，中美雙方經過一年餘的談判，在一九七八年七月，已基本達成建交的協議。美國政府完全接受大陸的三條件。不過鑑於當時簽署共同防禦條約時，規定任何一方如要終止或廢除這個條約，必須在一年前通知對方，美國方面因此要求「廢約」在建交一年後生效。這點也得到大陸方面的同意，就這樣台美的斷交已是無可挽回的事實了。

然而，此時又有一個對台是否繼續軍售的問題，雙方並未達成共識，而且幾乎在最後關頭讓雙方建交的談判破局。由於對台軍售牽涉美國許多軍火商的實質利益，美國政府也沒有讓步的意思。大陸當局更是以事關中國主權問題，堅決反對中美正式建交後，美國還要繼續軍售台灣。

最後經過協調，才在一九七八年十二月十三日達成協議，決定各讓一步，就是美國方面

宣佈凍結對台軍售一年，大陸方面則是表示願意暫時擱置這個問題，雙方將在完成建交後，再繼續協商，這也為一九八二年中美共同簽署的「八一七聯合公報」埋下了伏筆。

此時中美的建交已排除了所有困難，就等待何時正式向國際公佈這個重大新聞的時機。當時在美國國內民意支持度並不高的卡特總統，迫不及待的決定趁著美國國會正值聖誕假期休會期間，兩天後立即宣佈這個重要外交上的進展與成就，以拉抬自己日趨低迷的民意聲望。

由於台灣長期以來十分重視對美國國會議員的公關與遊說工作，卡特總統因此深怕過早通知台灣當局，消息走漏，台灣政府一定會動員所有支持台灣的美國國會議員展開反撲，為自己帶來許多不必要的麻煩與困擾。在這種顧慮下，卡特總統最初只願意在正式宣佈中美建交之前的兩小時通知台灣當局。最後還是在一些親近幕僚的勸告下，覺得只給美國如此忠誠的盟邦兩小時的時間應變，實在過於殘忍，於是才決定在正式宣佈前的八小時通知蔣經國總統。

顢頇的台灣外交當局

事實上，自從一九七一年七月，季辛吉密訪北京，促成尼克森總統一九七二年二月訪問大陸，並發表「上海公報」之後，明眼人早就清楚的看到，台美關係終將帶來巨變，台灣必須及早準備。

但是這麼清楚的事，台灣的外交當局似乎一直採取的就是「鴕鳥政策」，無視於主客觀形勢的改變，仍然堅定的相信美國不會棄台灣於不顧，台美關係依然穩固如昔。

自然美國在與大陸改善關係，也就是極力推動所謂的「關係正常化」的同時，為了安撫台灣可能不安的情緒，一再向台灣當局保證絕對不會損害台灣的利益。

美國這種等同公開說謊的行徑，是純粹基於美國利益，所做必要政治外交手腕的運用而已。問題就在台灣外交當局是否輕易相信美國這種睜眼說瞎話的雌黃之言，有沒有針對台美關係可能的變化，預做準備，有所因應呢？

如今回顧這段對台灣而言是痛苦不堪的歷史，我們不禁要合理相信，台灣外交當局當時的準備是如此不足、是如此不夠，也就因為這樣，當台美斷交的新聞公諸於世的時候，台灣人民可以說毫無心理準備，大家感到無比的羞辱、憤怒，有如被大戶人家趕出家門的棄婦一

般的難堪。這種氣憤的情緒最後終於爆發，台灣人民自發性的到台北松山機場集結，向奉卡特總統之命，專程來台安排斷交後台美關係如何持續的美國政府特使克里斯多福一行展開激烈的暴力攻擊，幾乎傷及克里斯多福本人，釀成嚴重的國際外交事件。

談到台灣外交當局的顢頇，本書作者也有一個刻骨銘心的親身經驗，願意與讀者們分享。

一九七五年的七月，作者那時還是在美國柏克萊加州大學攻讀博士學位的研究生，就應台灣政府的邀請，由當時的教育部長蔣彥士、救國團主任李煥與青年輔導委員會主任委員潘振球聯合具名邀請，返回台灣出席「留學生海外工作研討會」，也就是俗稱的「小國建會」，邀請的對像是在海外求學的主要地區留學生團體負責同學。

在為期兩週的研討會期間，政府特別安排了重要部門的首長，向離開國門多年的海外留學生做國情簡報。其中外交工作的報告是重中之重，因為參與研討會的同學都是在海外居住相當時日，對國事向來關心的熱血知識青年，尤其在一九七一年十月以後，台灣被排除聯合國之外，與世界各國紛紛斷絕了邦交，國際處境最困難的時候，大家基於愛國心切，對台灣駐外單位慣有的官僚作風與外交官員常用的外交辭令，充滿官腔官調的語言，早有不滿，因此對外交工作報告，分外的留心聽講，並都已磨拳霍霍，只要聽到任何的官話，就決定毫不

留情的大肆反擊。

偏偏那天外交部安排的是年輕氣盛，自視甚高的外交部常務次長錢復，前來做「國際關係報告」。這位被稱為台灣官二代「四大才子」之一的錢次長，長期擔任蔣中正總統的英文祕書，難免官邸出身的高身段，根本沒有將我們這些二十鋃鐺歲小夥子當回事，他的報告全是外交語言，避重就輕，報喜不報憂。

其中還記得提到台美關係的部分，就是完全以政府官方發言的論調，什麼「中美（當時台灣以作為代表全中國唯一合法政府自居，所以稱台美關係為中美關係）邦誼深厚，邦交穩固，絕無改變的可能」之類的迂腐言辭，充斥了整篇報告，聽的我們這群深深瞭解國際情勢對台灣是多麼不利的小夥子耳中，大家簡直聽不下去，被刺激的個個熱血沸騰。認為台灣今天到了如此危急的時候，政府官員還在粉飾太平，掩耳盜鈴，簡直欺人太甚。

果然錢復報告一結束，大家紛紛舉手發言，痛加批評這分報告的偏離事實，根本沒有反映台灣真實的外交問題，遑論還有什麼因應的對策可言。

而年方四十的錢復也不甘示弱，採取高姿態強硬的態度一一反駁提問的同學，頓時會場氣氛劍拔弩張，十分緊張。

對於大家所最關心的台美關係可能發生變化、政府因應對策又是什麼的尖銳問題，作者

永生難忘的竟然聽到錢復是如此高傲的回答：

「人都沒死，怎麼就要準備棺材？」

卻沒有想到居然有位氣憤已到極點的同學，脫口就對錢復不客氣的加以指正：

「錢次長可能有所不知，中國大戶人家的老人家，都是在自己還健在的時候，為自己準備後事，包括挑選合適的棺材在內。」

這番話一時讓出身名門的錢復無言以對，會場氣氛僵硬尷尬也到了極點。這個「國際關係報告」就在這樣雙方毫無交集的對立情形下，草草結束。

「人都還沒死，怎麼就要準備棺材」就是當時台灣當局面對變局鴕鳥心態的真實寫照。果然當那天真的來臨時，台灣人民驚慌失措，感覺天都崩塌了，台灣前途毫無希望可言，美國大使館前排滿了準備辦簽證與移民的台灣人，比退出聯合國時那種無望、無助的情況還要嚴重不知多少倍。

台灣政府能說沒有責任嗎？台灣外交部的顢頇無能莫此為甚！

台美斷交的衝擊與應變

一九七八年十二月十六日淩晨兩點，美國駐台大使安克志叫醒了熟睡中的蔣經國總統，當面向他宣讀了美國政府決定從一九七九年元旦起，斷絕與台灣的正式外交關係，撤除在台灣所有的軍事設施與人員，並在一年後終止與台灣簽訂的「中美共同防禦條約」。

憤怒的蔣經國在安克志大使面前，強制壓抑了自己真正的情緒，很不滿的接受了這個對台灣極為不利的事實。

接下來蔣經國採取了一連串的應變措施。

首先，為了確保台灣的安全與社會的安定，立即通令三軍部隊與治安人員進入高度戒備狀態，以防對岸共軍可能的蠢動與內部陰謀分子藉機發動的破壞。

接著，在十二月十六日早上七點，蔣經國以國民黨主席身分，召開臨時擴大中央常務委員會議，決定三項緊急處分措施：

1. 下令全台進入軍事戒備的緊急狀態；
2. 財經單位採取必要措施，穩定台灣物價。
3. 中止正如火如荼進行、預定一週後就要投票的增額中央民意代表選舉。

並稍後以總統名義發表對美聲明。

在中常會上，行政院長孫運璿與外交部長沈昌煥雙雙請辭，沈部長的辭職得到中常會的同意，孫院長的請辭則得到慰留，並暫兼外交部長。

上午九點，行政院也加開臨時院會，除了正式經由政府行政體系，通過前述中常會的三項緊急處分措施，呈請總統明令發佈外，孫運璿院長並指示有關部會，對過去與美國所簽訂的五十九個條約協定，進行通盤檢討，以作為日後與美國談判未來台美關係如何安排的依據。

當天下午，蔣經國在陽明山中山樓召開軍事首長會議，討論加強戰備的問題。

同時，蔣經國以國民黨主席身分，手諭下令立即召開第十一屆三中全會。

晚間八時，廣播電視聯播蔣經國發表的告同胞談話，昭示國人堅定沉著，團結奮鬥，協助政府，共度難關。

至於台灣人民在知悉美國如此無情的拋棄台灣，大家均悲憤莫名，各種抗議大型海報遍地可見，群眾齊集美國大使館前示威，搗毀了位於陽明山的美軍士官俱樂部。

十二月十七日上午八時，蔣經國召開財經會議，力謀全台財經物價的穩定。

上午十時，蔣經國再度召開軍事會議，提示國軍將士，提高警覺，加強戒備，粉碎敵人趁機犯台的企圖。

全國民眾自發掀起獻金救國運動，化悲憤為力量，堅決支持政府，發展軍備，自力圖強，自保求存。孫運璿院長也當機立斷的決定將民眾的捐款，做為發展國防武器自主研發的「自強救國基金」，使得在危機中的台灣顯得格外的團結。

這個由台灣人民自動發起的捐款運動，最終募集到數十億元新台幣之多。孫運璿在一九七九年初，正式在行政院成立「國防工業發展政策指導小組」，將募集到的巨額捐款成立了「國防工業發展基金會」，是台灣國防走向自立自主發展的一個重要里程碑。

十二月十八日全日，中國國民黨召開了十一屆三中全會，蔣經國以主席身分，親自主持，全程參加，更曾兩度發言，嚴正重申絕不與中共談判、不與任何共產國家來往的堅定立場，並表示絕不容台獨或違背基本國策言論與行為的存在。

與會的全體中央委員發言踴躍，均盼望國民黨要趁此民眾團結支持政府，民氣可用的機

會，革新圖強，才不負人民的託付與期望。

召開了一天的三中全會，最後通過了決議：

「在以憲法為基礎，堅守民主陣容的前提下，以非常的決心，採取非常的行動，來衝破今日難關，以創造新的局勢」。

晚上八時，行政院加班召開「對外工作小組會議」，研究台美斷交後的善後問題，重點為：

1. 如何加強實質關係。
2. 如何自美國繼續獲得軍備支持。
3. 如何保障持有中華民國護照僑民的安全。
4. 在法律關係上，如何使前述三項工作得到保障。

十二月十九日，立法院舉行院會，全力支持蔣經國總統頒發的緊急處分令，並做成以下

決議：

「行政院應根據昭示，切實團結全國同胞，一致動員，加強國防及經濟建設，開創外交新局，革新政治及社會風氣，早日反攻復國，解救大陸同胞。」

國民黨成立工作組，推動改革

十二月二十日上午九時，國民黨召開中央常務委員會議，為了貫徹三中全會決議，推動全面革新，決定成立「工作組」，由嚴家淦擔任總召集人，下設六個小組，每小組置三位召集人，分別如下：

1. 黨務組：召集人倪文亞、宋時選、連戰。中央組織工作會承辦祕書業務。
2. 政治外交組：召集人黃少谷、陳履安、李鍾桂。中央政策委員會承辦祕書業務。
3. 社會組：召集人谷正綱、邱創煥、許水德。中央社會工作會承辦祕書業務。
4. 文化宣傳組：召集人沈昌煥、王唯農、趙守博。中央文化工作會承辦祕書業務。

5.財政經濟組：召集人李國鼎、辜振甫、孫震。中央財務委員會承辦祕書業務。

6.軍事組：召集人袁守謙、馬紀壯、王昇。中央大陸工作會承辦祕書業務。

同時，在這次中常會中，也通過了蔣經國交議的政府重要人事調整案，由原行政院祕書長馬紀壯接任總統府祕書長，原總統府祕書長蔣彥士接任外交部長，唐振楚接任考試院考選部長，瞿韶華接任行政院祕書長。

十二月二十一日上午九時行政院院會決定由內政部長邱創煥、財政部長張繼正、國防部長高魁元、行政院主計長鍾時益組成小組，共同保管、徵信與使用台灣人民的捐款。院會結束後，孫運璿帶頭全體首長捐獻一月薪資所得，做為「自強救國基金」。

下午，孫運璿舉行中外記者會，坦誠的表示，台美斷交使台灣受到不可避免的傷害，但是如果美國能夠透過正式立法，保障日後台美關係能夠持續不斷，並確保台美間原來簽署的五十餘項條約繼續有效，則對台灣造成的不利影響將會減低。

國軍全面戰備已部署就緒，陸、海、空、勤等四個總司令部特別分批邀請中外記者訪問報導，以安定台灣民心。

十二月二十二日上午，國民黨成立的「工作組」首次召開聯合會議，做成以下決議：

1. 各小組所提的改革方案應於一個月內完成。
2. 各小組應聘請委員十二人至十六人，共同參與研討。
3. 為擴大參與，以收集思廣益之效，除小組會議以外，各小組應公開向各界人士徵求提供書面意見，或在北、中、南地區舉行座談會，收集輿論等方式，以達到全面策動革新的目的。

十二月二十三日上午，國防部與經濟部召開「軍公民營工業配合發展擴大會報」，通過了「加強發展國防工業」、「輔導民間工業促進生產軍品」兩項重要議案。孫運璿院長在會中表示，今後努力的方向是如何加強科技研究發展與生產體系的結合，研訂整體的計劃，發動全台科技研究機構來配合國防工業的發展。

上午參謀總長宋長志也舉行中外記者會，希望美國考慮售予台灣先進戰機，以維持台海軍力的平衡，有助台灣安全的維護。

十二月二十四日上午，蔣經國召開國家安全會議，決定應加強國家安全會議功能，以加強民防，鞏固國防。具體措施俟國家安全會議擬定後再行核議。

十二月二十五日是行憲紀念日，蔣經國依例發表文告，明確昭告憲法尊嚴不容破壞，我們絕不放棄對大陸的主權，誓為反共復國堅持到底，以主觀奮鬥克服客觀形勢的艱險，鞏固國權，保障民權，擴大憲政建設，並對任何危害反共復國基本國策，足以動搖國本的言論與行為，絕不容許其存在。

這就是美方宣佈台美斷交的決定後，十天內台灣方面所採取一連串應變措施的紀錄。從上述的紀錄中，不難看出臺美斷交對台灣衝擊之大、之深，是過去三十年所未有、所未見。（請參閱《為歷史作證》一書第四六～五五頁，時報文化一九七九年二月出版）

談判台美關係的持續

接著，美國政府於十二月二十七日晚，派遣副國務卿克里斯多福來台，與我方談判斷交後台美關係如何維繫的問題。結果在克里斯多福一行抵達台北松山機場時，卻遭到在機場聚集的民眾施加暴力，雞蛋、竹竿等足以傷人的利器，都被派上用場，幾乎傷害到克里斯多福本人，已使其本人備受驚嚇，當時同車的美國駐台大使安克志面部因而受傷。美方因此合理懷疑這是台灣政府發動的抗議暴力行動，甚至威脅我方如果不能保證代表團在台期間的安

全，就準備立即離台返美。後經我方再三安慰保證，才使雙方第一輪的談判得以勉強進行。

克里斯多福在台三天短暫的停留期間，曾兩度晉謁蔣經國總統，討論台美關係日後維繫的基本原則。

在美國的計劃中，以後的台美關係是「非官方」的民間關係。不過對以往台美簽署的條約，除了「中美共同防禦條約」必須在一年後失效外，其餘條約基本可以繼續有效。

這樣的安排自然不能滿足台灣當局的願望，所以在十二月二十九日，蔣經國總統第二度接見克里斯多福的時候，蔣總統明白向美方表達了台灣方面希望以後的台美關係，要符合以下五項原則：

1. 持續不變；
2. 事實基礎；
3. 安全保障；
4. 妥訂法律；
5. 政府關係。

不過主觀的願望總是與現實有差距的，蔣經國的表達是台灣政府方面的立場，美國方面自然不會全盤接受。克里斯多福當著蔣經國的面，只是基於外交禮儀的原則，允諾一定會將蔣總統的意見轉達卡特總統。

然後台美之間的談判就從此轉移到華盛頓，台灣方面運用了一切的關係、力量與法寶，動員了美國國會許多支持台灣的議員，還有民間組織與團體，加上智庫專家學者專業的影響力，最後美國參眾兩院均以壓倒性多數通過了「台灣關係法」（Taiwan Relations Act），卡特總統也在一九七九年四月十日正式簽署了這個關乎未來維持台美關係的重要法案，雙方各說各話，美國將日後的台美關係定位為「非官方」的純民間關係，成立「美國在台協會」（American Institute in Taiwan），為駐台機構的名稱，派遣退休外交人員處理有關業務。台灣方面則自己定義為官方關係，成立「行政院北美事務協調委員會」（Coordination Council For North America Affairs），處理對美關係與有關業務，並多派遣現職外交官員為駐美人員。

大陸方面對美國如此安排與台灣關係的做法，極為不滿，多次提出嚴正抗議。尤其對「台灣關係法」中還以立法保障美國應提供防禦性武器給台灣人民，更是明顯公開干涉中國的內政。這是中美建交過程沒有解決的雙方歧見，也因此促成一九八二年八月十七日中美雙方簽署的關於美國對台軍售問題的「八一七公報」，美國承諾：「向台灣出售的武器在性能

和數量上將不超過中美建交後近幾年供應的水準，美國準備逐步減少對台灣的武器出售，並經過一段時間導致最後的解決」。

美國的承諾是隨著形勢的改變，在美國利益為前提的主導下，隨時會加以修正的。這份與一九七二年二月二十八日簽署的「上海公報」、一九七九年元旦公佈的「建交公報」，合稱為中美關係最重要的三大基礎，美國過去三十五年來，歷任總統都公開表示將遵照這三大公報的規定，維持中美關係。不過在此同時，美國歷任的總統也不忘重申，美國政府亦會遵照「台灣關係法」的規定，維持與台灣的關係。

只是中美的三大公報內容有許多地方的規定是與「台灣關係法」的條文互相衝突的。美國又何能同時遵守執行這些本質上互相衝突矛盾的規定與條文呢？在這些地方充分證明美國政府就是一個敢公開說謊話，玩弄兩岸政府於股掌之間的超級霸權國家。問題就在我們自己，是甘於做美國對抗中國大陸的一個棋子，還是願意真正走自己的路，走出台灣自己的天空，值得大家深思。

如今回想當年的台美斷交，帶給台灣的衝擊與傷害之大，真是刻骨銘心的痛苦經驗與不堪的記憶。這也是自從美國國務院在一九四九年八月五日發表「對中國政策白皮書」以來，對中華民國又一次完全的背叛與出賣。

而對經歷那個時代的台灣人民來說，重要的是我們有沒有從這樣的經驗與記憶中學到教訓，否則更多的痛苦與不堪，還有一直甚囂塵上、美國可能對台灣做第三次完全出賣與背叛的「棄台論」，都在未來等待我們，台灣人民能無警覺嗎？

CHAPTER

4

推動國民黨的改革

非常做法創造新局

蔣經國在接到美國通知台美斷交消息的第一時間，內心的沉痛促使他決定利用這個面臨國家重大危機的時刻，推動黨務與行政的革新，發揮「置之死地而後生」的作用。

一九七八年十二月十八日召開的國民黨十一屆三中全會通過的決議文中，明白宣示：

「以非常的決心，採取非常的行動，來衝破今日難關，以創造新的局勢。」

兩天後的國民黨中常會上，就通過了成立「工作組」，以落實三中全會的決議。

在工作組下，又分設黨務、政治外交、社會、文化宣傳、財政經濟、軍事六個組，每組設三位召集人，由嚴家淦前總統擔任總召集人。

值得注意的是，名列十八位召集人的名單中，根據以往國民黨的慣例，應該都是黨內的資深大老。如果真的如此，就不足以顯示國民黨「非常的決心」與「採取非常行動」的意志了。

所以，蔣經國決定在每個組都大膽啟用一些年齡在四十歲左右的黨內青年才俊，藉由參與黨內重要決策的機會，培養他們日後可以成為黨的重要幹部，肩負更為重要的黨國大任。這也是他向台灣人民展現改革決心的一個具體表現，要從人事的安排做起，以新人推動新政，這樣的改革才有成效。

例如擔任黨務組召集人的連戰、政治外交組召集人的陳履安、李鍾桂、社會組召集人的邱創煥、許水德、文化宣傳組召集人的王唯農、趙守博、財政經濟組召集人的孫震，都成為日後蔣經國重用的黨國人才。

十二月二十二日上午，工作組舉行第一次的全體召集人會議，由總召集人嚴家淦主持。會中決議要在一個月內提出各組的工作報告與改革建議，也要公開向社會徵求意見，舉辦座談會，收集輿論的反映。那是一個令人振奮的年代，台灣人民團結一致，奮發圖強，為了生

存，大家都做了無私的貢獻。

一個月之後，先是在一九七九年二月一日以增開中常會方式，討論通過了社會組、文化宣傳組與財政經濟組的改革提案建議，其中最受到大家重視的就是社會組建議應開徵奢侈稅，以遏止社會日益奢靡浪費的風氣。這是台灣提出徵收奢侈稅的濫觴，可見當時工作組的認真與遠見，已預見若不適時及早採取措施，以增加賦稅方式，防止台灣社會日後產生貧富不均的不公平現象，則後果堪慮。

蔣經國反對三商銀民營化

在這裡，作者願意引用當時擔任財政經濟組召集人孫震（後來曾任台灣大學校長與國防部長等要職）所寫的一篇紀念李國鼎先生文章中，談到一段當年參與工作組的事實，以證明蔣經國照顧社會平民大眾、反對貧富不均與社會經濟財團化的堅定基本信念：

「一九七八年年底，美國卡特總統宣佈與中共關係『正常化』，和中華民國斷絕外交關係。執政黨因應巨變，成立了幾個小組，研議革新應變的作法。我追隨

李國鼎先生和韋振甫先生擔任（財政）經濟組的召集人。由於李先生與韋先生各自都有很多重要的事情要忙，所以實際工作就由我和一些經濟學界的同道及我在經建會的同事來做。我們從北到南，開了很多次座談會，廣徵意見，然後加以整理，提出三十幾項建議，基本原則指向經濟的自由化，我記得其中一項是三商銀的民營化。草案完成後，李先生和韋先生都認同，李先生拿給（總召集人）嚴前總統靜波先生看，嚴先生認為都可行。可是李先生同蔣經國主席報告的時候，經國先生不同意三商銀民營化。李先生力陳公營事業民營化的重要性，可是經國先生認為不能讓財團再掌握社會的資金，他認為我們的想法太單純了。李先生不肯罷休，說：『請總統再想一想』。經國先生說：『我已經想過很久了，你們再想一想』。」（請參閱《李國鼎先生紀念文集》第三一六頁）

如今讀到這段往事，不能不令人敬佩蔣經國對國事與社會問題認識的深度與高度。在他主政的年代，台灣社會是一個貧富差距最小、社會不公現象最少的時期。他堅決反對公營事業的民營化，就是要避免本來屬於全民所有的國家資產，經由民營化以提升效率如此冠冕堂皇藉口的美化，最後流失、落入財團手中，造成社會貧富不均問題的嚴重後果。

然而，蔣經國之後的台灣領導人，就完全不顧這個可怕的後果，藉口自由化、國際化、效率化，賤賣國有資產與公營事業，終於造成今日台灣M型社會的畸形發展，社會問題的嚴重已到幾乎無可救藥與無可挽回的悲慘境地，就更加令人懷念蔣經國當年極力反對公營事業民營化的高見了。

工作組的建議

接著在二月七日的中常會中通過了中央工作組所提的總報告，包括各小組所提的意見，內容要點如下：

一、黨務工作方面：

1. 提高黨性，鞏固組織；
2. 加強政策設計，發揮政黨政治功能；
3. 調整各級編制，提振組織活力；
4. 改進幹部政策，加強人才儲備；

5.改進黨的教育與訓練，堅定反共信念與決心；

6.發揚革命民主精神，改進黨內選舉；

7.加強社會青年輔導工作；

8.統一聯繫工作，增進團結協力。

二、政治外交工作方面：

1.擴大舉行國家建設研究會；

2.加強中央民意代表機構之功能；

3.整肅貪汙，端正政風；

4.關於司法行政部及法院之隸屬問題；

5.制定公職人員選舉罷免單行法；

6.修訂違警罰法；

7.制定國家賠償法；

8.制定勞動基準法；

9.爭取有利安排，增進與美國實質關係，並積極開拓國際關係之新境界。

三、社會工作方面：

1.推行全民守法、守紀、守秩序運動；
2.輔導農漁民、勞工、工商等民眾團體健全組織，加強會員服務；
3.積極輔導青年就業，參與國家建設；
4.興建國民住宅，解決國民居住問題；
5.加強偏遠地區醫療保健設施，普及醫療照顧；
6.照顧低收入者民眾，提高其生活水準；
7.加強社會救助，使孤苦無依者皆有所養；
8.加重對奢侈消費課稅，以抑制奢侈消費行為。

四、文化宣傳工作方面：

1.揭穿共匪統戰陰謀，主動展開對匪宣傳工作；
2.強化思想作戰；
3.加強對外宣傳；
4.成立強有力之任務編組，指導對匪宣傳作戰事宜。

五、財政經濟工作方面：

1.激勵民間投資意願，促進經濟快速發展；

2.發展與國防有密切關係之工業，並積極推行公營事業企業化；
3.擴大農場經營規模，增加農民所得，促進農業現代化；
4.善用民間力量推動貿易與海外投資，發展國際關係；
5.妥闢財源以支應國防與重大建設及地方發展需要，改善賦稅結構以公平賦稅負擔；
6.發展大眾運輸系統，促進地區平衡發展；
7.動員海內外科技及經濟專才，提高研究水準。

六、軍事工作方面：
1.提振精神戰力；
2.加強人事整備；
3.開拓情報來源；
4.增強攻守戰備；
5.嚴密警備治安；
6.革新三軍武器裝備；
7.加強國防科技研究發展；

8.精進動員戰備；

9.健全民防體制。

綜合以上各組所提建議共四十五條，其中不乏符合國家與社會發展需要的意見，例如修訂違警罰法、制定國家賠償法、勞動基準法、積極輔導青年就業、興建國民住宅、照顧低收入者、加強社會救助、加重對奢侈消費行為課稅等諸多意見，後來也都逐一透過行政與立法部門的努力，得以實現。蔣經國藉由台美斷交帶來的巨大衝擊，化危機為轉機，以推動改革的用心，也得到一定程度的效果。

不過看的出來，他的大陸政策仍然保守，「三不政策」也絲毫沒有鬆動的意思。

巧合的是一九七八年十二月十八日，當國民黨在台灣召開十一屆三中全會，以因應台美斷交帶來巨大衝擊的同一天，也是大陸中國共產黨召開十一屆三中全會的時候，並在這次重要的會議上，確定了改革開放的路線，開啟了「大國崛起」的新紀元。國共兩黨巧合的選擇在同一天，各自召開了十一屆三中全會，都具有相當的歷史意義與影響，如此的巧合，頗耐人尋味。

大舉任用青年才俊

在一九七九年二月七日國民黨中常會通過工作組報告的當天，蔣經國大幅度的調整了中央黨部的人事，啟用了不少參與這次工作組工作的青年才俊，為黨部的主管幹部。例如，陳履安（陳誠的長公子，四十二歲）擔任重要的組織工作會主任、許水德（四十八歲）擔任中央社會工作會主任、關中（三十九歲）擔任中央政策委員會副祕書長、李鍾桂（四十一歲）擔任中央青年工作會副主任、王曾才（四十四歲）擔任中央青年工作會副主任、蕭天讚（四十四歲）擔任中央組織工作會副主任。這批年齡在四十歲左右的青年才俊，就成為日後蔣經國倚重的幹部。

蔣經國深知，改革工作的推動，不但要有非常的做法，制定新的政策，更重要的是要有新的人事，新的人才，以新的觀念、新的作風，帶動全面的革新，如此改革才能見到成效，才能振奮人心，不負人民的託付與期待。

那時也是台灣展現新氣象、最具發展活力的時期。蔣經國透過改革，已做好準備，將台灣帶入最輝煌的八十年代。

CHAPTER

5

大陸的和平攻勢

「和平統一」取代「武力解放」

一九七九年元旦，大陸藉著與美國正式建交的機會，由全國人民代表大會常務委員會發表了「告台灣同胞書」，提出了「和平統一」新的對台政策，提議兩岸人民之間應該儘早實現「三通（通郵、通商、通航）四流（探親、旅遊、學術文化、體育工藝的交流）。

在此同時，大陸政府也正式下令人民解放軍自即日起停止對金馬外島已持續進行長達近二十一年的炮擊。

三十天後，鄧小平在訪美的行程中，對「美中友好協會」與「全美華人協會」舉辦的招待會上，公開表示：

「我們不再用『解放台灣』這個提法了，只要台灣回歸祖國，我們將尊重那裡的現實和現行制度。」

從此大陸正式採用了「和平統一」的對台政策。

面對大陸的「和平統一」攻勢，蔣經國堅定的將其定位為「中共統戰」，絲毫不為所動，仍然堅持反共的立場，並在一九七九年四月四日的國民黨中常會上，明確的提出了對大陸當局的「三不政策」：

「我們黨根據過去反共的經驗，採取不妥協、不接觸、不談判的立場，不唯是基於血的教訓，是我們不變的政策，更是我們反制敵人最有力的武器」。

很顯然，在經歷了台美斷交巨大的衝擊後，蔣經國亟思的第一要務就是穩定台灣的政局，此刻任何政策上的改變都不適宜，採取保守做法因應大陸的和平攻勢，無疑是當時蔣經國唯一、最佳的選擇，應是可以理解的。

不過，在面對大陸改變了對台政策的時候，蔣經國也悄悄的改變了對大陸一貫的「反共復國」國策，在一九八一年三月二十九日舉行的國民黨第十二次全國代表大會上，蔣經國主導下，全會通過了「以三民主義統一中國案」，這是台灣新的大陸政策，也是對大陸和平統一攻勢的一個反擊。那是兩岸互爭「正統」，誰才是代表中國唯一合法政府的年代。無論是台灣，還是大陸，都在謹守「一個中國原則」的高度共識下，異中存同，彼此維持了十分微妙的關係。

在發表「告台灣同胞書」後，大陸當局眼見台灣當局沒有任何反應，台灣人民也沒有什麼感動，主要原因是那時的大陸正值改革開放的初始階段，百廢待舉，一窮二白。以如此不堪的現狀，又何以有任何的吸引力，對台灣產生號召響應，願意與大陸完成「統一」呢？

然而，以鄧小平為首的大陸集體領導高層，倒是信心滿滿，認為在與美國建交以後，台灣失去了美國的支持與保護，迫於現實，必然會認真思考與大陸統一的問題。

首次訂定「完成統一」時間表

因此，大陸當局在經過審慎的思考後，在一九八〇年初，正式將完成國家的統一列為八

十年代的三大任務之一（其餘兩項分別為反對霸權與完成農業、工業、科技、國防四個現代化）。

既然列入國家目標，大陸當局就不斷設法完善「和平統一」的內涵，希望發揮對台灣當局與人民的影響，有助「和平統一」目標與任務的實現與完成。

在這樣的思維下，一九八一年九月三十日，大陸國家主席葉劍英發表了對兩岸統一問題的九點看法，就是一般所謂的「葉九條」，提出了國共兩黨之間「黨對黨」的對等談判，實行第三次的合作。在統一後，台灣可以享有高度的自治權，甚至保留軍隊，中央政府不干涉台灣地方事務。台灣現行社會、經濟制度不變，生活方式不變，與外國的經濟、文化關係不變，保障私人財產、房屋、土地、企業所有權、合法繼承權與外國投資合作權益不受侵犯。

「葉九條」還提到台灣當局與各界人士，可以到大陸擔任全國政治領導職務，參與國家治理。台灣地方財政遇有困難時，中央政府可以酌情補助。歡迎台灣人民到大陸探親、遊玩、定居、投資、經營事業，保證妥善安排，不受歧視，來去自由，並保障合法權益。這是日後鄧小平「一國兩制」政策的雛形，特別是提到台灣在兩岸統一後，還能保有自己的軍隊，等於承認台灣是一個獨立於大陸以外的政府，否則又何以能保有軍隊呢？當時大陸的善意，沒有受到台灣方面的重視，仍然概括以「統戰」視之，不為所動。

大陸當局苦心積慮的思考了許多保證與保障條件，結果效果也不大，主要原因還是在當時兩岸人民經濟與生活條件差距太大，台灣人民缺乏對大陸體制的瞭解與信心。而且大陸當局還是以中央自居，視台灣當局為地方政府，在這樣不對等的地位上，進行談判，完成統一，對台灣領導人並不具任何吸引力。這是當年大陸當局心態的表現，台灣因之將大陸的和平攻勢視為「中共統戰」，也是理所當然，所收到的效果自是十分有限。

倒是「葉九條」中提到「在台灣政府財政遇有困難時，中央政府可酌情補助」，由於當時台灣國民所得已近每年三千美元，大陸不過一、兩百美元，所以對於「大陸政府可酌情補助」的說法，就成為台灣民間笑談，覺得有如「天方夜譚」，永無可能的一天。

作者還記得當時的新聞局長宋楚瑜就公開說「這是天大的笑話」。

可是「三十年河東，三十年河西」，如今大陸的經濟實力已躍升為世界第二大經濟體，台灣每年若沒有從大陸賺取的幾千億美元貿易順差，台灣的經濟將更為艱困。

廖承志的柔性來函

一九八一年與一九八二年，蔣經國深受眼疾困擾，視力衰退，不能親自批閱公文。大陸

方面知悉後，就再度於一九八二年七月二十四日，由國民黨元老、黃埔軍校創建時的黨代表廖仲愷之子廖承志，寫了一封文情並茂的公開信給蔣經國，呼籲蔣經國促成國共兩黨第三次的合作，並明白指出：

「如遷延不決，或委之異日，不僅徒生困擾，吾弟（指蔣經國）亦難辭其咎，」

同時也指出：

「偏安之局，焉能自保，有識之士，慮已及此。」

這封信可說已預言了「後蔣經國時代」台灣政局的亂象，語重心長，企圖以歷史的大任，期盼蔣經國改變對大陸保守強硬的「三不政策」。

信件公佈後，台灣方面仍然不動如山，沒有任何回應，最後決定由蔣夫人宋美齡女士以長輩身分，在一九八二年八月十七日公開回覆了廖承志的信函。

蔣夫人的公開信先數落了共產黨執政後的諸多暴政罪行，甚至還奉勸廖承志應：

「幡然來歸，以承父志，澹泊改觀，養頤天年，或能予以參加建國工作之機會。」

可說雙方毫無交集，各說各話，相互統戰，終至草草落幕，結束了這次大陸方面以感情為基礎的軟性和平攻勢。

但是大陸方面既然已將完成兩岸的統一，明列為八十年代國家的三大任務之一，對台工作與政策的不斷更新出台，也是毫不放鬆。

其中一項十分重要，而且在過去三十餘年一直做為對台政策主軸的「一國兩制」，就在這個時候應運而生。

已如前述，在「葉九條」中，已見「一國兩制」的雛型，只是那時還沒有正式提出「一國兩制」這個名詞。直到一九八二年九月，大陸政府與英國政府談判香港主權回歸的問題時，鄧小平才首次提出「一個國家，兩種制度」（簡稱「一國兩制」）做為解決香港主權回歸問題大陸方面的方案。換句話說，「一國兩制」本來是為解決與台灣統一問題所設想的辦法，然而卻率先使用在香港主權回歸的問題上。

鄧小平向當時英國首相柴契爾夫人說明「一國兩制」的精神，保證香港主權回歸中國後，香港仍將實行資本主義，現行的制度至少維持五十年不變。

鄧小平還以香港人生活上最喜歡的兩項娛樂跳舞與賭馬為例，很形象的形容回歸後的香港將是「舞照跳、馬照跑」，以此保證香港人民生活絲毫不受影響。

為了將來實現「一國兩制」，完成國家統一的需要，一九八二年十二月，鄧小平還透過大陸全國人大第五屆第五次會議，通過「中華人民共和國憲法」增訂案，內容為「國家在必要時設立特別行政區，在特別行政區內實行的制度按照具體情況，由全國人民代表大會以法律規定」。這個憲法增訂案就為日後港、澳以「一國兩制」的方式，完成主權回歸，提供了必要的法源。

鄧小平親自說明「一國兩制」內涵

一九八三年六月二十六日，鄧小平特別安排接見美國西東大學楊力宇教授，完整的闡述了他對「一國兩制」的構想。在提出的六點意見中，鄧小平強調祖國的統一，「不是大陸把台灣吃掉，當然也不能是台灣把大陸吃掉」，而是國共兩黨共同完成民族統一，都對中華民

族作出貢獻。

但是鄧小平不贊成台灣「完全自治」的提法，認為「自治」不能沒有限度，「完全自治」就是「兩個中國」，而不是「一個中國」了。

同時，兩岸制度可以不同，但在國際上代表中國的，只能是中華人民共和國。台灣做為特別行政區，雖是地方政府，但同其他省市的地方政府以至自治區不同，可以有其他省市自治區所沒有，而為台灣所獨有的某些權力，條件是不能損害統一的國家利益。

鄧小平具體的指出，祖國統一後，台灣可以享有司法獨立，終審權不需到北京。台灣還可以有自己的軍隊，只是不能構成對大陸的威脅。大陸不派人駐台，不僅軍隊不去，行政人員也不去。台灣的黨、政、軍等系統，都由台灣自己來管，中央政府還要給台灣留出名額，使台灣人民得以參與國家的治理。

鄧小平建議透過國共兩黨，舉行「黨對黨」的平等談判，而不提是「中央政府與地方政府」的談判。並表示「萬萬不可讓外國插手」，那樣就意味著中國還未獨立，後患無窮。

鄧小平如此煞費苦心在政治上獨創的「一國兩制」構想，除了適用在港、澳的主權回歸問題以外，在台灣一直沒有受到台灣政府與人民、甚至是輿論的認同，主要就是在兩岸經過長期的對立對抗，都對對方缺乏信心，總是害怕被吃掉。台灣具有這樣的警惕與警覺心態尤

其強烈，以致大陸的和平攻勢一直無法得逞，兩岸仍然是處於高度對立的狀態。

倒是大陸方面，經過這段時間內部密集研商的結果，正式提出「和平統一，一國兩制」做為對台政策的主軸，一直到今天，這八字箴言仍然是大陸對台政策的基調，期間雖然有與時俱進的延伸闡釋，如將「九二共識」做為兩岸的政治基礎，可是基本上不脫「一個中國」的範圍。

大陸當局就是這樣堅持的在兩岸必然統一的大道上挺進，沒有隨著領導人的更迭，而有所改變。

CHAPTER

6

「保守派」與「開明派」的鬥爭

在面對大陸積極有力的和平攻勢壓力下，國民黨不得不出招應戰。首先就是將大陸這一切的和平攻勢與所提的統一條件，都定位為「中共統戰」，不予理會。但是為了鞏固台灣的民心士氣，不受中共統戰的影響，蔣經國在這種新情勢的挑戰下，卻也不得不採取必要的措施與作為，迅速的組織了所謂的「反統戰」小組，有所因應。

成立「固國小組」反統戰

據當時擔任國民黨中央文化工作會主任楚崧秋在回憶錄的記載：

「蔣（經國）主席於（一九七九年）一月六日交代我（指楚崧秋本人）即成立

專門反制中共統戰的臨時編組單位，這就是後來的「固國小組」。該小組為尊重體制，設於中央宣傳指導小組（按：成立於一九七八年）之下，指導人即為中央宣傳指導小組召集人中央黨部張寶樹祕書長（同年十二月十四日由蔣彥士祕書長繼任），以國家安全局王永樹局長、新聞局宋楚瑜局長、外交部錢復次長、國防部總政治作戰部王昇主任及中央文化工作會（楚崧秋）主任為主幹，並由蔣主席指定我為執行召集人，其他黨政有關主管為參加人。於一月二十二日召開第一次會議，集思廣益，研擬反統戰對策，交付實行。

這個小組於執行祕書（文化工作會祕書兼任）之下，設有資料、研判、協調三個組，由上述五個主幹單位各借調一、二熟諳敵我情勢者參加工作，合計不到十人，無固定經費，承國家安全局撥借瑞安街一招待所為辦公處，取會報形式，本身沒有什麼（政策）執行能力，凡所決議，概需透過黨政協調，付諸實行。

初時大家基於責任感與工作熱忱，更基於蔣主席對此責望殷切，因此尚能以微小的人力，勉力達成所擔負的任務。可是中共對台統戰攻勢越來越淩厲，別的不說，單以對台廣播、空飄出版物、各種心戰喊話等而論，即非小組條件所能

因應。同年（一九七九）四月間，蔣主席鑑於敵人謀略有利用人心不安，及島內反對勢力，製造妥協假像之虞，乃斬釘截鐵提出應對中共的「三不」政策——不接觸、不談判、不妥協，這無疑是反統戰的最高方針，問題則在如何說服國人，共趨一鵠，固然這是整個黨政的共同責任，然「固國小組」不能不首當其衝。

再過半年，我深認「固國小組」的階段性任務已經完成，面對高雄「美麗島事件」後敵我內外大局的挑戰，乃向張祕書長表示，希望轉呈主席考慮可否由人力物力比較充實的單位來負責，文化工作會全力配合。此議在一九七九年十二月中旬，國民黨十一屆四中全會決定由蔣彥士繼任祕書長後得到一些眉目，即待新年度開始後作一決定。此為國防部總政治作戰部承接此一任務的由來。」（請參閱《覽盡滄桑八十年——楚崧秋先生訪問紀錄》第一三八～一三九頁，國史館出版）

由楚崧秋親口道來的這段「固國小組」成立到結束的內幕來看，蔣經國本人對大陸和平攻勢的戒慎恐懼是其來有自。他親歷一九四九年大陸淪陷的慘痛教訓，知道若是不能嚴守峻

拒中共統戰的可怕後果，只要政府態度稍一鬆動，台灣人心隨之懈怠，一發不可收拾，結果是不言可喻。

保守派與開明派的辯論

不過，在此同時，也有一批所謂「開明派」或「自由主義分子」，卻對「三不政策」不以為然。在他們的認知中，覺得不要畏懼中共的統戰，認為以當時台灣經濟的繁榮發展，自由民主的程度，遠遠超過大陸經歷十年文化大革命之後，面臨「一窮二白，百廢待舉」的慘狀，是台灣掌握主動，可以大舉政治反攻，爭取大陸民心的最佳時機。

這一批「開明派」與「自由主義分子」，有許多是台灣旅美的學者，也有台灣島內的專家。因此，自從一九七九年大陸提出「和平統一」的新對台政策後，台灣內部就展開了一場激烈的「保守派」與「開明派」政治路線鬥爭，彼此經常在報章雜誌上撰寫文章，各抒己見，毫不相讓，猶如經歷了一場小規模的「諸子百家」時代。

除了在輿論上的較勁外，「保守派」與「開明派」居然還在蔣經國親自的策劃督軍下，進行了一場激烈的辯論。這段精彩的短兵相接、當面撕殺鬥爭，在中央研究院院士、知名歷

史學者許倬雲一生回顧的自傳中，有著以下詳細的敘述：

「當時政府確實願意花力氣蒐集各方意見，行政院長孫運璿常邀請我（許倬雲自稱，下同）參加一些小會，有時候五、六個人，有時候十來個人。美麗島事件過後那一次國建會（應該是指一九八〇年七月暑假期間）讓我印象特深，當時孫運璿找魏鏞（時任行政院研究發展考核委員會主任委員）做聯絡人，負責替他和海外學者聯絡。

魏鏞曾在美國曼菲斯的田納西州立大學教書，所以很早就認得我了。他回國後替孫運璿辦事情。學術界對他的印象是學問馬馬虎虎，講話有點誇誇其談，平心而論，他為人熱心，辦事也滿能幹的。有一天他到旅館來找我，說：『許先生，我們要另外開個會，跟孫先生他們幾個人談談』。我說：『我不是常跟他談嗎？』他說：『這次特別一點』。我問：『開什麼會？』他說：『辯論會，地點在行政院』。

那時候行政院的房子還沒有整修，屋頂上有間違章建築，大概三十來坪左右，是一間會議室，還有茶水間和廁所。魏鏞想了想之後說：『那裡電梯上不去，

你怎麼辦？我想個辦法。』我說：『這個我可以應付的來。』那時候我走路比較沒問題。

這次談話會的另一批人主要是王昇、三民主義專家周道濟、以及總政戰部一大批人。我記得我們這邊有丘宏達、冷紹烇、熊玠、高英茂、胡佛，人數不多，差不多六、七個人，就是和他們辯論，辯論國家開不開放，要不要解除黨禁等問題。

雙方面對面坐著，孫運璿和蔣彥士擔任主席，分坐兩邊，等於他們兩個做頭，擺明雙方對陣的意思，蔣經國在樓下看閉路電視，會中每句話他都聽得見。我是我們這一邊的主辯，對方好像是王昇主辯。我跟王昇針鋒相對，我的意思是不開放就沒有安全，不開放就不能得人心，主要的論調就是這樣，但王昇還是繞著國家安全打轉。這些主張，我在國建會公開的小會裡都提過，不過語氣輕重不一樣，我認為黨禁開放就必須輿論開放，第一，一定要廢除事先檢查或事後報備的出版制度，讓輿論完全開放；第二，不要限制報紙、雜誌的數目字，讓它自由競爭。這一點，今天回頭想想，我的建議是對的，但是台灣（後來）開放媒體，沒有配套，而且不知道漸進，執行得一塌糊塗，劣幣驅逐良幣，現

在我們的輿論已經到了濫用自由的境界，跟當年我們要爭取自由的時代完全不一樣了。

那一次會議相當緊張，熊玠就對我說：『倬雲啊，注意喔，你萬一給人家暗算了怎麼辦？』我說：『So what？真要把許倬雲暗算掉，除非把我丟到火車底下，如果放我一槍的話，會搞出國際事件來。』所以那次辯得很激烈，以前沒有過這種辯論，只有個別談話，我相信這是孫運璿給蔣經國出的點子。辯論沒有結果，對方的人我也不太認得。我記得有個曾經擔任過總政治作戰部主任的張彝鼎，他是大陸時期清華大學出身的留美國際公法專家，不過他很好，不太說話，只是擺個樣子。

他們的論點就是安全，說：『奸匪的手段無所不用其極，這些黨外人士就是奸匪的同路人，我們在大陸的時候吃過苦頭了。』就這麼個理由，主張國家安全必須要靠嚴密的情資管制，安全第一，秩序第一，領導中心有充分的睿智可以對付，權威不容懷疑。就這一套話，我反駁說，民意與民心更重要。」（請參閱《許倬雲院士一生回顧》書中第四四一～四四三頁，中央研究院近代史研究所二〇一〇年出版）

對於這次的辯論，作者一直沒有聽過任何人談過，或許是當局早有交代，參加辯論的人員均要對外保密，不許提到這件事。甚至台北新聞界也沒有聽到任何人提及此事，也沒有任何報導。直到二〇一〇年看到許倬雲自傳的敘述，才得以知悉此次重要的「保守派」與「開明派」的對決PK。初步的感受是有些令人匪夷所思，因為蔣經國過去很少以這樣的方式，來做為政府擬定重要政策的辦法。因此特別引述這段文字，使讀者們可以瞭解當時台灣內部也經歷了這麼一個激烈路線之爭的階段。

雖然許倬雲認為辯論沒有結果，但是從辯論後的發展來看，顯然保守派贏了，占了上風。蔣經國無論是在內政上或對大陸政策上，都沒有任何改變，對內黨禁、報禁都不開放，對大陸仍然堅持「三不政策」，堅壁清野。

其實，在這次辯論舉辦之前不久的六月底，蔣經國才將思想比較開明、工作態度傾向開放的國民黨中央文化工作會楚崧秋主任調職，理由就是「有人說你（指楚崧秋）自由主義色彩很濃」、是當時台灣保守派認為「精神污染」製造者之一的原因（請參閱《覽盡滄桑八十年——楚崧秋先生訪問紀錄》第一四〇頁）。可見那時的蔣經國是認同保守派的觀念與做法，並以行動具體支持在政戰系統主導下的保守派。

如果許倬雲還認為是沒有結果，不能算是保守派的勝利，那什麼才算是勝利呢？

兩岸學者接觸計劃的胎死腹中

不過，在許倬雲的回憶錄中，另外敘述了一件當時開明派準備撮合兩岸學者在海外接觸，化解兩岸歧見的機制，只可惜最後因蔣經國健康不佳，不能親自掌控這個計劃，以致欠缺臨門一腳，功敗垂成的往事：

「一九七八年，孫運璿當行政院長後，跟我（指許倬雲，下同）提到辦一個兩岸談判的機制，這件事起源於前廣東省政府主席李漢魂將軍的兒子李浩（Victor Li）跟我之間的聯繫。李浩在美國長大，原本在史丹福大學教法律，跟美國國務院關係密切，後來轉到國會資助的夏威夷大學東西文化中心做主任，離職後成了國際大律師。

李漢魂在廣東軍人中有相當根深蒂固的聯繫，與中共元帥葉劍英也有一些交情。所以李浩跟當時的廣東省長葉選平（葉劍英之子）也有來往。葉選平跟他

來往，背後有葉劍英支持，葉劍英又可直通鄧小平，是鄧小平信得過的人。

最初我跟李浩只是認識而已，有一天他突然打電話找我，他說：「我來紐約，你有空的話，我們談談。」我說：「我為什麼無緣無故從匹茲堡跑到紐約，你到匹茲堡來。」他說：「這樣子啊，那天你到紐約來再談好了。」我常常到紐約，有一次我到紐約，他也剛巧在紐約，我們就約在ACLS後街的一家小餐館，他開門見山就說：「We need to do something to smooth up for Chinese goodness.（為了中國好，我們應該做點事情來緩和海峽兩岸的衝突）」我說：「Yes, we shall do it, but how？（是的，但怎麼做？）」我們用英文對話，因為他的中文不太流利。他說他有線索，接著又說：「I think you can do it in Taiwan.（我想你在台灣有路子。）」我說：「I can try it.（我可以試試看。）」我坦白對他說，我有兩條線索，一條是蔣彥士，一條是孫運璿。

後來我們計劃邀請一些學者，召開學術會議。這個會議確實是學術會議，但有白手套的作用。雙方各找一些可以信任的學者，不必講究學術地位高低，只要是專業，能講出個道理來，一個政治的，一個經濟的，一個外交的，總之就是六、七個人面對面談，確認一些盤根錯節的小問題。我們的想法是，一棵大樹

樹幹底下有許多根，你要直接砍大樹很難，但是拿小根一根一根砍斷，大樹就容易倒下了。要撼動兩岸關係，大事情撼動不了，先拿旁邊盤根錯節的小枝節砍斷，所以先確認小問題。

當時確認的小問題有海難、刑事、氣象。海難是救難、漁船救難，刑事是協助緝捕、引渡罪犯，氣象是交換各種資訊和數據，第二步再談通信、交換郵件，有緊急事件互相通報。第三步是海外華僑互相照顧，你的大使館照顧我的人，我的大使館也照顧你的人。那時候我們還保有一些大使館，不是完全沒有。這一類事務談過後，再討論聯合投資，那時候不叫三通，叫「人員來往」。運用的單位包括國際紅十字會，我甚至提議在香港成立一些新的機構，加強兩岸聯繫。

我們的想法是，確認這一類的小問題後，會議一個一個開下去，然後由這些學者以事務合作為名，視適當時機提議台灣辦一個大陸事務協會，大陸辦一個台灣事務協會，由這兩個單位在香港租同一棟房子，一個在左半邊，一個在右半邊，中間會議室共用。有任何事情發生，就在香港的辦事處當面交換意見和溝通，包括許多細節，完全沒有雙方政府的直接介入，通通經過這些白手套機

構。當時我們聯絡的中國大陸對象是長期負責情報和祕密對台工作的羅青長，還有葉選平的弟弟葉選寧，他們有一個大中華協會，因為這個構想沒貫徹下去，所以我們沒想到兩岸分設海基會和海協會這兩個的名稱。

這件事從一九八一年開始籌畫。一九八三年五月九日先母在中心診所去世，五月六日我在醫院陪病時，孫運璿先生來醫院探視，他說：「我來看看老伯母的病。」他站在病床前，一再吩咐主治大夫趙醫師：「盡力，盡力維持，盡力維持，你們不要怕，任何要花的錢，要用什麼藥，盡量用。」我說：「謝謝院長，家母九十四歲，我們也知道人生天命。」他隨後說：「我主要是跟你談談話。」我說：「我到（行政）院裡找你談話。」但他通知中心診所的院長，騰出院長辦公室，讓我跟他兩個人在裡面談話，院長還端了椅子坐在門口把門。

孫先生說：「我們談的事情，每一階段總統都知道，我都跟他報告過，但是現在總統的身體很壞，顧不全這件事，總統跟我說，與其顧不周全，不如暫時停一下，所以這件事我們暫時不談。」他又說：「你跟李浩先生說，不是永遠停止，但是這一件事情目前我們沒有辦法做。」我問孫先生說：「院長，你認為總統的情形如果不好，你……」他說：「當然他會有交代，會有機制，他交代

了下來後，假如我還在一定的位子上，我會繼續辦。」（請參閱《許倬雲院士一生回顧》第四四七～四四九頁）

從許倬雲上面的敘述，可以看到一九八〇年代初，兩岸高層是有意願從小問題開始，先建立一些技術層面的接觸，再逐步擴大、深化，推進兩岸關係的發展，朝統一的目標前進。在許倬雲的敘述中，還有計劃籌募二百億美元資金，幫助大陸當時亟需做的基礎建設，以建立雙方的善意與互信，則兩岸的情況早就會有很大的改善。

很可惜當時蔣經國身體不好，沒有精力親自督辦這件事，也不放心由其他人負責這個足以改變國策、動搖國本的大事情，因此兩岸最早的合作計劃就此胎死腹中。

蔣經國健康惡化的具體描述

至於蔣經國當時身體健康到底有多壞，在許倬雲的回憶錄裡，有著這樣的敘述：

「當時蔣經國的身體狀況不好，腳已經爛了，孫（運璿）先生曾形容給我聽，

說他的腳掌已經爛了一半，眼睛也一天比一天壞，一隻眼睛沒有了，還有他的脖子，高度鈣化，幾乎不能轉動，所以這個決定他沒敢做，他說：「這件事情太大，我自己掌不了舵的話……」（請參閱《許倬雲院士一生回顧》第四五一頁）

總之，在一九八〇年代初期，台灣經歷了一段「保守派」與「開明派」的鬥爭，雙方各顯身手，只是鬥爭的結果，高舉國家安全第一大旗的「保守派」勝利了，說服了蔣經國，接受了保守的做法，直到「保守派」不知收斂，過度擅權、擴權的結果，激怒了蔣經國，才促成台灣走向開明、開放。

CHAPTER

7

「美麗島事件」的發生與善後

黨外勢力的快速成長

台灣的政治反對勢力是一直存在的。

從一九五〇年代，台灣開始實施地方自治，推行縣市以下層級首長與民意代表的民主選舉以後，這些非國民黨籍被統稱為「黨外」的政治人物，在那個「白色恐怖」戒嚴時期，對國民黨藉口反共的需要，採取高壓專制統治的做法很不以為然，因此他們總是藉著選舉期間的所謂「民主假期」機會，公開發表許多反國民黨與反政府的言論，煽動人民反抗的情緒。

這種現象在台灣經濟逐漸發展，人民生活水準日益提高以後的一九七〇年代，越發突顯。「黨外」人士得到台灣人民的支持度也日益攀升，終於在一九七七年十一月十九日舉辦

地方選舉投票日當天，發生了「中壢事件」，支持黨外候選人的群眾，包圍了警察局，焚燒了警車與警局，這是台灣首次發生的群眾暴力反國民黨、反政府不幸事件。而選舉的結果，黨外人士也大有斬獲，鼓舞了他們的士氣，準備在一九七八年十二月底即將舉行的中央民意代表增補選中，再顯身手。

結果由於台美斷交的影響，政府斷然中止了選舉，黨外人士雖有不滿，可是鑑於台灣當時整體氛圍大多人民是支持政府的決定，認為台灣面臨如此重大危機的考驗，是不宜再分什麼黨內、黨外，應該共體時艱，度過難關。

選舉可以暫時中止，但是蠢蠢欲動的黨外力量，仍然聚集，平時就以撰寫反政府文章，出版反政府刊物為主業，磨拳擦掌準備在恢復選舉後，爭取台灣民意的支持。

「美麗島雜誌」就是在這種背景下，於一九七九年九月為日後選舉需要創刊的一本黨外刊物。所刊登的盡為醜化國民黨、煽動人民反政府情緒的文章。

同時，黨外人士受到「中壢事件」模式的鼓勵，覺得走群眾路線是凸顯訴求的好方法，各種反對行動隨著這種思潮而風起雲湧。當時社會普遍對國民黨不滿，對現實不滿，要求開放政權的呼聲非常高，這是一個擺在眼前的事實。然而執政的國民黨領導層，並無這種警覺與危機意識，尤其是情治單位，尚多主張採取圍堵或壓制政策，以致激化了與黨外人士的關

係，雙方平時小規模與小範圍內的對立衝突就不斷發生，最後終於決堤，導致大規模的群眾暴力事件，造成台灣社會的分裂與不幸。

「美麗島事件」發生的經過

一九七九年十二月十日，「美麗島雜誌社」決定以「世界人權日」為名，在反政府情緒最激烈的高雄市舉辦大遊行活動。他們先向政府提出申請，自然沒有得到准許。不過，即使政府不准，主辦的「美麗島雜誌社」仍然如期舉行遊行活動。

台灣當局因事先早已知悉他們活動的計劃，所以出動了近萬名的警力，將群眾集結地點的「美麗島雜誌社」高雄辦事處與預定活動地點的高雄扶輪公園團團圍住，企圖將參加的群眾隔離分散，以達到破壞活動舉辦的目的。

不過當聚集的群眾越來越多（號稱有十萬人），情緒也益發高昂的時候，彼此對峙衝撞的情況早已一發不可收拾。雖然奉命執法的員警都事先接到「打不還手，罵不還口」的命令，降低了雙方對立的緊張情勢，但是經過十餘小時的示威活動，仍然有兩百餘人受到一些傷害，幸運的是沒有一人死亡。

「美麗島事件」發生後，國民黨高層連日密集協商，討論如何處理善後的問題。那時正逢國民黨召開十一屆四中全會，蔣經國撤換了已久任祕書長的張寶樹，由一向思想開明，做事認真負責，能廣開言路，接受各方意見的外交部長蔣彥士繼任。

處理善後的原則

經過近一個月的集會商議後，蔣經國在一九八〇年一月三日於國民黨中央各單位主管參加的黨務工作會議中，談到「美麗島事件」，他表示：

「針對該事件應該是嚴明而公平的來辦，人證、物證要弄清楚；但問題並沒有了，需要一段相當長的時間才能平靜下來，因此要加強宣傳、組織、社會等方面的工作。要做到大家口服心服，才能解決政治方面的問題，但我們也絕不會因這不幸事件而放棄反共建國的政治立場，否則就是對不起自己，因此『美麗島事件』之後，更應開大門、走大路加強工作，才能解決當前的問題。黨國生存關頭，負責者應該拿出負責的態度來，選舉已經在準備，一切依法來辦，平

靜、正常，成敗不計。」

後來蔣經國又再表示，處理美麗島事件的原則，並不是要以嚴酷、無情的態度，採取高壓手段來對待反對者。

經過國民黨高層一再的研討，終於確定了以下幾個善後的具體做法：

1.由於台灣正處戒嚴時期，依法交軍法單位審判。
2.審判決定公開進行，允許中外媒體旁聽、採訪、報導。
3.被告要分主從，不可一律處以重刑。
4.被告依法應沒收其個人財產，唯應考慮日後生活與家人的需要，酌情允許保留必要的部分財產。
5.審判一切依法公正進行，尊重被告人權，得聘請律師予以辯護。
6.被告關押期間均比照一般關押規定，不會有任何差別待遇。
7.對被告家屬親人要依法保障權利，不受任何影響。

在這樣的處理原則下，「美麗島事件」的世紀大審，在中外媒體共同的關注下，依法開庭審理，並允許中外媒體全程旁聽報導。那段時間台灣各大報章雜誌都大篇幅將美麗島被起訴人答辯的每一句話，做了忠實、詳盡的報導，等於為他們所信仰爭取自由民主與為何反國民黨與反政府的理念，甚至台灣獨立的政治主張，做了最好的宣傳。結果引起國民黨內保守派的強烈反彈，蔣經國不得不將當時力主應該公開審判、屬於開明派、被認為是「精神污染」來源的文化工作會主任楚崧秋予以撤換，才稍微平息了這場不小的風波。

最後雖然將主犯八人（黃信介、施明德、林義雄、呂秀蓮、張俊宏、陳菊、姚嘉文、林弘宣）判以十二年以上到無期徒刑的重刑，其餘三十七位從犯則均處以數年不等的輕刑，可是「美麗島事件」對台灣日後政治的影響是相當巨大，不但為日後的民主進步黨培養了一批所謂「美麗島世代」（包括擔任辯護律師的一群人）的街頭選舉戰將，直接造成民進黨在二〇〇〇年取得執政權的後果，也對國民黨在台灣的沒落產生了催化作用，或許這是當時蔣經國與國民黨高層所未能預料，日後竟然會對國民黨造成如此嚴重的傷害，令人感歎！

CHAPTER 8

成立「劉少康辦公室」反統戰

蔣經國決定強力反統戰

在本書的第六章中，作者曾經提到，當一九七九年元旦，台美斷交之後，大陸當局就針對台灣發動了淩厲的統戰攻勢，提出「和平統一」、「三通四流」、「一國兩制」等具體方案，甚至將完成國家的統一，正式列為一九八〇年代的三大任務之一，企圖瓦解台灣長期以來接受國民黨「反共教育」的心防，達到促進兩岸統一的終極目標。

面對大陸當局如此積極的加強對台統戰工作，國民黨中央也立即有所因應，一九七九年一月六日蔣經國就交代國民黨中央文化工作會主任楚崧秋即刻成立專門反制中共統戰的臨時編組單位，設在國民黨中央宣傳指導小組之下，由國民黨中央祕書長張寶樹擔任指導人，實

際業務則由中央文化工作會負責（見《覽盡滄桑八十年——楚崧秋先生訪問紀錄》第一三八頁）。

這個名為「固國小組」的國民黨第一個反統戰專責組織，歷經一年的運作，由於缺人、缺錢，又沒有一定的職權，發揮的功能有限，難以與大陸當局傾全國之力的強大統戰攻勢相抗衡。

因此，在一九七九年底，楚崧秋在台灣發生「美麗島事件」，敵我內外情勢丕變的嚴峻挑戰下，向張祕書長建議，「固國小組」已完成階段性任務，應該由人力、物力較為充實的單位來負責，才能發揮更大的功能。

楚崧秋的建議，在不久後舉行的國民黨十一屆四中全會，中央黨部祕書長由蔣彥士接任後，得以實現。

一九八〇年一月二十九日，蔣經國在主持國民黨中常會後，召見甫於四中全會獲選為中央常務委員的國防部總政治作戰部主任王昇上將，對他說：

「目前反統戰的工作非常重要，從現在起由你負責！」（請參閱陳祖耀著《王昇的一生》第二七二頁，台灣三民書局二〇〇八年八月出版）

王昇是從一九三九年，蔣經國在江西贛南擔任行政專員時，就開始追隨蔣經國，極受蔣經國倚重的重要幹部。可以說蔣經國說的每一句話、交代的每一件事，王昇都是絕對的服從。

但是唯獨這次蔣經國要他負責對中共的反統戰工作，他感覺責任太大，又是政治性極高、極度敏感的工作，因此他請蔣經國重新考慮人選，但是蔣經國十分堅持（蔣經國的個性是君無戲言，對許多事未經深思熟慮，絕不輕易表示意見。可是一旦決定的事，他會堅持貫徹下去），王昇不得已，只有硬著頭皮，接下了這個困難的工作。

不過，王昇向蔣經國提出了一個要求：

「這個反統戰小組所有的工作，仍應經由中央黨部蔣彥士祕書長向主席報告與請示。」

蔣經國聽了後說：

「你們去商量好了。」

就這樣，國民黨的第二個反統戰單位，就改由人力、物力都十分充實的政戰系統接手，展開對大陸統戰強力的反擊。

初期名為「王復國辦公室」

王昇與蔣彥士商量的結果，決定在中央黨部祕書長辦公室之下，設立一個隱祕性的小型幕僚單位，稱為「王復國辦公室」，於一九八〇年四月一日成立，除由王昇擔任主任外，蔣經國核派政論家李廉擔任書記。下設情報、計劃、協調、行政祕書各一人，精選必要幹部，從事幕僚作業，人事極為精簡，皆由黨政相關單位選調而來的優秀人才。

同時，因工作需要，成立基地、海外、大陸三個工作研究委員會，各設召集人及祕書一人，再由各召集人推薦學者專家與相關黨政單位的副主管為研究委員，每週集會商討各項反統戰工作的推動計劃。

三個工作研究委員會的召集人均由蔣經國親自核派，研究委員與祕書則由各召集人建請

蔣祕書長核聘。茲將各委員會召集人、祕書、研究委員名單陳述如下：

基地對敵鬥爭研究委員會召集人：吳俊才（時任中央黨部副祕書長）；祕書：朱文琳；研究委員：先後經聘請于振宇、王人傑、杜均衡、李模、宋楚瑜、周菊村、施啟揚、郭哲、殷文俊、郭為藩、梁孝煌、曹伯一、廖祖述、趙守博、蔣廉儒、蕭天讚、李在方、陸潤康、王昭明、許新枝、王章清、甘毓龍、朱文琳等二十三人。

海外對敵鬥爭研究委員會召集人：由先後任外交部政務次長的錢復、丁懋時擔任；祕書：先後由劉國治、謝復生擔任；研究委員：先後經聘請明鎮華、汪奉曾、柯叔寶、朱集禧、連戰、何顯重、王紀五、蕭萬長、郁慕明、趙寧、章孝嚴、戴瑞明、張京育、虞為、高銘輝、劉國治、謝復生等十七人。

大陸對敵鬥爭研究委員會召集人：徐晴嵐（曾任國民黨大陸工作會主任、中央黨部副祕書長）；祕書：先後由張鎮邦、徐崇藝、王澄宇擔任；研究委員：先後經聘請宋公言、林清江、蕭政之、焦金堂、王徵麟、鄧祖謀、荊自立、項迺光、裘孔淵、張鎮邦、曾光亞、黃達紀、姚孟軒、洪幼樵、李明、辛尚志、徐

崇藝、王澄宇等十八人。

辦公室四個部門的祕書亦由蔣祕書長核聘：

計劃祕書先後由李明、李在方、刑國強擔任，陳濯明、楊台生、佟立家協助辦事。

情報祕書由郁光將軍擔任，張虎、鄧鶴庭、錢行偉、蘇成福協助辦事。

協調祕書由趙孝風擔任。

行政祕書由汪振堂擔任，劉書德、陳子樸、康雅玲、鍾淑芬協助辦事。

（請參閱汪振堂所寫《揭開「劉少康辦公室」面紗》一文，原載台灣傳記文學第九十卷第二期，第四五～五〇頁）

運作方式

根據上述專文的敘述，「王復國辦公室」對於大陸對台統戰的情報，隨時予以掌握，所有作業，無不針對中共的策略及海外、基地所呈現的狀況，專案研擬反制對策。

首先是由三個研究委員會研擬形成具有共識的建議案，提交計劃部門完成幕僚作業，然

後提報每月一、三兩週舉行的「研究會報」，由辦公室主任王昇主持，邀請各研究委員會召集人及祕書，共同研討，擬定草案。

隨後再將定稿的草案，提報每隔一週的週二早晨七時舉行的「綜合會報」，由蔣彥士祕書長在中央黨部主持，邀請各研究委員會召集人及個案相關的黨政單位主管或副主管參加，廣泛交換意見，研擬定案。而且為了慎重起見，自一九八二年起，此類經過審慎研究的方案，尚須提報每月一次，由行政院孫運璿院長主持的「決策會報」作最後的決定。參加「決策會報」的人員有總統府祕書長馬紀壯、行政院祕書長瞿韶華、中央黨部祕書長蔣彥士及討論議案相關部會的首長。

所以，凡是由「王復國辦公室」所提的重要擬案與建議，莫不經過三次以上會報的反覆研議，方簽請蔣彥士祕書長轉呈蔣經國核示。蔣經國核可後的案件，再由蔣祕書長協調黨政相關單位貫徹執行。而在各相關單位貫徹執行之際，「王復國辦公室」會主動結合許多熱愛國家，不計報酬的有識之士，配合以強勢的文宣作為，使各個方案俱得順利推展，終底於成。

有人說，此一期間是國民黨黨政運作、協調、指揮最靈活、最順暢的一個黃金時期。這個觀點與作者前述「前三雄」（指孫運璿、馬紀壯、蔣彥士三人）之間能夠推心置腹、精

誠合作的觀察，完全一致。雖然那段時間是蔣經國健康狀況很不好的時候，但是由於「前三雄」的密切合作，足以承擔了許多國事的重責大任，台灣仍然大步向前，開創了一個繁榮進步的一九八〇年代，彌足珍貴。

更名「劉少康辦公室」

「王復國辦公室」在成立了一年以後，為了保密與欺敵的需要，呈報蔣經國核定，正式更名為「劉少康辦公室」，取歷史上「少康中興」故事的典故，期望「劉少康辦公室」能夠為台灣再創一個中興的歷史。

CHAPTER

9

不幸的兩大政治慘案

進入一九八〇年代的台灣，蔣經國為了維持台灣政局的穩定，加上自己的健康不佳，沒有足夠的精力主導許多重要的決策，因此在面對大陸當局的統戰攻勢時，選擇了保守的政策與做法，以「不變應萬變」應該就是那個時代最好的寫照。

作者還記得在那段期間，國民黨內的青年精英分子，曾經為了是要「在安定中求進步」，還是要「在進步中求安定」，展開了激烈的辯論。前者代表了保守派的主張與心態，高舉「安定第一」的大旗，反對任何可能造成政治動蕩與不安的改革。後者代表了開明派的主張與心態，認為「安定」與「進步」未必是絕對的衝突，可以兩者兼顧，而且要以「進步」為優先，在進步中同樣可以保有安定。

自然這樣的辯論是難有結論的，因為蔣經國早有定論，他一旦做了決定，是很難改變的。

發生「林義雄滅門慘案」

台灣在一九七九年十二月十日，發生「美麗島事件」，為台灣的民主發展蒙上了陰影。參與「美麗島事件」主謀之一的林義雄，在事件發生後不久，就遭到台灣警備總司令部的逮捕，以被告的身分，等待軍法大審。正值林義雄關押期間，一九八〇年二月二十八日，在這個具有特殊意義的日子，林義雄在台北的住家，遭到歹徒的入侵，殺害了在家的三位林義雄親屬：林義雄的母親與林義雄的一對雙胞胎女兒。

這個轟動台灣社會的悲劇，加深了台灣內部的矛盾。由於受害人的身分，加上凶手凶殘的作案手段，雖然經過治療，搶救回林義雄大女兒的生命，但是很自然的使人聯想到這是一個政治謀殺案件。台灣當局則一再撇清與這個案件的任何關聯，認為政府有關部門再笨，也不會選擇在林義雄被關押，又是「二二八事件」這麼敏感的時刻，來做如此傷天害理的事情。

不過慘案發生後，台灣警方迅速組成專案小組，經過縝密的偵查卻一直無法破案，益發增加這個案件的神祕性以及對台灣當局的傷害。從此以後每逢選舉黨外人士總是以此案件做為控訴國民黨泯滅人性最有力的例證，國民黨縱使含冤，也只有默默的吞下這個無奈的政治

苦果。

再發生「陳文成命案」

「林門慘案」發生的隔年，一九八一年七月二日早上，一位美國卡內基美侖大學數學系教授陳文成，在返台探親期間，遭到台灣警備總司令部的約談，以瞭解陳文成與在美國主張台灣獨立的台灣同鄉會之間的關係。據警總事後發表的聲明，約談陳文成是在七月二日當晚六點多結束，警總還派了專車、專人護送陳文成返回住處。結果當晚午夜時刻，陳文成竟然離奇的陳屍台灣大學校園中，位於「研究生圖書館」附近的草地上。

由於陳文成是美國知名大學的在職教授，這個命案頓時成為國際新聞，卡內基美侖大學校長公開譴責台灣政府要為這個命案負責，並要求派遣美國方面的調查人員到台灣參與辦案。

這對已經斷交的台美關係，無異是雪上加霜。礙於美國強大的壓力，台灣政府最後不得不同意美國警方鑑識人員來台，參與驗屍工作（台灣方面為了維持國格與尊嚴，稱為「檢視」，而不是參與驗屍），以確定陳文成的死因。

這個命案也如「林門慘案」一樣，一直沒有破案。國民黨在進入一九八〇年代的頭兩年，很不幸的又背負了這兩件均具有高度政治敏感度的案件，至今仍然是國民黨揮之不去的兩大陰影。凡是研究或討論台灣民主化進程的議題時，「林門慘案」與「陳文成命案」都是必然要觸及的議題，結論都是國民黨必須為這兩大慘案負責。

CHAPTER

10

提出「以三民主義統一中國」的號召

中國國民黨前六屆的全國代表大會，都是在大陸時期召開的。

到了台灣以後，第七屆全國代表大會在一九五二年十月十日於台北召開，直到第十屆全國代表大會都是由蔣中正總統以總裁身分，主持歷屆大會。

一九七六年十一月十二日召開的第十一屆全國代表大會，首次由蔣經國以主席身分，主持大會。然後在這次大會中，正式獲選為中國國民黨第一任主席，並修改黨綱，保留「總裁」一章，做為對蔣中正永恆的懷念。

到了一九八一年，第十一屆全國代表大會召開之後已經近五年，黨內人事變動頗大，無論中央委員與中央常務委員都有必要進行改選，有所調整，才能因應黨內新局面的需要。蔣經國乃決定在一九八一年三月二十九日至四月五日，召開執政黨的第十二屆全國代表大會。

這是蔣經國最後一次主持全國代表大會，他在開會典禮上，發表了「艱苦卓絕、繼往

開來」的講話，指出這次大會的主題是在確定二十世紀八十年代將是「三民主義」勝利的年代，是重光大陸的年代，這次大會的中心議題就是圍繞以「三民主義統一中國」為中心的重要會議。他還聲稱：「反共復國的基本國策決不改變、國體決不改變、以三民主義統一中國的目標決不改變，與中共當局決不談判、決不三通、不怕使用武力。」

這次大會除了選舉蔣經國連任中國國民黨主席外，還在蔣經國的示意下，通過了「貫徹以三民主義統一中國」案，強調只有「三民主義才能救中國」的信念，要加強「三民主義」思想在大陸地區宣揚的工作，要堅固全黨同志在大陸實行「三民主義」的信心與決心。

其實，最早有「以三民主義統一中國」想法的不是蔣經國本人，而是當年在大陸長期負責國民黨黨務工作、素有「ＣＣ派」掌門人之稱的黨國元老陳立夫。

一九七九年元旦，大陸與美國建立正式邦交的時候，同時發表「告台灣同胞書」，以「和平統一」取代「解放台灣」的對台新政策，要求兩岸儘速實現「三通四流」。陳立夫基於過去與共產黨打交道的經驗，立刻求見蔣經國，表達萬萬不可鬆動反共的立場，受到大陸統戰的影響。

陳立夫因此將「以三民主義統一中國」的想法，告訴蔣經國，希望政府能以此做號召，反制大陸對台灣的統戰。

蔣經國對陳立夫的建言頗為贊同，覺得不失國民黨一貫追求「實現三民主義」政治主張的立場，又可以藉此收到號召、團結所有服膺國父孫中山先生思想廣大海內外群眾的效果，就接受了陳立夫的意見，形成台灣對抗大陸「和平統一」統戰攻勢的利器。

一九七九年十一月十二日，在國父誕辰紀念日的當天，蔣經國特別安排陳立夫做了「三民主義統一中國之必然」的講演，過了幾天，又將演講稿在台灣「中央日報」公開發表。就這樣，「以三民主義統一中國」的主張就成了台灣的「基本國策」，蔣經國強力主導這個新策略，還成立了「三民主義統一中國大同盟」，做為具體負責推動的單位。

這是在一九八〇年代，兩岸較勁過程中的一段經過與插曲。

如今回想起來，應該是蠻具有啟發意義的一段歷史，值得關心兩岸關係發展當局與人士的注意與重視。尤其在兩岸同尊孫中山先生的情形下，或許「以三民主義統一中國」未來真的可以成為完成國家統一、兩岸均能接受的一個方案，有待大家共同的努力。

CHAPTER

11

為眼疾所困

蔣經國晚年身體健康不好，主要是糖尿病所造成的併發症引起。

蔣經國的生母毛福梅太夫人生前就罹患糖尿病，蔣經國受到母親基因的遺傳，從三十幾歲開始，就發現罹患了二型糖尿病（非先天性）。平時主要靠服藥與注射胰島素來維持體內血糖的正常。

不過，蔣經國是一位很熱情的領導人，年輕時三五好友聚餐，難免多喝幾杯，以顯示彼此關係的不同。等到在政壇上的發展越來越檯面化，接班的態勢越來越明顯的時候，他知道必須有所節制，因此大量減少與朋友同學的聚會。可是，在工作上，他很喜歡接近群眾，與群眾在一起，展現他親民本性的一面。

尤其在行政院長六年任內，他經常下鄉探訪民情，走到那，到了用餐的時間，他往往隨性的選擇一些平民餐廳，與民眾一起用餐，點的多是一般餐點，又不忌口，含糖分較高的米

飯、麵食、甜食，他都照吃不誤，毫無忌諱。如此長期以來，他的糖尿病情不但不好控制，反而日趨嚴重，終於導致諸多併發症的惡化，影響了他的健康。

動過兩次眼疾手術

一般來說，糖尿病的併發症首先發生的身體部位，就在末梢神經與血管。眼睛與腳趾往往是最容易產生病變的地方。

蔣經國在擔任總統的頭兩年時間，身體狀況還算可以。那時他每週在國民黨中央黨部主持中常會，幾乎每天到總統府上班、會客、主持重要會議。有時仍然下鄉探訪民情，還不時巡視部隊，前往金馬外島慰問駐軍。

不過從一九八一年以後，他的健康情形開始明顯發生變化，影響到他正常的工作與生活作息。他減少了主持中常會的次數，到總統府上班、會客、主持會議的時間，也改為不定時，視需要而定。

其中，最先受到影響的就是他的眼睛視力，一度幾近失明，無法閱讀公文與報紙，改由他的中文祕書周應龍用口述的方式，請示他的意見。

根據作者考證《蔣經國先生全集》（行政院新聞局一九九二年出版）中的資料顯示，一九八一年七月二十九日，蔣經國曾經在台北榮民總醫院接受眼科手術治療，八月四日康復出院（見《蔣經國先生全集》記事年表下輯第二八三頁）。接著在一九八二年二月三日下午，再度到台北榮民總醫院進行左眼視網膜手術治療，並住院調護。直至一九八二年三月十日，記載「左眼視網膜手術成功，已可開始批閱公文」（見《蔣經國先生全集》記事年表下輯第二九八～二九九頁）。同時在同頁中有這樣的記載：

「三月十六日，復電國民大會代表，感謝關切月前住院治療眼疾。」

以及

「三月十七日，復電監察委員，感謝關注月前住院治療眼疾。」

但是直到一九八二年六月二日，蔣經國才在「眼疾治療痊癒後，首次主持中國國民黨中央常會。」（見《蔣經國先生全集》記事年表下輯第三〇三頁）由此證明一九八一年與一九八二年蔣經國曾經動過兩次治療眼疾的手術。之後，眼睛視力才逐漸恢復，能夠親自處理公文。

總之，蔣經國身體健康的惡化，導致他肉體承受很大的痛苦，不能專心處理國事，是一個事實。

不過，慶幸的是，那時行政院長孫運璿、總統府祕書長馬紀壯、中央黨部祕書長蔣彥士的所謂「前三雄」，形成了一個堅強的黨政鐵三角。他們密切的合作，對重要的國家大事，充分交換意見，達成共識，全力督導有關部門切實執行。非必要請示蔣經國的事務，他們都共同承擔了責任，使得蔣經國能專心修養治病，不用操勞國事。他們三人對國家的忠誠與貢獻，是絕對值得肯定的。

也由於他們三人無私、無間的合作，使得台灣的進步發展，並沒有因為蔣經國健康的惡化，受到任何的影響。台灣一般人民幾乎完全不知道、也感受不到蔣經國健康變化的事實。台灣的國家機器運轉如常，經濟發展成長快速，那是台灣一段美好的時期。已走出了與美國斷交所造成不利影響的陰影，創造了成為「亞洲四小龍」之首的輝煌！

為「後蔣時代」做準備

蔣經國健康惡化，造成眼睛失明，不能批閱公文，腳部病變，腳掌潰爛的程度，看在

「前三雄」眼中，自然內心沉重，也明瞭這是人生必經的一條路，無人可以倖免。

所以，對於蔣經國健康的變化，他們不得不做最壞的打算。

當時台北政壇已經盛傳，「前三雄」已在為「後蔣經國時代」做準備，成立了「政權移交小組」與「五人危機處理小組」（見《王昇與國民黨》書中第二九一頁），這個小組自然是在極度機密的情況下運作，台北新聞界也有所聞與臆測，也與「劉少康辦公室」的功能扯上了關係。

據說當時已對「後蔣時代」的政局人事安排，做了討論，主要內容包括以下各點：

1. 依照憲法規定，總統職務由副總統謝東閔繼任。
2. 新總統就職後，行政院長與全體閣員依例總辭。
3. 動員全體中常委，推舉前總統嚴家淦繼任國民黨主席，國民黨從此走向黨政分離，集體領導的新時代。
4. 力保孫運璿續任閣揆，以維持政府人事、政策與政局的穩定。
5. 預期總統府祕書長馬紀壯與中央黨部祕書長蔣彥士都能得到慰留，續任原職。

這就是在一九八二年前後，蔣經國健康一旦發生變化，在「前三雄」的計劃中，擬具的「後蔣經國時代」人事佈局與權力分配的藍圖。

當然這個計劃最終沒有得到實現的機會。蔣經國原本惡化的健康，在榮民總醫院諸位名醫的悉心照料下，逐漸的復原。失明的眼疾，動過白內障切除手術後，已逐步恢復，蔣經國又可以親自批閱公文。許多重要的國事又回歸權力核心的掌握中，台灣靜悄悄的度過了一次權力移轉的危機與動盪，「蔣經國時代」得以繼續向前，創造了台灣在「後蔣經國時代」之前，走向開明、開放的新時代，留給了台灣人民豐盛的遺產，為「蔣經國時代」劃上了漂亮的句點。

CHAPTER 12

「劉少康辦公室」的擴權與擅權

一九八〇年四月一日正式開始運作的國民黨內部、肩負反統戰任務的「劉少康辦公室」，由於成立的目的明確，工作目標有針對性，加上在那個年代，台灣人民基本對國民黨與政府的向心比較強大，大家普遍具有危機意識，瞭解團結的重要。因此「劉少康辦公室」初期的工作均能得到社會的認同與支持，而有相當的成效。

錢復的肯定

根據曾擔任「王復國辦公室」海外研究委員會召集人的錢復，在他撰寫的回憶錄（《錢復回憶錄卷二》，第八至一四頁，天下遠見出版公司二〇〇五年二月出版）中，有以下的敘述：

「在二年半中，舉行了五九次會議，大約每兩週舉行一次，都是週一中午在（外交）部內舉行便當會議。我們研擬若干案件，也有幾件立即付諸施行。」

在錢復的記憶中，「劉少康辦公室」具體的成就，包括為了強化留學生在海外對大陸宣傳工作的免疫力，特別為即將出國的留學生，辦理為期一週的「大鵬夏令營」；對擔任出國觀光旅遊團領隊的專業導遊人員舉辦的五日訓練營；對國內各政府機關派往國外服務的工作人員，舉辦為時一個月的講習等，都發揮了一定的功能。

另外，在一九八〇年十月初，擬了一個「擴大爭取團結海外學人、僑領計劃綱要」，簡稱「團結專案」，期盼每年能邀請一千人返國，以親中共、不滿我政府或態度中立的有學術成就華人與具領導地位的僑領為優先。這項工作的主要目標是化敵為友和防止變友為敵。在一九八一年一共邀請了一二六位，其中一半以上是原來不准返台的所謂「黑名單」人員、或久未返台且主張台獨的人士。傾向支持中共政權的人員有二七人，愛國人士三十位。整體而言，這個專案工作是發生了相當的效果。

而在汪振堂所撰寫的「揭開劉少康辦公室面紗」（見台灣《傳記文學》第九十卷第二期，第四五～五〇頁），則認為「劉少康辦公室」的貢獻可以歸納為以下三項：

1. 扭轉了反統戰的劣勢（特別在海外及基地兩方面）；
2. 迅速正確判斷情況，立即策訂行動計劃；
3. 結合三個戰場（台灣島內、海外、大陸），發揮統合戰力。

總之，在成立「劉少康辦公室」，進行對中共反統戰的時候，蔣經國基本期盼這個單位要達成的任務，應該不外以上所述的三項。

但是，為何不過三年的時間，「劉少康辦公室」竟然成為台北政壇許多人的眼中釘，必欲除之而後快呢？

成為「太上中常會」

作者為此特別與曾擔任「劉少康辦公室」計劃祕書的李在方大使（後曾擔任我駐韓國代表）做了詳細的訪談。談到這個已是三十四年前的往事，李在方仍有許多感慨，而有不勝唏噓之嘆。

李在方是國立政治大學新聞系畢業，長期在新聞界服務，曾任中央通訊社駐漢城分社主

任、駐東北亞分社主任等職。

「蔣經國一直對我很好，也很照顧我，尊重我的工作選擇。」李在方回憶道：「所以我當時是以中華日報副社長的名義，擔任劉少康辦公室計劃祕書。」

凡是「劉少康辦公室」要做的工作，都要透過計劃祕書擬具計劃，再送請蔣祕書長辦公室核可後，交有關單位負責執行。必要時，再由蔣祕書長向蔣經國報告請示後，付諸實施。

李在方印象最深刻的是，「劉少康辦公室」運用台美斷交時，民眾主動捐獻的數十億元新台幣，輔導成立了「中華民國團結自強協會」與「三民主義統一中國大同盟」等民眾團體，推動民間活動與群眾運動，穩固了台灣島內與海外僑社對國家的認同與支持。

李在方也提到了前面錢復提過的邀請海外台獨與左傾人士來台訪問的工作。

「其實，負責這個工作的是曾長期負責國民黨大陸工作的徐晴嵐召集人與時任調查局長的沈之岳以及警備總司令汪敬煦上將，他們共同審核擬邀請來台訪問的異議人士名單，再交由團結自強協會負責執行。」

對於「劉少康辦公室」後來所以成為許多政壇人士不滿的原因，李在方認為主要是權力太大，拿著「反統戰」的尚方寶劍，幾乎無事不可過問，而且還可以層峰的名義，行文政府各部會，對有關業務「說三道四」，以致外界對「劉少康辦公室」有「太上中常會」與「太上行政院」的批評，得罪了許多人，這就對「劉少康辦公室」造成了致命的傷害，最終免不了被解散的命運。

李在方舉例說：

「我曾親耳聽到劉少康辦公室的書記李廉，動不動給有關單位打電話，開頭就說，這裡是王（昇）上將辦公室。這種態度倨傲，仗勢淩人的味道十分濃厚，不論是誰，接到這樣的電話，心裡肯定都是一肚子氣，這筆帳就算到王昇與劉少康辦公室的身上。」

此外，也有不少部會首長看到「劉少康辦公室」的龐大影響力，都想盡方法來利用「劉少康辦公室」，以遂行自己的一些意見與主張。

陳祖耀在他所著《王昇的一生》書中，也曾記錄了李在方當時還特別找過他，希望能提

醒王昇注意外界這樣極為不利的反應（見書中第二七八頁）。連資深的「劉少康辦公室」大陸研究委員會召集人徐晴嵐也曾勸王昇要多向蔣經國做說明，避免這些外界的批評與攻擊在政治上發酵，最後不可收拾。

但是，王昇總覺得他做事完全坦蕩無私，對蔣經國絕對效忠，無需刻意去做說明與解釋。況且台北政壇閒言閒語、是非恩怨的風氣，一向盛行。如果顧慮太多，根本做不了事。因此，他並不在意這些批評與攻擊，仍然勇於負責的去做許多吃力不討好、甚至會惹怒別人的事。

這種情形，看在李在方眼裡，不禁要為王昇叫屈：

「王昇雖然常年在政界任要職，可是有時卻缺乏防人之心，甚至令人擺布，實在冤枉。」

要在全台機關學校實施「莒光日」

對於「劉少康辦公室」擴權與擅權的一個具體事證，就是曾任教育部長、國民黨祕書

長、行政院長的李煥，曾在退休後一次與作者的談話中，提到以下的一段往事：

「那是一九八三年的年初，當時我還在高雄中山大學擔任校長的時候，有一天接到教育部長朱匯森的電話，希望我到台北去與他見面。結果見面後，朱部長拿出一份『劉少康辦公室』的公文，內容是要求教育部比照軍中實施『莒光日』給全體官兵上政治課的做法，在全台各級學校與行政機關，每週都要上政治教育課程。朱部長明白表示教育部做不到，也不敢做，想想看要讓大學教授乖乖的來上政治課，那不鬧翻天了嗎？因此朱部長請與王昇同為蔣經國中央幹部學校學生的我，去找王昇，希望『劉少康辦公室』能收回成命。」

李煥因此奉命去找了王昇，向王昇表達了朱部長的意見。但是王昇很堅持，認為這是「劉少康辦公室」經過開會討論，共同決定的意見，不是他一人說了算數。同時，公文已發出去，很難再收回來，王昇還反請李煥轉告朱部長：

「希望勉為其難，加以配合執行。」

李煥在未達成使命的狀況下，只有回報朱匯森。面對這種情形，朱匯森迫不得已，只有直接請見蔣經國，面報「劉少康辦公室」下達如此難以執行的命令給教育部。據李煥說，蔣經國聽到朱匯森的報告後，非常生氣，直說：「他們簡直亂來。」

「這件事發生不久後，『劉少康辦公室』就被裁撤，王昇也被調職，接著外放擔任大使，遠離權力核心了。」

王昇的辯解

李煥親口向作者敘述的這件事，在《王昇與國民黨——反革命運動在中國》（Thomas A. Marks 著作，台北時英出版社二〇〇三年九月出版）一書中（二九八～二九九頁），也有如下的敘述：

「到了一九八三年四月二十二日，王昇被蔣經國召見，當時蔣經國憤怒不已，

他要求要知道為何『劉少康辦公室』反其道而行的繼續推動『學術研討會』計劃，而罔顧其明確之命令。王昇當時嚇壞了，由於從來沒有接獲此種指示，此一有問題的計劃還曾經以備忘錄的形式經由蔣彥士提出、而由孫運璿、以及蔣經國本人批准。蔣經國繼續說道，『我告訴過你多少次不要舉行什麼學術討論計劃！但你仍然還在推動它們！現在大家都在惱火我們！行政院也在光火！』王昇只好說他一定是誤解了這些指示。

受到質疑的該計劃，即『學術研討會』，源起自對於團結一心的持續要求。因為王昇曾經建議要將軍中所使用的相同概念——軍隊會將連續幾天單單用在政治作戰訓練，尤其是用在公民道德表現方面——以一個經過大幅修正的形式擴及到政府部門，亦即每週一早上在為時三十分鐘的廣播研討中，都會播放一個攸關當前國家重要性的主題；當然，任何想聽廣播的人都可以收聽，可是這樣子做就會是在強制政府員工來聽了。王昇述說當時所發生的事情：

我當時的意圖不外是給公務人員一個持續受教育的機會。任何事務，從稅務到預算都可以當作主題，我們可以請到專家來講演，講述一個問題的正反意見，

這將會對大家都很好，讓所有的人都有受教的機會。假如他們真能將之完成的話，這將會是個更好的國家，藉著推出各種問題的正反兩面看法，我們就都會從中受益了。當我們開始推動本學術討論計劃之際，當時是由教育部來負責此事，在第一年結束之時，該計劃仍然還未開始，可是每當我一有任務之時，我就會要去看著它來完成，並不時對之作檢查，因此我會在會議上詢問教育部『有什麼問題』，他們表示這是一項非常困難的工作，而且最好要由新聞局來進行。然而新聞局卻表示該計劃應隸屬於行政院人事行政局之下。最終的事實是沒有一個部門願意去負責，看起來好像會發生的事情，就是根本沒有意願要去執行該計劃。事實上，該計劃從未完成過，只不過是有意要成為教室的延伸而已。可是行政院院長向蔣經國報告說沒有人要作這件工作，再加上蔣經國所聽到有關對該計劃本身表達不滿之情形下，遂形成了他的想法。在這個時候，他不喜歡每一個人都帶著壞消息來找他，而在這一點上我倒可以自我表明態度，告訴他說該計劃是經過他的核准，也曾向行政院院長做過簡報（他當時還非常的支持呢），以及諸如此類等等，可是我不想要被視為我在爭辯，我寧願就這麼的去承受責難。」

接著，該書中又有如下的敘述：

「他（指王昇）的確沒有爭辯，蔣經國接著說道：『為什麼所有的大學都要有升旗典禮？』其實早就沒有這種強制升旗的計劃了，他說另外中常會的委員也向他抱怨過『劉少康辦公室』干預其他太多人的事情。」

這裡所指的「學術研討會」應該就是朱匯森部長向李煥所提，要在全台各級行政機關與學校實施類似軍中莒光日上政治課的做法，為了美其名，可能會以「學術研討會」的名義來執行。總之，依據上述的例子，明顯看出，由於「劉少康辦公室」的擴權與擅權，影響其他各單位的職權甚大，最後成為眾矢之的目標，有權的人紛紛在蔣經國面前告御狀，必欲去之而後快，這就註定「劉少康辦公室」難逃被裁撤的命運。

而這個「學術討論會」或是在各級學校與行政機關推行「莒光日」式政治教育的計劃，引起諸多的反彈，並惹火了蔣經國，終於成為壓倒「劉少康辦公室」最後的一根稻草。

CHAPTER 13

大陸的「擒王小組」與王昇的訪美

台灣為了對付大陸對台「和平統一」的新政策，從成立「固國小組」到成立「王復國辦公室」，後為了保密與欺敵的需要，再改名為「劉少康辦公室」，大陸當局都十分密切的注意著台灣方面的反應。而當「劉少康辦公室」組織整齊，工作展開順利，逐見成效之際，大陸方面也就針對「劉少康辦公室」實際的負責人、素有「反共健將」、台灣「政戰之父」之稱的王昇展開了攻擊，希望瓦解台灣反統戰工作的力量。

習近平的父親負責「擒王」

根據《王昇的一生》書中有如下的記載（見二七七～二七八頁）：

「正當『劉少康辦公室』積極展開反統戰工作，並獲得輝煌成效時，中共得知這個單位是由王昇負責，他們迅即成立一個所謂『擒王小組』，由中共中央政治局委員習仲勳領導。習仲勳，一九一三年生，陝西省富平縣人（其子習近平即為大陸現任國家主席）。一九二八年即加入共產黨，先後與中共頭目劉子丹、賀龍、彭德懷等在一起工作。歷任中共中央宣傳部部長、國務院副總理兼祕書長、中央政治局委員、中央書記處書記，及全國人民代表大會副委員長等職。是一個鬥爭經驗極為豐富的高幹。所以，當中共得知我方由王昇主持『劉少康辦公室』後，中共即以習仲勳來對付王昇。於是他們處心積慮，從香港、日本、美國，以及台澎復興基地，全面發動對王昇的汙衊攻擊，甚至美國在遠東的情報機構，亦都為其愚弄。根據當時在琉球工作的一位友人私下對筆者透露，凡是有關王昇的言論和動態，都要以最迅速的方法，直接呈報美國國務院，以供其對華政策的參考。」

而在鍾樹楠所寫「王昇蔣彥士的遭遇」（原載「中國報導」台版一一四三期，六～一〇頁）一文中，曾敘述王昇在巴拉圭大使任內，對來訪的鍾樹楠說：

「由中共政治局委員習仲勳擔任召集人有所謂『打王小組』。」

王昇認為中共對他恨之入骨，因為他是富有對中共鬥爭經驗，又堅決反共的原因。

以「蔣經國的接班人」打擊王昇

至於大陸的「擒王小組」（或「打王小組」）究竟是用什麼方法來「擒王」與「打王」呢？簡單的說，主要就是在海外媒體上放話醜化王昇，批評他的保守作風與態度，是台灣民主化過程中最大的障礙。同時，批評他在國軍中建立了效忠於他個人的政戰系統，因此他可以透過政戰系統，掌握整個國軍，是名符其實的「軍事強人」。一旦蔣經國健康發生變化，他將是台灣政治上的「接班人」。這樣的說法，可以說在當年已是甚囂塵上。尤其在蔣經國身體不好，幾乎無法處理國事的一九八一年至一九八三年之間，王昇權勢之大，在台灣政壇已是人盡皆知的事實。連他在國軍中的長官，如參謀總長與國防部長，都對王昇敬畏有加。王昇所到之處，國軍高階將領莫不列隊等候歡迎，不敢輕易造次。王昇的官階是三星二級上

將，軍中許多拍馬屁的將領，均稱呼其為「上將軍」，四星一級上將的參謀總長看到「王上將軍」，也都必先立正敬禮，深怕得罪王昇，有礙前途發展。

記得當時台灣政界還流行一個笑話，說如果小孩不聽話吵鬧，大人只要說：「王昇來了」，吵鬧的小孩就會立刻停止吵鬧，安靜下來。這當然是一個笑話，不過從這樣的笑話，可以看出那時大家對王昇的敬畏，說他是蔣經國的「接班人」，沒有人會懷疑。

但是這樣的傳言，這樣的陣仗對王昇是很不利的，一般人都會有所節制警惕，避免這樣的情況發生在自己身上。然而，偏偏我們這位「王上將軍」沒有這樣的警覺，憑著他自以為對蔣經國的絕對效忠，還有他的大公無私，生活的簡樸，加上勇於任事的負責態度，這些在大多數人身上都是優點的特質，集中到他身上後，卻成為了他的致命傷，大陸的「擒王」或「打王」，終於發生了效果，王昇面臨了一生中從來沒有想過會有如此殘酷的遭遇在等著他。

美國中情局佈下陷阱

進入了「山雨欲來風滿樓」的一九八三年初，王昇收到「美國在台協會」理事主席丁大衛的一再邀請，希望他到美國訪問。這是台灣與美國斷交以後，美國官方第一次邀請台灣一

位現役的上將，前往美國訪問。據《王昇的一生》書中針對王昇的訪美，有以下的敘述：

「因此在接受邀請時，王昇曾請示蔣經國總統，可否婉拒？蔣總統當時裁示：『不必婉拒，仍應接受邀請。』只是蔣總統當時卻連說兩次：『這是政治問題！』王昇當時雖然感到總統似乎話中有話，但因看總統的健康情形不是很好，為了減少他的煩惱，就未進一步請求解釋。」

蔣經國雖然同意王昇的訪美，可是卻意有所指的認為這次訪美的內情不單純，美方是有政治目的的邀請。可惜王昇警覺不夠，沒有請蔣經國做進一步的說明，以致在訪美的行程中，引起外界的刻意關注，甚至藉機造謠生事，達成「擒王」與「打王」的目的。

因為當時擔任美國在台協會台北辦事處處長的李潔明（James Lily）後來在他寫的《李潔明回憶錄》（時報文化出版公司出版）中，有以下十分入骨的描述（二四七～二四八頁）：

「我到了台灣後，就努力和國民黨的老一派、青壯派人士協力推動人權。我跟日後遭貶的總政戰部主任王昇的接觸，在到任初期頗有幫助。我私下向王昇陳

情，請他高抬貴手和放人，倒也爭取到幾位黨外人士重獲自由。為了讓王昇理解美國輿論對台灣人權狀況的關切相當深切，我邀請他到美國訪問，俾能親自聽到美國政壇人士對於台灣對待政治異議人士作法的看法。當時我覺得，蔣經國總統也明白讓王昇到美國走走瞧瞧，會有什麼好處；因此，可以說是我們兩人聯手，為了台灣的利益，安排王昇訪美。蔣經國已經表明他希望推動台灣民主化，而說得不客氣一點，王昇卻是（台灣）民主化過程的一顆大石頭。蔣經國固然感念王昇多年來的忠誠，可是王昇已經成為蔣經國的負擔。王昇一回國，等著他的卻是遠謫巴拉圭。我也參加了一項給王昇辦的送行宴，恭喜他膺方面之寄，出任大使。同時，我心裡明白，台灣在真正民主，尊重人權的路上又往前跨了一步。」

從上述這段清楚明白的文字中，李潔明認為是他與蔣經國聯手一起故意安排王昇的訪美之行，目的是為了台灣的利益，是為了推動台灣的民主。蔣經國已視王昇為負擔，是台灣民主化過程的一顆大石頭。

另外，作者也親自訪談了當年王昇訪美期間，全程一直陪同他的台灣國家安全局駐美特

派員汪希苓將軍，據汪希苓說，王昇訪美所有的費用，包括旅館住宿費、交通費、餐費等，不是負責邀請的美國在台協會負擔的，而是直接由美國中央情報局交付現金給汪希苓，再由汪希苓以現金，不是信用卡，付掉所有的支出，以不留任何紀錄與痕跡。

這樣參閱《王昇的一生》書中的記載、《李潔明回憶錄》書中的直言，以及汪希苓說出的內幕，我們因此可以拼湊出王昇當年的訪美，是美國中央情報局設下的一個陷阱，要引王昇入彀。不知情的王昇因此踏上了這趟對他產生致命一擊的「終結之旅」，結束了他如日中天的事業，令人在瞭解真相之後，不禁感歎政治的無情！

眾所週知，李潔明是美國中央情報局出身，在一九五〇與一九六〇年代，就擔任中央情報局台北站站長，與那時也負責台灣情報工作的蔣經國因而結識，並成為親密的好朋友。所以，當王昇在台灣成為軍事強人，充分具有能夠掌握台灣軍隊力量的實力人物，又逢蔣經國健康不佳之時，美國方面自然擔心王昇是否會在「後蔣經國時期」趁勢接班，將台灣帶入更為保守與不民主的時代，這就不符合美國在台灣的利益。所以，正確的說，應該是李潔明藉著美國在台協會出面邀請的名義，聯手老東家美國中央情報局一起想方設法，逼使蔣經國決定罷黜王昇，以達到維護美國在台灣利益的目的，才是對王昇訪美行應有的正確認識。

至於對美國方面的意圖，蔣經國是否清楚，是否如李潔明所說：「是我們兩人（指蔣經

國與李潔明）聯手」，以達到罷黜王昇的目的，作者是抱持懷疑的態度。因為蔣經國在台灣是享有至高權力的唯一者，他要誰上、誰下，都是「一句話」而已，蔣經國不可能還要借美國人的手來罷黜王昇。李潔明如此藉機抬高自己的身分與身價，是弄巧反拙，反而有損自己名譽與評價的不智之舉。

沒有迴避「假設性」問題

王昇就在這種幕後充滿詭譎、蹊蹺的不尋常氛圍下，攜同夫人熊慧英女士以及時任國防部聯絡室主任的馬宗堯上校陪同下，於一九八三年三月間前往美國訪問。這次訪問一共十天左右，王昇見到了美國政學界一些重量級的官員與學者，包括美國國務院助理國務卿、中央情報局局長、國家安全會議祕書、國防部代表、國會議員索拉茲、李奇、愛德華甘迺迪等政界人士，還有史卡拉賓諾、班那達、紐約外交研究所主任羅德等學者專家。在接待方面極為禮遇。王昇與上述每位見面時都以其一貫誠懇的態度，將在國內所準備的資料針對要見的人事前寫成重點，作為談話的依據。和前三次訪美時一樣，言行極為小心謹慎。

唯有當學者鮑大可（Doak A. Barnett）觸及有關蔣經國可能的繼承人這個敏感問題時，王

昇並沒有藉口對假設性問題不予回答的策略來應對，相反的，他採取正面回答的方式，表示權力的轉移將會依據憲法而產生，因為憲法已經規定副總統將會繼任總統主持國家大政。王昇如此的回答，並無踰越不敬或不妥之處，但是在蔣經國還健在的時候，公開談論「後蔣經國」的權力轉移與安排，這已基本構成會讓蔣經國造成不悅的情緒。王昇在美的一言一行均有專人記錄，送回台北給蔣經國過目，作者認為這是王昇訪美最大的敗筆，就是沒有選擇迴避，不回答假設性問題所致。

王昇雖然言行謹慎小心，不過相信是在美國中央情報局刻意的示意下，美國兩大重量級媒體「時代雜誌」（Times）與「新聞週刊」（Newsweek）竟然都選擇在此同時以顯著的標題與篇幅，刊登王昇將會是蔣經國接班人的報導。這個新聞刊出後，台灣與香港的諸多報刊雜誌，都爭相轉載。特別是許多香港屬於中共統戰部有關的刊物，一窩蜂的抨擊王昇領導的政戰系統與「劉少康辦公室」，將王昇形容成「一人之下，萬人之上」、「擁有無限潛在勢力的軍事強人」、「王昇即將升王了」、「王昇的政治野心已無人可以駕馭與限制」，這樣的言論傳回台灣，就更加坐實了王昇與「劉少康辦公室」諸多擅權與擴權的罪名。

果然，王昇結束訪美行程後，回到台灣等著他的是一連串「生命中不可承受之重」的噩運！

CHAPTER

14

解散「劉少康辦公室」

王昇訪美回台後，特別晉見蔣經國，向他報告訪美的情形。

據《王昇與國民黨》書中第二九七～二九八頁的記載：

「王昇簡短地向蔣經國報告關於所發生過的事情，『他的反應當時卻顯得有點一反常態』，王昇回憶道，『我可以感覺得到，他有點冷淡，不過我的報告是口頭上的，而且我認為這也沒有什麼大不了的。日子就這麼過著，而我們就沒再見過面。』」

憤怒下令解散「劉少康辦公室」

接著，就是一九八三年四月二十二日蔣經國召見王昇，憤怒的指責「劉少康辦公室」反其道而行的要在各級行政機關與學校推動以「學術研討」為名，實質是要為所有公務人員與教師們上軍中「莒光日」式的政治課，以加強台灣內部對大陸大力對台進行統戰工作的認識與心防（詳情請見本書第十二章所述）。

因此，蔣經國帶著「餘怒」親自下令：

「解散劉少康辦公室！」

王昇聽到蔣經國的命令，卻是一幅非常愉快的表情，「感到如釋重負，立即回答：『很好！』」（見《王昇的一生》書中第二八〇頁）。

於是這個正當大陸對台發動「和平統一」統戰工作占了機先與上風之際，台灣最高當局決定採取反制、反擊的一種實驗性手段，就是成立「劉少康辦公室」加以對抗的做法，就這樣悄然結束。

而且，是在「劉少康辦公室」的許多積極有效政策構想已然展開，但是卻在該辦公室過度擴張的情形下，被迫解散。

國民黨蔣彥士祕書長在接受Thomas A. Marks專訪時，有著極其深刻的分析（見《王昇與國民黨》書中第三〇〇頁）：

「老實說，『劉少康辦公室』之所以會被結束，是因為有人在接近總統（指蔣經國）時曾建議要這麼做，於是該辦公室就被關閉了，因有人當時很是嫉妒。」

由於當時許多的批評都來自政府部門，例如教育部因知道無法在各級行政機關與學校實施軍中「莒光日」式的政治教育，朱匯森部長就曾親自請見蔣經國，報告此事，尋求蔣經國的瞭解與支持。相信或許還有其他部會首長也會為了「劉少康辦公室」一些窒礙難行的

命令，迫不得已向蔣經國反應對「劉少康辦公室」不利的意見。因為以當時蔣經國的健康情形，沒有身居要津職位與權力的人，是無法見到蔣經國的面，更遑論要在蔣經國面前告「劉少康辦公室」的御狀，豈是輕易做得到的事？

所以，許多人將目標指向了行政院孫運璿院長，認為就是他在匯聚了這些對「劉少康辦公室」不利的報告後，再由他向蔣經國告狀的。

王昇遭嫉妒的結果

可是，孫運璿在《王昇與國民黨》一書中的表示是（見第三〇〇頁）：

「我從來沒有告訴過蔣經國說『劉少康辦公室』已經完成了其極具效率性的工作，我固然知道該辦公室行將結束，可是我並沒有被問及過此事。因為黨內的吵嚷不休，這算是黨方面的事情，這個舉動是混雜了個人的嫉妒，才要將他們趕走的吧。」

無論是蔣彥士，還是孫運璿，都指出「劉少康辦公室」是因權力過於膨脹，以「反統戰」為名的尚方寶劍，幾乎無事不可過問、無事不可干預，自然容易引起台北政界人士的「嫉妒」，大家為了維護自己的利益，群起而攻之，批評不滿的聲音又能有管道直達「天聽」，造成蔣經國的困擾時，為了求取政治的平衡與穩定，這就註定「劉少康辦公室」必須解散，才能平息眾怒的結果。

連蔣經國的第三位公子蔣孝勇也在口述的《寧靜中的風雨》書中（王力行、汪士淳合著，第九二頁，天下文化公司出版），對「劉少康辦公室」成為「地下中央黨部」有如下的批評：

「這是有相當程度類似，而且有挾天子以令諸侯的味道，所有事情都說是上面交代的，至於上面是誰，也沒人問。他（指王昇）後來調職，是他自己造成的結果。」

王昇事後多年，針對「劉少康辦公室」的解散，有如下的自我反省（見《王昇與國民黨》書中第三〇〇頁）：

「我當時認為承受責難是一種美德，不過我沒有向我的長官吐實也實屬失策，事實是蔣經國的健康情形並不好，因而損及了他的判斷。可是如果我當時向他透露出所有實情的話，他或許會作出較好的決定。」

這個肩負對大陸執行強力反統戰的任務導向組織，在運作三年後，終於落幕。台灣從此缺乏一個專責單位，能夠及時對大陸大力推動的「和平統一攻勢」，在職權集中、力量集中、意志集中的情況下，有力做出反應、反制，加上大陸經濟實力日益強大，國際地位與影響力日益提升之後，台灣在兩岸關係上日趨被動與邊緣化，已淪為任大陸宰割的不堪處境，就不禁令人懷念「劉少康辦公室」時代的輝煌，台灣社會團結和諧、民心士氣高昂的那幅榮景，也早已隨風而逝，一去不復返，令人感歎唏噓不已。

CHAPTER

15

罷黜與外放王昇

王昇對蔣經國親自下令解散「劉少康辦公室」，雖然外表盡量顯得輕鬆愉快，坦然接受蔣經國的命令，在很短的時間就讓惹許多台北政界人士「嫉妒」與不滿的「劉少康辦公室」煙消雲散，完全消失殆盡，好像根本沒有存在過一樣，「船過水無痕」應是當時情況最貼切的描繪。

無預警的調職

王昇重回國防部總政治作戰部主任的本職，本以為可以保有這個已擔任八年之久的重要職務，繼續為國效力。

不過，情勢的發展並不如此。一九八三年五月九日，蔣經國再度召見王昇，兩位已有四

十四年師生情誼的高層領導，當天的談話從閒話家常開始，蔣經國先是表示對王昇能忠實執行他的命令，立即解散了「劉少康辦公室」，感到欣慰。也問了王昇在總政治作戰部工作的情形，王昇也據實答覆，談話進行的似乎有如往常一樣，並無異狀。不過王昇也觀察到蔣經國的記憶力已有衰退，健康也在退化中，身體精神與官能都不如從前（見《王昇與國民黨》書中第三〇一頁）。

此時蔣經國話鋒一轉，告訴王昇要把他從總政戰部主任調職到同為上將職缺的國防部聯合作戰訓練部（簡稱聯訓部）主任的閒差。

王昇默然的只能接受，還要表現的若無其事，感謝蔣經國的照顧、愛護與提拔。

王昇的遭遇，讓作者連想到一九七八年初，當時權傾一時、位居國民黨中央組織工作會主任、國民黨革命實踐研究院主任、救國團主任等要職、同為蔣經國學生的李煥，為了要對一九七七年十一月舉行的地方選舉國民黨遭到挫敗，又發生「中壢事件」，當面向蔣經國請辭所有黨職以示負責。本以為還可以保有救國團主任的職務，不料蔣經國加了一句：「連同救國團主任一併辭掉。」

王昇這位被稱為台灣的「政戰先生」、「反共健將」、「軍事強人」，就這樣離開了自己一手創立的政戰系統，開始嚐到遠離權力核心的滋味。

當這項調職命令公佈後，震動了台灣政壇。尤其，在台灣軍中，引起了不小的風波。這是因為王昇一手建立了台灣的「政治作戰學校」，擔任多年的校長，又長期在國防部總政戰部任職，擔任總政戰部主任更長達八年之久，台灣部隊裡所有的政工幹部都是王昇的學生，所有政工幹部的任用晉升，都是王昇安排。如此根深蒂固長期耕耘的結果，王昇的調職，對掌握部隊靈魂士氣的政工人員來說，不啻是晴天霹靂。大家所熱愛、擁護與效忠的「王上將軍」，怎麼會在無預警的情況下，遭到這樣不平的待遇呢？

情緒發言惹禍

因此，從調職令發佈後，各級部隊掀起了歡送熱潮。王昇在大家熱烈與離情依依的真誠表現下，不便完全婉拒不參加這些歡送會，卻不料因此生波、生事，造成王昇進一步被外放的命運，這應是王昇當初所未預料的情勢發展。

根據作者的瞭解，在所有盛大的歡送會中，都會安排王昇對參與歡送會的官兵講話。在那種帶有濃厚悲傷離別氣氛的場合中，王昇難免會說一些感性的話，表示自己終生忠於國家、忠於領袖、忠於主義、忠於職守的堅定信念。但是，說到情緒激動的時候，一些不十分

妥適的講話，也會情不自禁的脫口而出，就成為部隊中「反王昇」勢力運用的材料，向上級反應，就對王昇造成了不可避免的嚴重二度傷害。

其中最明顯的一次，就是在位於台北近郊復興崗的「政治作戰學校」為歡送王昇調職，舉行了盛大的歡送會。由於該校是王昇在一九五〇年代開始建設，花了許多心血，克服了千辛萬難，才有了今日的規模。加上在離情依依中，學校師生合唱王昇作詞的「復興崗頌」，使得王昇感動不已，真情流露之際，不禁說出了以下的話語：

「他們今天可以殺掉一個王昇，可是還有千千萬萬個王昇，他們是殺不掉的。」

其實這裡所指的「他們」，是中共當局，是大陸的「擒王小組」得逞了，成功的拔除了王昇這位堅決反共的大將。可是，聽在有心人的耳裡，很容易理解為是指的台灣最高當局，也就是蔣經國本人，是王昇對這次調職的不滿與不服的真實心理表現。

而在《王昇的一生》書中，也有提到這一段，而且直指是當時的參謀總長郝柏村將王昇這次講演的錄音帶送給蔣經國聽，引起蔣經國對王昇更加的不滿。

同時，蔣經國將王昇調離總政戰部主任的要職，本希望他能深自檢討，閉門思過。誰

知王昇雖然調到國防部聯訓部這個冷衙門，卻仍然門庭若市，訪客不斷。故舊門生，絡繹於途。這些情況自然有蔣經國的耳目向他反應，說王昇在台灣影響力太大，若讓他繼續留在台灣，這個影響力在短時間內難以消除與消退。

這樣的意見，就促成蔣經國決心要將王昇外放，離開台灣，從根拔除王昇在台灣的影響力與所謂的勢力以及「無限的潛力」。

外放南美，遠離核心

一九八三年八月十六日，就在王昇調任國防部聯訓部主任不過三個月的時間，行政院長孫運璿奉蔣經國命，約見王昇，告訴他政府已決定任命他為駐南美洲巴拉圭共和國的特任全權大使。

三天後，蔣經國再召見王昇，告訴他決定將他外放擔任大使，「是為了你（指王昇）的安全」。

有如王昇在一九八三年初接到美國在台協會邀請，請示蔣經國是否應該接受邀請時，蔣經國連說了兩次：「這是政治問題」一樣，王昇都沒有要求蔣經國進一步說明他的意思，王

昇接受了蔣經國的安排，走上了外放的道路，從此遠離台北的政治核心與是非，也遠離了蔣經國。從此直到蔣經國過世，這兩位相識、相知達半個世紀，一度為蔣經國所重用，視為左右手的幹將，就與他的恩師，天人永別，連蔣經國過世，王昇請求外交部批准他回台為蔣經國奔喪，都遭到否決，王昇心中的遺憾與無奈，何止筆墨所能形容於萬一？

至於王昇所以有此下場，根據《王昇的一生》書中說到，台北政壇曾盛傳有「五老五小」是陷害王昇的關鍵人物。其中關於「五老」的部分，指出了黃少谷與郝柏村兩位，「五小」的部分，指出了蔣經國的第三位兒子蔣孝勇一位。另外，據汪希苓將軍的透露，他曾聽到蔣經國第二位兒子蔣孝武也公開表達對王昇的不滿。

這些不滿，基本上就是基於對王昇擁有蔣經國對他的信任與享有至高權力的「嫉妒」，以致無形中樹敵甚多，王昇還不自知。

蔣經國決定將王昇外放時，說的是「為了他的安全」，應該就是指王昇位高權重，在台北政壇已有了太多的政敵，蔣經國只有將他外放，才能平息這一切的爭議與風波，應該是這方面的安全考量結果，才做了如此狠心的決定與安排。而對蔣經國絕對忠心的王昇，在面對這樣的橫逆，或許只有「無語問蒼天」能夠形容那種失落感與無奈，也為「政治太可怕」這句名言，做了最好的見證。

CHAPTER 16

孫運璿的中風

一九八三年在一片肅殺的氛圍中度過，蔣經國在健康不佳的情況下，決定罷黜與外放王昇，這是當年震動台北政壇與權力核心的重大事件。蔣經國為「天威難測」做了最好的詮釋。

進入了一九八四年，蔣經國的第一任期即將屆滿，這意味著台北政壇又將經歷另外一個大地震，只是如何發展，是無人可以預測。

本是呼聲最高的副總統人選

已經做了將近六年的行政院長孫運璿，以其務實的工程師作風，無論在各個領域都有傑出的表現，因此建立了相當的政治聲望，也得到蔣經國充分的信任與肯定。

是以，台北政界盛傳孫運璿極可能更上一層樓，作為蔣經國連任的副總統人選。尤其，在蔣經國健康不佳的時候，副總統人選廣受矚目。這樣的傳言，甚至孫運璿本人也有所耳聞，而在當時的日記中，留下以下的文字：

「外傳予將被選為副總統，予對名利完全看穿，如總統要我為副，則唯一希望為不兼任行政院之長。擔任行政院長六年來，深感身心交瘁，必須用新人行新政，方能保持革新之衝力也。」（請參閱《孫運璿傳》第二六〇～二六一頁）

可見孫運璿自己已有心理準備，接受蔣經國的徵召，出任副總統候選人。

然而，就在國民黨即將在一九八四年二月中旬召開十二屆二中全會之前，二月上旬的某天，蔣經國在總統府辦公室接見孫運璿，暗示孫運璿將續任行政院長：

「又要辛苦你六年了。」

聽到蔣經國如此說，孫運璿心中明白自己已與副總統無緣。回到院長辦公室，立即調整心態，專心做好行政院的工作，是他當時唯一的心志。他依然忙碌，有開不完的會，也有接

見不完的訪客。一切如常，日子就這樣過著，沒有想到一場巨變隨之而來，擊倒了這位以能幹見稱的台灣最高行政首長。

半夜在家中風

一九八四年二月二十四日淩晨二時許，甫從桃園機場接了自美國探視二女兒生產回來的夫人，回到家中，孫運璿又鑽進書房中，一字一句的將當天上午九時要到開議的立法院做施政報告的稿子，正做最後的校正之時，他突然感到一陣暈眩，想回到臥房稍事休息，卻跌倒在床前，從此就無法過著像正常人一樣的生活。

他也因此被迫離開了政壇，打亂了蔣經國第二任總統的權力佈局。蔣經國看到躺臥病床正在急救的孫運璿，心中有諸多不捨。四天之內，竟然六度前往台北榮民總醫院探視孫運璿。

這位「一代良相」，因健康原因，提前退出權力的核心，使得國民黨在「後蔣經國時代」少了一位可以壓得住陣腳的大老級人物，致使國民黨內紛擾不斷，歸諸於是黨運不佳，還是國運不佳，只有留待後人來論斷了。

PART

2

走向開放的第二任期

（一九八四～一九八八年）

蔣經國與汪希苓合影

CHAPTER

17

選擇李登輝擔任副總統

一九八四年二月，國民大會依照憲法規定，須發召集令，集會選舉中華民國第七任總統與副總統。

提名李登輝為副總統候選人

為了確定第七任總統與副總統的候選人，執政的中國國民黨於一九八四年二月十四日召開了十二屆二中全會，次日通過提名蔣經國為總統候選人，蔣經國再決定提名時任台灣省主席的李登輝為副總統候選人，以取代年紀已大、健康不佳的第六任副總統謝東閔。

關於當時蔣經國為何會提名後來公開主張台獨與承認自己是日本人、而非中國人，背叛了蔣經國與中國國民黨主義與理想的李登輝為副總統候選人，坊間都有許多不同的說法。一

個最普遍、且廣為台灣人民引為笑談的，就是在正式宣佈副總統人選之前，蔣經國當時利用會議休息的時刻，急著要上廁所方便，就對身邊急於知道究竟誰是副總統候選人的幕僚隨口說了一句：「你等會兒。」由於蔣經國說的是帶有濃厚寧波家鄉口音的國語，以致被幕僚聽成是「李登輝」，所以消息就傳開副總統候選人是李登輝。蔣經國方便出來以後，見「木已成舟」，也就順勢而為，正式宣佈李登輝是中華民國第七任副總統候選人。

這當然是一個民間流傳的笑談，對於國家大事蔣經國絕對不會如此兒戲處理。但是，在當時的環境底下，蔣經國又是經過怎樣的思考，決定提名李登輝擔任他的副手呢？

這個問題的謎底，直到二〇〇三年，有次作者在與已退休的李煥院長談論這些政壇往事的時候，談到了李登輝，李煥有以下的敘述：

「在一九七二年蔣經國擔任行政院長，正在籌組內閣時，為了要找一位具有農業背景的本省籍專家學者，出任政務委員，那時我（李煥自稱，以下同）是奉經國先生之命，專門負責發掘合適的本省籍人才，推薦給經國先生的工作。我最先認識李登輝是在我擔任台灣省黨部主任委員時，發現在『中國農村復興委員會』有一位曾經留學日本與美國，得到農業博士的本省籍專家，就特別約見

他，見他面貌老實，待人誠懇，加上當時政府亟須農業方面的人才，我因此安排他到省黨部講演，談台灣的農業問題，給我留下深刻的印象。所以，當經國先生在組閣時，需要一位本省籍的農業專家做政務委員，要我推薦人選時，我很自然的想到李登輝，將他推薦給經國先生，李登輝從此得以進入政界，才有後來這一切的發展。」

為什麼沒有提名林洋港

接著，李煥話鋒一轉，提到為什麼蔣經國會選擇李登輝擔任副總統的原因：

「經國先生是基於省籍平衡的考量，決定副總統的人選必定要由本省人擔任。如此就將那時做得很好，又頗孚人望的行政院長孫運璿排除在外。而在當時無論資歷、聲望在本省人中最高的就數李登輝與林洋港兩人，他們從政的經歷相仿，都曾先後擔任過台北市長與台灣省主席。不過蔣經國仔細的分析以後，所以沒有選擇林洋港的理由，主要有以下四點：

一、林洋港在擔任台灣省主席的時候，在省議會接受省議員質詢，要求將台灣省農田水利會的總幹事由官派改為民選。林洋港是本於民主的理由，同意了省議員的主張。他不知道這是當年經國先生在擔任行政院副院長時，見到民選產生的農田水利會總幹事，因為不受政府與民意機關的監督，拿著高薪，開著名車，產生許多弊端，為農民所抱怨，經國先生才決定改為官派，成為要受政府法規限制與管理的公務人員，不致於在地方作威作福，發生魚肉農民的弊病。林洋港在不瞭解的情況下，驟然又改為民選，違背了經國先生當初的用心，讓經國先生失望。

二、林洋港也是在擔任省主席時，接受了省議員的建議，在沒有事先與行政院長商量的情況下，公開宣佈將原來是縣轄市的新竹市與嘉義市升格為省轄市，嚴重影響到新竹縣與嘉義縣的發展與財政收入的來源。為此，行政院長孫運璿頗有微詞，希望林洋港收回這個沒有授權的宣佈。但是，林洋港竟以辭職要脅，孫運璿為了避免在經國先生健康不佳的情形下，使此一事件演成政治問題與風暴，只有吞下這口氣，不過從此在經國先生的心裡埋下林洋港不好駕馭的不良印象。

三、林洋港調任行政院內政部長之後，在立法院答覆質詢時，對於台灣許多住宅大樓住戶為了防盜的需要，均加裝鐵門鐵窗，往往造成火災發生時，無法從高樓窗戶救人，而被活活燒死的慘劇，林洋港在立法委員面前，未經詳細思考，竟然承諾要在三個月內，完成治安的整頓，使鐵窗完全消失。這個支票自然跳票，對林洋港的聲望也造成了相當的傷害。

四、林洋港出身南投世家，家族成員龐大複雜，林洋港自己曾當選民選的南投縣長，他的弟弟林源朗也在他之後當選南投縣長。如果一旦林洋港更上一層樓，做了副總統，甚至將來還有機會升任總統，難免整個林氏家族雞犬升天，形成政治特權，是蔣經國極不願見的局面。相對於林洋港龐大的家族，李登輝的家族則十分單純。他唯一的兒子李憲文在李登輝擔任省主席時，已因病早逝。唯一的哥哥，更早已在二次大戰期間，戰死太平洋戰場。

綜合以上四個因素的考量，蔣經國很自然的選擇了貌似忠厚，在蔣經國面前行為舉止中規中矩，只敢做三分座椅的李登輝，擔任他的競選副手，林洋港的出局也自在意料之中了。」

聽了李煥說的一席話，就很清楚當年這一段鮮為人知的內幕，蔣經國是基於怎樣的原因，選擇了李登輝，而不是選擇本來在政界資歷走在李登輝之前的林洋港，做為副總統的候選人。

只是日後的發展，並不如蔣經國當初的預期。雖然他經常耳提面命，苦心教育、教導李登輝要有「大中國思想」，還送了許多書籍給李登輝看，要他知道自己是台灣人，也是中國人。但是蔣經國生前的努力，結果卻完全枉然。在「後蔣經國時代」，李登輝實際掌控了台灣黨、政、軍大權後，固然曾經說了不下一千次以上的「反台獨」，可是仍然露出了台獨的真面目，不但不承認自己是中國人，甚至不承認自己是台灣人，反而承認自己是日本人。政治人物的基本政治立場能夠做如此戲劇化一百八十度的轉變，李登輝絕對是創下了歷史紀錄。

高票連任總統

第一屆國民大會第七次會議，是在一九八四年二月二十日在台北市中山樓召開。這次會

議最重要的任務，就是選舉中華民國第七任總統與副總統。

三月二十一日，國民大會投票選舉總統，蔣經國以一〇一二票，得票率高達百分之九五，順利連任總統。

三月二十二日，國民大會投票選舉副總統，李登輝以八七三票當選副總統，蔣經國還親自前往李登輝家道賀。

這任總統，蔣經國只做了三年八個月不到，大家一直擔心的「後蔣經國時代」終於來到，缺乏了合作無間的「鐵三角」或「前三雄」居中協調黨內派系權力的分配，傳承就不是那麼平順，國民黨內波濤洶湧，最終演成「主流」與「非主流」的公開決裂，國民黨在台灣的沒落自是難以避免。

蔣經國若是地下有知，應會為之嘆息不已。

CHAPTER 18

蔣彥士爭取組閣

隨著中華民國第七任總統、副總統人選的底定，加上孫運璿的意外中風，蔣經國究竟會任命誰是新任的行政院長，就成為台北政壇的大事，有實力的政界人士，莫不使出渾身解數，積極奔走鑽營，透過各種高層關係，希望得到蔣經國的青睞，得以榮膺重寄，擔任閣魁的職務。

蔣彥士從政的經歷與挫折

其中運作最積極的就是時任國民黨中央委員會祕書長的蔣彥士。

蔣彥士是浙江杭州人，出身世家，家庭環境十分優渥。本來蔣彥士的父親是希望他學政治法律，以走上仕途，為家族增光。但是年輕時的蔣彥士卻執意學農，在南京金陵大學農學

院畢業後，又考取公費留美，在美國明里蘇達州立大學獲得農學博士學位。時值抗戰期間，蔣彥士短暫的在美國工作了一段時間後，就在抗戰勝利後，回到母校金陵大學農學院任教，並研究培育農業新品種的技術，頗有心得。

到了台灣以後，蔣彥士在美援支持下的「中國農村復興委員會」任職，仍然熱衷於培育農業新品種的工作。

由於自幼成長在世家之中，養成蔣彥士與一般人不同的見識與寬闊的胸襟，因此除了專業的研究工作外，蔣彥士具有良好的社交背景，尤其擅長協調處理行政事務與人際關係，加上留美的緣故，中、英文俱佳，與美國人打交道也毫無障礙。在這種情形下，蔣彥士很快就在農復會中嶄露頭角，擔任祕書長的工作。

一九六八年十一月，嚴家淦擔任行政院長時，就進一步延攬蔣彥士出任行政院祕書長。由於蔣彥士各方關係良好，擅於協調鼎鼐，是行政首長身邊不可或缺的「甘草型」人物。此時的蔣彥士已是一位引人矚目的政壇新星，也完成了蔣彥士父親希望他從政，光宗耀祖的遺願。

一九七二年六月，蔣經國奉命組閣，任命蔣彥士為教育部長。他在外行的教育工作上一樣做得有聲有色，解決了台灣在一九七一年退出聯合國以後，如何維持與世界各國文教關係

的重大問題，甚為蔣經國所肯定與讚賞，前途一片大好。然而在一九七七年四月發生在蘇澳外海的一次海難事件，有三十二位學生與教師遇難，蔣彥士為了承擔責任，請辭教育部長，暫時離開了政壇。

復出襄贊中樞

一年多後，蔣經國就任中華民國第六任總統，在五月二十日就職當天，就任命蔣彥士為總統府祕書長，他不但得以復出，而且進入中樞，擔任國家領導人的幕僚長。

七個月後，受到台、美斷交的重大衝擊，蔣彥士臨危受命，出任同樣是外行的外交部長，處理複雜繁瑣的與美國新關係。可是勇於任事與負責的蔣彥士，在外交工作上毫無包袱，反而能客觀看問題、解決問題。雖然不過一年的外交部長任內，蔣彥士政績斐然，尤其在他的大力爭取下，大幅度的改善了駐外人員的待遇與福利，提升了外交人員的士氣與工作熱忱，至今仍為外交部同仁所津津樂道。

一九七九年十二月十四日，國民黨在發生「美麗島事件」後的第四天，召開十一屆四中全會。在面對來自島內外新形勢與新局面的嚴峻挑戰，蔣經國決定改組國民黨中央黨部重要

人事，任命蔣彥士擔任中央委員會祕書長。在那個仍然具有濃厚「以黨領政」色彩的年代，蔣彥士已躋身台灣最高的權力核心，具有舉足輕重的不凡地位與權力。而且蔣彥士成為國民黨內第一位也是迄今曾經擔任過行政院祕書長、總統府祕書長與中央黨部祕書長，所謂「三大祕書長」職務的唯一一位大員，從政資歷與經歷的完整與表現的優異，環顧台灣政界，確實已無人能出其右者。

尋求李煥支持

就是憑著如此亮眼的政治成績單，蔣彥士自然在孫運璿因病退出政壇後，蔣經國即將就任中華民國第七任總統，必須任命一位新的行政院長之際，認為自己過去深得蔣經國的信任，兩人又能維持密切良好的工作關係，他應該是蔣經國考慮擔任行政院長的第一人選才對。

在這樣的認知下，蔣彥士展開了密集的拜訪活動，主要是針對國民黨內的大老，以及與蔣經國關係密切的重量級人士，都是蔣彥士拜訪的對象。目的就是要爭取這些大老的支持，不要在蔣經國面前講任何負面的話，形成他出任行政院長的阻力就好了。

作者也是在二〇〇三年與李煥院長談話時，聽到李煥提到的這段往事：

「在一九八四年三月下旬，我在高雄擔任國立中山大學校長時，有天突然接到蔣彥士打來的電話，表示他人在高雄，要約我到國賓飯店盡速見面，有要事相商。我帶著好奇的心情，到了國賓飯店與蔣彥士關室密談。原來談的就是說經國先生已當選連任總統，必須要尋找一位合適的人擔任行政院長。他自認是資歷最完整、最適合擔任行政院長的人選，因此要請我在經國先生面前為他多說好話，最好能夠主動推薦他擔任行政院長。他也分析了當前政壇適合擔任行政院長的人選，除他以外，幾乎沒有其他人了。他知道我與經國先生師生的關係，在重要問題與重要事情上，我還是經國先生可能諮詢的一個人，所以特別南下看我，希望爭取我對他的支持。

記得當天談了四個多小時，他還覺得意猶未盡，因為已訂好機票，要返回台北，臨走前約我在台北見面，繼續談。過了幾天，我們再次在台北見面，又談了許多，都是圍繞著他出任行政院長的事，希望我能支持他。」

在李煥的記憶中，當時蔣彥士已是成竹在胸，一幅行政院長非他莫屬的架勢。而且他也已展開組閣的工作，當時提到的有陳履安（陳誠的長公子，蔣彥士擔任教育部長時，他是教育部技術與職業教育司司長，後又出任新成立的國立工業技術學院首任院長）、李鍾桂（蔣彥士擔任教育部長時的國際文教處處長，後出任太平洋文化基金會執行長）、洪文湘（國民黨青年工作會副主任）等多人，都是與蔣彥士關係密切的親信。

與行政院長擦身而過

蔣彥士處心積慮、苦心經營，認為非他莫屬的行政院長職務，最後還是與他無緣，擦身而過。難掩心中的失望之情，蔣彥士重回中央黨部祕書長的工作，仍然擔負黨國重任，過著忙碌的日子。沒有想到幾個月後，一場突如其來的政治風暴，將蔣彥士捲入暴風眼中，如同王昇一樣，他被蔣經國撤換，而且「永不錄用」。

直到「後蔣經國時代」，為了調解國民黨內「主流」與「非主流」的紛爭，蔣彥士東山再起，並在李登輝就任中華民國第八任總統時，重做馮婦，再度擔任總統府祕書長。他是台灣唯一一位足以與鄧小平「三起三落」政界紀錄相比擬的政治人物，稱得上是政壇異數與奇葩。

CHAPTER

19

俞國華奉命組閣

就在蔣彥士積極運作爭取行政院長職務的時候，蔣經國早意有所屬，決定由與蔣家關係密切、素有「蔣家帳房」之稱的中央銀行總裁俞國華擔任行政院長。

形勢使然與打破默契的任命

據《財經巨擘——俞國華生涯行腳》（俞國華口述，王駿執筆，商智文化出版社出版）一書的透露，俞國華和蔣經國早有默契，正因為俞國華和蔣氏父子淵源深厚，加上俞氏與蔣家都是浙江奉化人，因此，只要蔣氏父子擔任總統，就不會任命俞國華出任閣魁。

這個默契，卻在一九八四年二月二十四日清晨，孫運璿在家中中風，以致確定因健康因素，不能繼續擔任行政院長後，蔣經國衡諸現實，仍然希望維持財經內閣的傳統，俞國華已

是蔣經國唯一的選擇，是形勢使然，只有打破當初的默契。

俞國華口述的原文如下：

「（一九八四年）三月間，蔣經國認為孫運璿的健康情形無法支撐行政院長繁重公務，因此另外找尋閣魁人選，他決定由俞國華出任院長。當時俞國華才過完七十整壽，他向蔣經國表示：『我剛剛滿七十歲，現在身體狀況還算不錯。不過，人過了七十歲以後，身體衰老得快，不適合出任行政院長這樣的職務。此外，我和你是同鄉，這樣做，恐怕外面會說話，會招來批評。』

蔣經國對俞國華表示：『這些我都考慮過了，還是決定由你出來當行政院長。』

兩天之後，俞國華又去看蔣經國，他向蔣表示：『我內人反對我出任這樣的職務。』

這一次，蔣經國還是說：『這些我都考慮過了。』

蔣、俞之間當時定交已近半世紀，彼此之間早有默契，蔣經國這樣說，俞國華就不再拒絕。因此，在一九八四年三月間總統大選之前，俞國華就曉得將要出任閣魁。」（請參閱《財經巨擘──俞國華生涯行腳》書中第三九三～三九四

頁）

所以，由俞國華的口述中，事實上早在國民大會投票選舉總統之前，蔣經國已經決定了行政院長的人選，只是俞國華是極為善於保守祕密、行事又很低調的政界人士，這也是他為什麼從很年輕的時候開始，就能得到蔣氏父子長期信任並獲重用的主要原因。

也正因為如此，外界有猜測，卻無法求證新任行政院長人選究竟由誰擔任，才有蔣彥士的運作爭取。然而，蔣經國已早有決定，任何人的奔走鑽營，都是徒然的。

拔擢本省精英入閣

在一九八四年三月中旬，蔣經國正式告知俞國華奉命組閣後，直到五月二十日，蔣經國就職擔任中華民國第七任總統，當天就提名俞國華出任行政院長，五天後，立法院又以百分之九三．〇三的高得票率，通過了俞國華的任命。

而在從三月中旬到五月下旬，俞國華有充分的時間與蔣經國討論內閣人事的安排。

首先，就行政院副院長的人選，基於省籍平衡的考量，蔣、俞早有共識，應由本省籍人

士擔任。

當時在政界最孚人望的本省籍精英，就屬林洋港與李登輝兩人。李登輝已經當選副總統，因此行政院副院長人選就確定由林洋港出任。

至於孫運璿擔任院長時期的副院長邱創煥，則被任命為台灣省主席。

接著要確定的是行政院七位政務委員，俞國華特意保留了原來在孫內閣時期就擔任政務委員的兩位本省籍人士高玉樹與張豐緒，又增加了郭為藩為政務委員。

而在八部二會的閣員中，首席部長蔣經國刻意提拔當時只是國民黨祕書處主任的吳伯雄擔任內政部長。

其他的本省籍閣員，還包括留任的交通部長連戰、新任的法務部長施啟揚。以及擔任青年輔導委員會主任委員的高銘輝、文化建設委員會主任委員的陳其祿、衛生署長許子秋等人。

而在台北、高雄兩個直轄市市長的人選上，也任用兩位本省籍人士楊金欉、許水德分別擔任。

除此之外，在俞國華五年行政院長任內，歷經多次人事異動與內閣改組，經任命為相關部會首長的本省籍人士，包括原高雄市長許水德升任台北市長、蘇南成為高雄市長、衛生署

長施純仁、政務委員蕭天讚、副院長連戰、交通部長郭南宏、勞工委員會主任委員鄭水枝、環境保護署長簡又新、副院長施啟揚、政務委員黃昆輝、內政部長許水德、外交部長連戰、財政部長郭婉容（台灣第一位女性部長）、法務部長蕭天讚、文化建設委員會主任委員郭為藩、台北市長吳伯雄、勞工委員會主任委員趙守博等多人。這是蔣經國要加強栽培本省籍政治人才以為國用的本意，俞國華自然明白蔣經國的心意，而會儘力配合的。

五年院長任內政績斐然

俞國華擔任行政院長整整五年，從一九八四年六月一日到一九八九年五月三十日。其中有三年七個多月是蔣經國擔任總統，一年四個多月是李登輝總統時期。

這五年當中，是台灣政治、經濟、社會、教育、文化各領域，均發生結構性變化的年代，對台灣日後的發展有著重大的影響。

在政治方面，五年之中，台灣歷經來自黨外人士不斷的挑戰，民心隨之思變，海內外強烈要求自由、民主、開放的呼聲不絕如縷，終於在一九八六年九月二十八日黨外人士正式成立了「民主進步黨」，蔣經國為了順應民意，九天後在接受美國「華盛頓郵報」發行人葛蘭

姆專訪時，宣佈政府即將解除戒嚴、開放黨禁、報禁，奠定了台灣日後民主化的基礎。

但是在此之前的一九八四年十月，台灣情治單位涉入派遣幫派分子，前往美國槍殺了一位具有「多面諜」身分的作家江南（原名劉宜良），爆發了轟動一時的「江南命案」，暴露了台灣情治單位內鬥的諸多問題，蔣經國痛心之餘，促使被迫走上民主開放之路。

而在兩岸關係上，蔣經國一再堅持的「三不政策」，在一九八六年五月三日發生一架中華航空公司貨機被機長王錫爵劫持，飛往廣州白雲機場後，台灣被迫與大陸民航單位在香港首度接觸，談判歸還人機的事宜，打破了「三不政策」。俞國華也在此時順勢開放了海峽兩岸的間接貿易，進而在一九八七年十一月二日，先允許台灣人民赴大陸探親，再逐步開放可以到大陸觀光、旅遊、投資，為今日兩岸關係的發展做出了歷史性的決定。不久蔣經國病逝，台灣能夠平穩的進入「後蔣經國時代」，俞國華在行政院長的位置上，悉數親身經歷了這些刻骨銘心的歷史事件。

不過，俞國華五年院長任內最重要的政績，還是在財經方面。他首度高舉「自由化、國際化」的大旗，為往後台灣經濟發展樹立了努力的方向與標桿。此一時期，俞國華建樹極多，不勝枚舉。例如：廢除票據刑責、實施新制營業稅、廢除屠宰稅、解除外匯管制、開放境外諸多商品自由進口、成立經濟革新委員會、成立第二次賦稅改革委員會、開放准許設立

新證券公司、新銀行與新保險公司等，為台灣進入一九九〇年代的經濟發展樹立了必要的制度與規範。

當時台灣經濟仍然能夠維持每年兩位數字百分比的成長，無論外匯存底、外貿實績、產業產值，均呈猛烈竄升的大好形勢。另外一方面，在那個「台灣錢淹腳目」的時代，台灣經濟也經歷了激烈轉型期的考驗，過程難免痛苦，包括新台幣匯率急遽升值、股市投資形成「全民運動」式的過熱風潮、房地產行情炒作高漲、地下投資公司以高利吸金猖獗泛濫、「大家樂」賭博成災、開徵「證券交易所得稅」風波等，都給當時的台灣社會帶來了相當程度的衝擊。

然而，身為閣揆的俞國華沉穩的應對，歷經兩位領導風格截然不同總統的主政下，他都能盡量配合適應，勉力從公，順利的將台灣帶領到最輝煌的時期。

與蔣經國的互動與爭執

俞國華與蔣經國相識、相交已逾五十年，蔣經國對俞國華自然是信任重用，兩人之間默契十足，交通交流毫無任何障礙。

俞國華在擔任行政院長後、蔣經國過世前的三年七個多月間，兩人在政務的分工上是很清楚的。就是蔣經國掌控黨務、軍事、外交，俞國華則專注於財經與一般行政事務上。

俞國華在他口述的回憶錄中，對與蔣經國的互動有如下的敘述：

「出任行政院長後，他（指俞國華）每個星期都和蔣經國在官邸會面，討論國家大計。兩人私下會面時間都是在星期六下午，一週五天半的公務時間結束，蔣經國下午睡完午覺之後，俞國華就在三點左右，抵達蔣經國位於大直的『七海官邸』。

……

俞國華輕車簡從，座車直駛七海官邸後門，由後門直接進入蔣經國寢室。俞國華回憶表示，每星期六下午的會面很少中斷，除了他出國訪問，或者蔣經國剛好身體不適以外，蔣經國很少使用書房，兩人都在寢室會面。

當時蔣經國身體狀況已經不如以前，多半躺在床上休養。俞國華進入蔣氏寢室之後，蔣經國午睡醒來，半坐半臥（在床上），那張床可以搖起來，蔣經國就斜躺在床上接見俞國華。俞國華就過去一週行政院主要大事，以及下一週預計

行事向蔣經國報告，並聽取蔣經國指示。會談時間大約在一個半小時到兩個小時之間，下午四點半到五點之際，俞國華離開蔣經國寢室，搭乘院長座車由後門離開七海官邸。

蔣經國那年因糖尿病影響視力，使得眼睛狀況很不好。每天早上都有侍從人員為蔣經國讀報，蔣的床頭也擱有報紙，但他只能看看大標題，無法詳讀新聞內容。正因為蔣經國視力受損，因此每星期六下午的總統、院長對談就特別緊要。許多重大政策、事件的背景資料與經過情形，都由俞國華向蔣經國報告，讓蔣充分而完全地掌握資訊，俾便做正確的決策。」（請參閱《財經巨擘——俞國華生涯行腳》書中第四〇一～四〇二頁）

由於蔣經國與俞國華密切長期的關係，兩人在處理國家大事上，幾乎意見立場完全一致，很少會發生彼此意見不同的情形。可是在少數問題上，兩人還是會有意見相左的時候。其中最廣為人知的，就是發生在一九八六年四月油價調整的方案上。

俞國華口述了這段經過：

「一九八六年開春後，國際原油價格連番下跌，國內油品價格隨之調整。當年調整油電價格決策層級很高，高到要由行政院長拿定主意，與目前由經濟部長自行決定完全不同。

一九八六年二月到四月之間，俞國華前後核定三次調低油品價格。不過基於節約能源、與鄰近國家比較相對廉價等因素，調降幅度並未充分反映原油價格跌幅，以致於外界頗為不滿，立法院、監察院尤有怨言。

一九八六年四月二十六日星期六，俞國華和往常一樣，赴蔣經國官邸進行例行的週末午後會談。那天在官邸中，蔣經國很重視外界對油品降價的不滿聲浪，當時俞國華和蔣經國對於油品降價看法存有歧異，主要是觀點不同，俞從經濟觀點看問題，而蔣經國則從民生觀點看問題。

俞國華回憶表示，在此之前他曾經就此與蔣經國談過多次，因台灣非產油國家，為節約能源減少外匯支出，油價不宜過低。但蔣還是堅持應以民生觀點看待油品降價幅度，認為應該充分反映原油降幅，以照顧多數民眾福祉。蔣經國對於行政院調降油品價格，認為應再考慮降低至原油進口成本。

俞國華看到當時蔣經國身體狀況已經很不好，加上許多黨政軍大事都要親自處

理，和這些大事相比，油品降價幅度算是小事。他不願意在蔣經國健康惡化之際，還讓他為了這樣的小事傷神，所以那天官邸會談結束之際，他告訴蔣經國，幾天之內他會就此事有妥善處理。」（請參閱《財經巨擘——俞國華生涯行腳》書中第四一〇頁）

從俞國華口述的這段經過，就可以知道蔣經國真的做到一心以人民的利益為念。對於與民生有關的油、電、煤氣、學費等要漲價的事，他均一律持反對的立場。證諸本書第七章所述，一九七九年二月，國民黨「工作組」建議為提高經營效率，要將三商銀民營化，蔣經國就從避免國家資產的流失與避免財團化的疑慮，堅決反對這項意見一樣，蔣經國最注重的就是以維護絕大多數老百姓的福祉為念，連與他關係如此密切的俞國華，他都不惜堅持自己的看法，直到俞國華讓步為止。

除此之外，蔣經國對俞國華的確很照顧。從擔任行政院長後，對俞國華的住所，到巡視地方與外島需要搭乘的專機，蔣經國都十分在意，要求有關單位做最好的安排。

可惜不能建立政治聲望

平心而論，俞國華應該是歷任行政院長中，政績最好的一位。在他五年任期中，台灣經濟繁榮，政府歲入豐富，國庫年年有花不完的結餘，那是「台灣錢淹腳目」的黃金年代。

只是非常可惜，俞國華不能像孫運璿一樣，在政治上、在台灣人民心裡建立良好的聲望，以致俞國華只能停留在技術官僚的層次，無法在「後蔣經國時代」更上一層樓，擔負黨國領導人的重任。

究其原因，就是在於俞國華一輩子都隨侍蔣氏父子身邊，從大陸時期的蔣委員長侍從室，到台灣時期的總統官邸，俞國華在這樣嚴肅的環境中工作，自然養成他低調、保守、拘謹、不善言語、沒有群眾魅力的性格與習慣，加上他說話濃厚的寧波口音，一般台灣人民都聽不懂他在說什麼，無法拉近他與人民的距離。做為蔣氏父子的幕僚、家臣、帳房，俞國華是綽綽有餘。然而做為一位檯面上的政治人物，俞國華顯有不足的地方。

所以，進入了「後蔣經國時代」，缺乏了知之甚深的蔣經國的支持與領導，俞國華成為台灣政界的「孤鳥」，與當時負責黨務工作的李煥祕書長、掌握軍中大權的參謀總長郝柏村

強勢作風相比，主持政務工作的俞國華是明顯的弱勢。這三位可以稱為「後三雄」的黨、政、軍領導人，因此無法做到像「前三雄」那樣的合作無間，反而是彼此離心離德，互相傾軋。

這樣的情形對俞國華是很不公平的，一位政績如此優異，造福台灣人民甚多的行政院長，竟然在一九八八年七月國民黨第十三屆中央委員選舉中，以全國最高行政首長身分，卻落得只名列三十五如此難堪的排名。俞國華當時已知幹不下去了，可是在李登輝繼任總統不久，還不能完全掌控黨、政、軍大權的情形下，得到強烈的慰留，

俞國華勉強的再撐了不到一年，他堅決辭卸行政院長的重責高位，揮揮手，毫不留念的離開了擔任五十年的公職，退出了政壇。

但是，他給台灣開啟亮麗的九十年代打下了扎實的基礎，功不可沒。

還有，俞國華夫人董梅貞女士撂下的一句名言：

「政治太可怕了！」

CHAPTER 20

李煥的復出

俞國華組織的內閣，其中最受到台灣政壇矚目的「明星閣員」，就是新任教育部長李煥。

俞國華自稱是他的推薦

眾所周知，李煥是蔣經國一九四四年，在重慶擔任中央幹部學校教育長時，研究部第一期的學生。李煥從那時起，就受到蔣經國格外的重視，一生的工作（除了最後擔任行政院長）都是蔣經國的安排。尤其到了台灣以後，李煥追隨蔣經國身邊，共同創辦了「中國青年反共救國團」，又在蔣經國的刻意栽培下，同時進入國民黨中央黨部與政府單位，擔任第一組組長、台灣省黨部主任委員、行政院青年輔導委員會主任委員、組織工作會主任、革命實踐研究院主任等要職，更在蔣經國之後接任救國團主任，深受蔣經國信任，擔負為蔣經國在

台灣各界發掘優秀人才，特別是本省籍人才的重責大任。幾乎由李煥引見的人才，蔣經國無不照單全收。當時台灣政界人士都很明白，經過李煥是通往取得權力的捷徑，是一九六〇與一九七〇年代，台灣炙手可熱的實權型政治人物。

不過，一九七七年十一月舉行的五項地方公職人員選舉，國民黨受到空前的挫敗，又發生了群眾暴力火燒警察局的「中壢事件」，李煥「奉命」扛起了選舉失利的所有責任，於一九七八年初辭卸了所有的職務，遠離了權力核心。

一年後，蔣經國指示教育部，任命李煥擔任國立中山大學在台灣高雄復校的籌備處主任與首任校長。李煥在偏處一隅南台灣西子灣海邊，埋頭苦幹，辛勤耕耘，五年之間，從無到有的將中山大學建成一所已具規模的一流高等學府。看在蔣經國眼裡，對這位知之甚深的高足，在逆境中仍知不懈奮鬥所獲致的成果與表現，頗覺欣慰。因此，當一九八四年五月，蔣經國當選中華民國第七任總統，內閣改組之際，自然是李煥復出，重返台北政壇的合適時機。

據俞國華在口述回憶錄中，也特別提到李煥復出的經過，而有以下的敘述：

「一九八四年五月俞國華組閣，李煥重入政壇出任教育部長，當時外界普遍推

測這是蔣經國的意思。不過事實並非全然如此，真正的情況是：『俞國華先向蔣經國推薦李煥，蔣經國接受俞國華推薦，因此李煥乃出任教育部長』。當然，此事最後還是經過蔣經國點頭同意，不過若非俞國華先行推薦，此事畢竟無法成真。

俞國華回憶表示，李煥過去長期主持救國團，以民國七十年代初期的情況而言，救國團所舉辦的各項活動，對於安定校園有一定的效果。此外，李氏為國立大學校長，出任教育部長也是合乎政壇倫理的安排。」（請參閱《財經巨擘——俞國華生涯行腳》書中第三九七頁）

從這樣的敘述，明顯看出俞國華認為李煥的復出，是由於他的推薦，蔣經國是被動的接受。但是，在李煥自己口述的回憶錄《追隨半世紀》中，則有以下的敘述：

「民國七十三年五月，蔣經國就任第七屆總統，任命俞國華接替罹病的孫運璿組閣。五月五日、星期六、下午五點，俞國華在中央銀行總裁辦公室約見中山大學校長李煥，邀他入閣主持教育部。李煥向俞國華表達，『中山大學成立才

五年，還有許多計劃未了，希望能有更多時間來完成工作。』俞國華則表示，『經國先生已經做了決定，你如果對教育有興趣，來教育部比辦大學更重要。』後來蔣經國也約見李煥，重申任命之意。於是，暌違台北政壇七年的李煥，在各界高度注目之下，東山再起。」（請參閱《追隨半世紀》書中第二四〇頁）

因此，在李煥自己的回憶錄中，沒有提到是俞國華的推薦，而是蔣經國的決定。不過，無論是俞國華的回憶錄，還是李煥的回憶錄，事實上都沒有說出誰才是真正的推薦人。當然不論是誰推薦，最後一定要得到蔣經國的同意，這個人事案才能確定，是不爭的事實。然而，究竟是誰有這樣的分量，能在蔣經國面前說得上話，過問得了內閣人事，說了又有影響力，蔣經國會言聽計從，同時這位重量級人士又與李煥有怎樣的淵源與關係，願意為李煥的復出盡力呢？

嚴家淦是真正的推薦人

由於作者當年正好在李煥復出的過程中，親身經歷了其中的關鍵。所以在事隔三十三年

後，願意揭開李煥復出真正的推薦人是誰的謎底，就是在蔣氏父子權力傳承中，扮演不可或缺潤滑劑功能，將中華民國總統大位禮讓給蔣經國的故總統嚴家淦先生。

作者與嚴總統祖籍同為江蘇蘇州，在一九七八年獲得美國柏克萊加州大學材料科學與工程博士學位時，嚴總統已從總統職位上退休。但是或許是基於同鄉的情誼，作者與內人成樹芬在先父吳逢祥（曾經擔任台北市蘇州同鄉會總幹事職務，所以與嚴總統認識的關係）的安排下，專程前往台北市「大同之家」（嚴總統退休後的辦公室）拜見他。對於作者這位鄉晚，嚴總統本乎愛護之情，很高興的與作者夫婦談話，他的長者風範與淵博的學識，也留給作者夫婦深刻的印象，感到十分敬佩。

之後，作者應李煥的邀請，從美國加州矽谷待遇良好的半導體公司辭職返台，參加中山大學的建校工作。

在中山大學建校的四年工作中，作者親眼目睹李煥寬闊的心胸與卓越的見識，還有待人處事的謙虛、周到與充滿人情味、充分體恤部屬的作風，是打從心底的敬佩與折服。他是作者一生工作上唯一的長官，是作者心中永遠的李錫公（李煥原名李錫俊，故人均尊稱李錫公而不名）。

在此同時，作者既然已經返台工作，也就經常保持與嚴總統的聯繫。每年總要趁到台北

公幹之便，前往晉見這位令人尊敬的長輩，而每次嚴總統看到作者來訪，都興致很高的與作者長談。

作者記得是在一九八四年初，在農曆年前，作者到「大同之家」向嚴總統拜年辭歲，提及已到中山大學任教倏忽進入第四年。看到學校在李煥校長的擘畫下，進步神速，已成為台灣南部的學術重鎮。所以覺得李煥校長應該為台灣整體的教育發展做出更大貢獻，才是國家之福。

嚴總統聽了作者這番話，頻頻點頭，然後自己說出了當年與李煥共事的一段祕辛：

「民國五十九年時，我擔任行政院長，李煥是青年輔導委員會主任委員。我看他做事認真負責，又有擔當，確是國家難得的人才。所以當行政院為了重視青年工作，籌備成立青年部時，我當時就內定由李煥出任首任的青年部長。這個計劃老總統都同意了，只是交代我去徵詢時任行政院副院長蔣經國先生的意見。結果沒有想到一直很重視青年工作的經國先生竟然反對成立青年部。他的理由是我們當年制定這部中華民國憲法，十分不易。我們要完整的將這部憲法帶回大陸去，不宜做任何修改。同時當年我們統治整個中國如此龐大的疆域與

眾多的人民，根據憲法的規定，設立八部二會就夠了。如今只統治台灣一個省而已，還需要增設部會，不是顯得我們的無能嗎？因此增設青年部的計劃就此打住了。

但是對於李煥的能力與能幹，我是深有體會，也很想重用他。可是由於他是經國先生的學生，我若重用他，恐怕會引起經國先生的誤會，以致在過去我只有保持與李煥一定的距離，免得招惹政治上不必要的困擾。

不過，現在情況已有不同，我已退出政壇多年，不會有其他的顧慮，經國先生對我也十分尊重，舉凡遇到國家大事與內閣改組，經國先生必定會專程來拜會我，請教我的意見。請你回去轉告李煥校長，到那時我一定會向經國先生推薦他出任教育部長。」

作者告辭嚴總統離開「大同之家」後，當晚立即前往位於台北市四維路的李煥公館，如實的將嚴總統說的這段話，轉告他。李煥聽了頗感驚訝，證實的確過去有那段籌備成立青年部的經過，也對嚴總統的肯定與愛護，要作者務必代表他致謝。

果然，在一九八四年五月六日台灣的各大報紙均有刊登，中央銀行總裁俞國華約見李

煥，告知將由李煥出任教育部長的新聞。

再過了兩天，李煥回到高雄中山大學，立刻通知作者到辦公室，當面告訴作者：

「前幾天，俞國華總裁在台北約見我，告知經國先生交代，由於嚴總統推薦，李煥擔任教育部長。」

李煥也告訴作者，在與俞國華總裁見面時，還轉達了經國先生的指示，國立台灣大學校長由孫震出任。至於其他有關教育部主管的人事與業務，蔣經國倒沒有任何特別的意見。

上述這段經過，作者在二〇一三年十二月，為紀念嚴家淦總統逝世二十週年，國史館出版的《嚴家淦總統行誼訪談錄》第二〇〇～二二六頁中已有詳細記載，有興趣的讀者可以參閱。

總之，李煥的復出是當年俞內閣最受矚目的一個亮點。李煥後來在教育部長三年任內，由於他過去長期在黨、政、教、團所累積的高聲望與人脈關係，是台灣教育界空前團結的一段時間。在他的領導下，加上那時國家財政收入豐富，足以支應教育改革所需的經費，李煥做活了教育工作，造福了台灣廣大的學子，至今仍然無人能望其肩背，而為台灣教育界所懷念。

CHAPTER

21

「江南命案」的真相與影響

蔣經國第二任總統任期的第一年，如同第一任期第一年面對台美斷交如此棘手的問題一樣，在就職不久後，就發生了重大事件，非得他本人親自處理善後，對一位已是風燭殘年、常年必須臥病在床，忍受病痛折磨，卻還要強打起精神，勉力從公治國的老人來說，真是情何以堪。

發生「江南命案」

一九八四年美國西部時間十月十五日上午八點三十分左右，一位美籍華人劉宜良（筆名丁依、江南）在位於加州舊金山灣區大利市（Daly City）住家一樓的車庫中，被槍殺身亡。

由於劉宜良具有作家身分，曾於一九七五年出版了頗具政治爭議的《蔣經國傳》一書，

涉及汙巇已是台灣實際領導人蔣經國的許多傳聞內容，以致被台灣當局視為頭痛人物，是麻煩製造者的海外異議人士。

因此，當劉宜良被槍殺的消息傳出以後，自然很容易被聯想為是一樁政治謀殺案件，而非一件單純的命案而已。凶手也很自然的指向在台灣長期執政的國民黨，而事後的發展，證實這確實是台灣國防部情報局（以下簡稱情報局）派遣幫派分子前往美國執行的一個「制裁」任務。

在人證、物證齊全的情況下，美國政府自然不能容忍一個外國政府竟然敢派遣殺手，在美國境內槍殺美國公民的事件發生，所以「江南命案」嚴重影響台美關係，程度不下於一九七八年底的台美斷交。連蔣經國本人都曾兩度公開沉痛的將「江南命案」與「台美斷交」相提並論：

「中美斷交我處理，現在劉宜良案我亦負責處理。中美斷交錯在美，吾人理直；而劉案理不直，處理是難上加難、痛上加痛、苦上加苦，但決負責處理以確保國家安全。」（請參閱《郝總長日記中的經國先生晚年》第二一六頁與二一九頁，台北天下文化出版）

從以上蔣經國的講話中，可以看出「江南命案」對台灣的影響之大，甚至超過了「台美斷交」的衝擊。

正因為如此，海內外坊間有關「江南命案」的各種報導與書籍，可說不計其數，足證這個事件對台灣的重要性，以致打亂了蔣經國第二任期的整體佈局與政策走向，甚至牽涉情治單位首長間彼此的傾砸與權力鬥爭，加上當時自己的健康已十分虛弱痛苦，實在沒有足夠精力處理這些困難的國事。在這種情形下，蔣經國只有「被迫」從保守走向開放，「江南命案」成為台灣民主化的催化劑，應是正確的評價。

只是由於涉案的情報局汪希苓局長、胡儀敏副局長與陳虎門將軍三人，為了維護國家的利益，都一肩扛起了所有的責任，不願說出「江南命案」的真相，所以坊間這麼多有關「江南命案」的報導與書籍，都只能追真相到汪希苓為止，無法「往上發展」，連當年的軍法審判也是以汪希苓為了「私怨」，才下令槍殺劉宜良為理由，做為終審的依據結案，使得這件發生在三十三年前的事件，至今仍然充滿疑雲，很難令人信服。

揭開真相的面紗

對於當年發生的事件，雖然對汪局長造成莫大的傷害，終止了他前途大好的事業，以及名譽的損失，都是難以彌補的遺憾，可是他從來沒有抱怨，也很少主動提及其中的恩怨是非。直到一九九九年四月，他送了一本《忠與過——情治首長汪希苓的起落》（汪士淳著，台北天下文化出版）新書給作者，才得以從書中略見真相的端倪。不過，汪局長還是心存厚道，在事過十五年後，仍然沒有全盤道出真實的事實經過，對於許多關鍵的因素，他選擇繼續沉默與保留，承擔了一切的「過」，不認為自己委屈，不責怪任何長官，確實做到了「成敗歸之於天，毀譽聽之於人，是非存之於心」的境界，令人肅然起敬。

這個情形一直到一年前，當作者在計劃撰寫本書的時候，因為深知「江南命案」的重要性，因而多次向已高齡八十八歲的汪局長說明寫這本書的動機與目的，就是要忠實的反映在那個特殊年代，所發生足以影響台灣日後發展事件的真相，況且「江南命案」已是三十三年前的歷史，說出事實真相，也不會對現在的國家安全造成任何的危害，反而可以收到「鑑往知來」的效果，為那個一去不復返的時代，做最好的見證。

或許感受到作者的誠意，加上過去二十餘年我們之間建立的情誼與互信，還有汪夫人的支持，汪局長終於答應了作者的一再請求，從二〇一七年初開始，汪局長偕同當年負責執行「江南命案」的陳虎門將軍，一起接受了作者的訪談，揭開了已經塵封三十三年之久這段歷史真相的神祕面紗。

以下就是作者與兩位主導「江南命案」主角訪談的紀錄，還原了整個事件的真實面目：

汪希苓與劉宜良

汪希苓生於一九二九年（民國十八年），浙江省杭州市人。一九四四年十月，在對日抗戰進入最艱苦的時期，受到蔣委員長「一寸山河一寸血，十萬青年十萬軍」的感召，以十五歲的幼齡，考進海軍，加入對日抗戰的隊伍，也展開了他的軍旅生涯。

汪希苓從海軍學兵做起，曾經兩度奉派赴美受訓接艦，於國共內戰期間，曾參與營口、龍口、蓬萊、長山島、鼓浪嶼等戰役，屢建戰功，獲頒獎章。

來到台灣以後，汪希苓又奉命到日本接收美國贈與的火力支援艦，並擔任艦長。一九五四年又因戰功，獲選為當年國軍戰鬥英雄，得到蔣中正總統的召見。一九五五年再度赴美進

修，之後歷任海軍訓練司令部訓練組長、國防部參謀總長辦公室海軍侍從參謀。一九五九年外派駐義大利武官，一九六二年返台任永嘉艦艦長、海軍總部計劃署上校計劃組長。一九六四年獲選為總統侍衛室海軍武官，他挺直帥氣的外表，處理事務的能力，深受蔣中正總統與宋美齡夫人的喜愛與倚重。一九六九年出任駐美大使館海軍武官，一九七〇年晉升少將。在任期間，努力為台灣爭取到美國許多軍援，最重要的是首次得到美國售予的「海獅」與「海豹」兩艘潛艦，得到蔣經國的器重。一九七三年奉調返台後，本已重返海軍發展，擔任驅逐艦隊副艦隊長，卻為蔣經國相中，調任國家安全局（以下簡稱國安局）副局長，開始從事情報工作。一九七四年再度奉派赴美，以外交參事身分，實際擔任國安局特派員，負責在美的情報工作。由於表現優異，一九七九年元旦升任中將，適值台美斷交，改以代表處顧問身分繼續留美工作。

一九八三年十一月，汪希苓返台接任情報局局長。

一九八五年一月，因涉入「江南命案」，被停職調查，從此結束了他本來應該是會更為輝煌與精彩的事業，從最能為國家做出貢獻的黃金壯年畫上句號。如此巨大的轉變，不只是汪希苓個人的遺憾，更是台灣國家利益的重大損失，孰令致之？孰令使之？只有歸諸國運，夫復何言？

談到當年他從海軍副艦隊長突然調任國安局副局長，這個事業重要的轉折，汪希苓還是

十分感慨：

「其實我天生就是最適合在海軍發展的人，因為我從來不會暈船，再大的風浪，我都不受影響，在船上照常工作、生活，泰然自若。所以，我在一九七三年駐美武官任期屆滿返台後，就主動要求重返海軍戰鬥部隊，擔任驅逐艦隊副艦隊長。可是，經國先生看到我在駐美武官任內，表現不錯，能夠爭取到台灣一直盼望獲得的潛艦，因此認為我可以從事情報工作，才將我調任國安局副局長，接著就又再度奉派駐美，以參事身分負責在美的情報工作。」

汪希苓並沒有辜負蔣經國的期盼，在美工作九年時間，為國家貢獻良多。其中，最為人所稱道的，就是汪希苓在一九七七年六月間，就已掌握美國卡特政府即將與大陸建交的極機密檔「第二十四號總統備忘錄」內容，並立即告知蔣經國，使得台灣當局得以有充分的準備。（請參閱《忠與過》一書第一六三～一七三頁）

或許就是因為汪希苓在美的情報工作，做的太深入，績效太好的緣故，使得美方對他日漸忌憚提防，國務院因此決心想辦法弄走他，方式就是透過傳播媒體，暴露汪希苓在美的情

報任務與身分，如此他在美國的工作就難以開展，只有請調回台。

一九八二年六月一日，美國「華盛頓郵報」刊出一則報導，引述美國一些高級官員的話說，台灣當局的間諜組織正以「連蘇聯KGB都僅能渴望做到」的方式，滲透美國的國家安全機構。這篇報導直接亮出汪希苓的大名，這是美國政府下的逐客令，汪希苓知道他離開美國的時間已到。在一九八三年七月初返台述職時，親自向蔣經國提出調職的請求，說明在身分曝光以後，他在美國的工作逐漸走下坡，能力也在萎縮之中。

「現在大家都知道我是中華民國在美國的情報負責人，新朋友不可能交往，老朋友一個個地凋謝了，工作績效會愈來愈少。」（請參閱《忠與過》一書第一九〇～一九二頁）

蔣經國同意了他的請調，發表汪希苓為情報局局長。

那是汪希苓意氣風發的年代，有著蔣經國絕對的信任與支持，他的仕途發展順利，一個更能報效國家與領袖的未來正等待著他。只是他萬萬沒有想到因為「江南命案」，情報局局長竟然會是他公職生涯的終點。（請參閱《蔣中正總統侍從人員訪問紀錄》第一九一～二四

二頁，中央研究院近代史研究所出版）

本名劉宜良的江南，一九三二年生於江蘇省靖江市。九歲時在家門口，目睹父親死於當地共產黨之手。受到極大刺激，以致終生怕黑，害怕獨處，喜歡人多熱鬧。

在家鄉讀完初中，十六歲就跟著國民黨部隊當兵，是自願的，不是被抓壯丁。之後到了台灣，他的個性不喜歡被管束，不喜歡威權統治，當兵顯然是不合適的。當時適逢蔣經國要在台灣軍中建立政工系統，成立「政工幹部學校」，於是用功考入幹校，但是仍然覺得不自在，便設計在畢業當天，藉故與帶隊官吵架，以「抗上」的罪名，被幹校開除，就當了逃兵。一九五四年自首，遇到貴人相助，只被判以緩刑。從此脫離部隊約束，成為平民。

江南能說、能寫，便當了記者，靠電臺、報紙討生活，後受情報局出身的夏曉華先生提攜，進入「台灣日報」當記者，成了城市白領。經歷第一次的婚姻後，又認識了後來的太太崔蓉芝，在她的鼓勵下，苦練英文，得以被派到香港、菲律賓、越南等地擔任新聞特派員，搭上美國人的線，前往美國擔任「台灣日報」駐美記者，為了生存，努力工作鑽營。

一九六七年，在美國友人的協助下，進入「美利堅大學」攻讀國際關係，兩年後在三十七歲時，獲得碩士學位。

劉宜良除了寫作以外，還在美國舊金山市區「漁人碼頭」開設了一家禮品店，販售一些特產、手工藝品與瓷器，以維生活。（請參閱《中華民國這回事：一位江南事件經歷者的觀察》一書第三一六～三一八頁，陳治平著，台北獨立作家二〇一六年十月出版）

汪希苓與劉宜良，這兩位人生際遇截然不同的當代人物，卻因緣際會，在一個特殊的時空背景下，命運將他們兩人緊密的結合在一起，爆發了震驚全世界的一個重大事件，真是應了汪希苓所說的一句話：「成敗歸之於天」，誠時也、命也。

「兩汪不和」的事實與後果

一九八三年十一月，汪希苓交卸了美國的工作，回到台灣，獲頒四等雲麾勳章，以表彰他在美國服務期間為國家做出的貢獻。

接著，在時任國防部長宋長志的陪同下，他晉見了蔣經國總統。蔣經國當著宋長志的面，告訴汪希苓：

「你先到情報局，以後就派你去安全局。」

到情報局是擔任局長，到安全局自然也是擔任局長。何況汪希苓早在一九七四年元月就已經擔任過國安局的副局長，擔任局長，就可以升任上將，這是每位軍人夢寐以求的機遇。

蔣經國是極為欣賞器重汪希苓，將自己心中對汪希苓事業發展的路線圖，毫無保留的說了真心話，可是旁邊還有一位「外人」宋長志在座，蔣經國坦白說出的真心話，立即就傳了出去，當然也傳到當時擔任國安局長汪敬煦的耳中，就對汪希苓心存芥蒂，為日後「兩汪」不和，甚至汪敬煦借「江南命案」惡鬥、惡整汪希苓，埋下了不可解、並伺機引爆的一顆重磅炸彈。

事實上，「兩汪」不和，早在汪希苓駐美時期就已發生。

一九八一年原任國安局長的王永樹屆齡退休，蔣經國就調任警備總司令汪敬煦接長國安局，成了汪希苓的頂頭上司。有次為了一件公事，汪敬煦堅持要汪希苓知會時任駐美軍事採購團團長的溫哈熊將軍，汪希苓本不認為如此做是適當的，但是汪敬煦不聽汪希苓的意見，他只有硬著頭皮去見了溫哈熊，兩人果然鬧開了，不歡而散。汪希苓為此十分懊惱，立刻向汪敬煦提出了辭呈，溫哈熊也為此事向蔣經國、參謀總長、國防部長狠狠的告了汪希苓一

狀。這是汪希苓駐美多年中極少發生的不愉快事件，但是因此種下了與汪敬煦、溫哈熊之間的心結，則是一個不容否認的事實。（請參閱《忠與過》書中第一八三～一八六頁）

對於這段經過，汪希苓覺得主要是他出身總統官邸，受到兩位蔣總統的賞識與重用，自己的工作表現成績亮麗，還經常因公奉召返台述職，難免被同僚嫉妒，說他有背景，驕傲自大，不把別人看在眼裡。所謂「不被人嫉是庸才」，用在汪希苓身上倒是滿貼切，也道出官場明爭暗鬥的險惡。

如今時轉勢移，汪希苓調任情報局局長，又有蔣經國親口說出，過一陣子就要升任汪希苓為國安局長的說法，從國防部長宋長志那裡傳出，代表具有相當的真實性與權威性，汪敬煦心中一種即將要被換掉的威脅與恐懼，終於使得他下定決心，要利用「江南命案」的機會，徹底毀滅汪希苓這個深得蔣經國信任的不共戴天政敵。

在回憶這段往事的時候，汪希苓很感慨的說：

「汪敬煦是我的長官，我絕無對他不敬的心態，也無取而代之的想法與企圖。在處理公事上，也一直保持著對國安局的尊重，應該呈報的公文，我也必定依規定辦理，從無任何怠慢。」

但是汪希苓在接任情報局局長不久後，台北情治圈內就盛傳汪希苓即將接替汪敬煦，出任國安局長。令汪希苓感到十分詫異，回想蔣經國在說這個話時，還有宋長志在場，有了第三者，再機密的事都不能保證不會洩露出去。

汪希苓在擔任情報局局長後，還有一件事也得罪了汪敬煦。就是在一九八四年初，情報局一位副局長出缺，汪敬煦就向汪希苓推薦由國安局第三處（主管國內安全）處長馬端薄接任。可是汪希苓鑑於這個職位，過去都是由曾任情報局處長，再調任國安局處長後，具有如此歷練的人選繼任。馬端薄並無在情報局任職的經歷，汪希苓據此婉拒了汪敬煦的推薦，卻在此事上同時得罪了汪敬煦與馬端薄兩人而不知。豈料當「江南命案」發生，汪敬煦決定利用這個機會鏟除汪希苓，就瞞著汪希苓，悄悄的發動以掃黑為名的「一清專案」，負責執行「一清專案」的國安局處長就是這位對汪希苓擋了他升官，而懷恨在心的馬端薄。

汪希苓的秉公處理人事，卻為自己惹禍上身，這是當時沒有想到會有的後果。

在陳虎門的記憶中，連國安局的許多人，都懷疑馬端薄對國家的忠誠度，甚至直指他是「匪諜」的也大有人在。

「大陸工作座談」的指示

一九八四年初，汪希苓參加了由國防部長宋長志主持的「大陸工作座談」。在會上分發的會議資料中，明列了「要善於運用幫派分子，從事大陸情報工作」的指示。情報局身負大陸情報工作的重責，自然必須遵照會議的指示，要先結識，才能落實「運用」幫派分子的工作。

汪希苓還記得對執行「運用幫派分子」的分工上，會議還決議將與國民黨具有革命歷史淵源的「清幫」與「洪門」，屬於較高層次的幫派，交由國安局去組織運用。情報局是負責所謂「社會幫派」，也就是四海幫、竹聯幫這些黑社會分子，吸收他們，加以組織訓練後，再派往大陸或鄰近大陸的東南亞地區，收集大陸的情報。

陳虎門那時正好是情報局第三處（負責東南亞情報）副處長，他清楚的記得，「大陸工作座談」後，就收到了會議紀錄，明確指示情報局要運用「社會幫派分子」，從事大陸情報工作。

而在「社會幫派分子」中，屬於「外省掛」、多為眷村子弟組成的「竹聯幫」與「四海幫」，由於他們出身背景多為忠黨愛國的家庭，有心報效國家的熱情格外強烈。雖然因為從

小無心向學，迫使他們成群結隊，打架滋事，成為「幫派分子」，可是他們本質未變，根深蒂固的忠黨愛國思想未改，只要政府有需要，他們隨時願意赴湯蹈火，為黨國效力。

在經過縝密的分析思考後，汪希苓優先考慮吸收竹聯幫幫主陳啟禮。理由就是陳啟禮的父母都是在台灣司法界工作，出身不錯。陳啟禮自己從小功課不好，不能光耀門楣，反而成了幫派分子，因此在事業經營有成，有了一定經濟實力之後，總感覺要做些能讓父母抬得起頭的事。因此，情報局決定從吸收綽號為「旱鴨子」的竹聯幫主陳啟禮開始，逐步照上級的指示，做出成績。

陳虎門說到這裡，不禁感嘆的說：

「我們完全是遵照『大陸工作座談』的決議，奉命行事，去結交、認識、吸收、組訓陳啟禮的，結果國家翻臉不認人，把我與先生（對汪希苓的尊稱）以及胡儀敏副局長一起抓起來，交給國安局審訊，這世界上有這個道理嗎？有比這個還過分的事嗎？」

雖然已經過了三十三年，陳虎門想到當年所受的屈辱，還是忍不住心中的鬱悶與光火：

「我一生很少流淚，但是被自己人關押在看守所，進行無聊、無必要的審問，我不禁流下了眼淚。」

結識、吸收陳啟禮的經過

既已決定運用幫派分子從事情報工作的原則，可是汪希苓並不認識這些幫派分子，就必須找一位合適的中間人介紹。

正好，汪希苓在一九五九年至一九六二年間，曾在駐義大利大使館擔任過三年武官。在這段期間，有名的電影導演白景瑞也在義大利留學，兩人因此認識，並有交情。

同時，一九八四年五月二十六日起，治安單位辦理不良幫派分子自首，依規定在當年九月二十五日前，只要向治安單位自首，意謂決心要與黑幫脫離，以後會被列管，但是日後如果實施掃黑，將不會被逮捕入獄。

曾擔任白景瑞執導的電影《金大班的最後一夜》製片帥嶽峰，是竹聯幫分子，他有意自首，又擔心名字會見報，為竹聯幫所不容。他因此央求白景瑞與新上任情報局局長的汪希苓

聯繫見面。

就這樣汪希苓與帥嶽峰在一九八四年六月十六日見了面，這是汪希苓首次與竹聯幫分子的接觸。帥嶽峰談到幫派分子自首的問題，由於當天還有其他人士在座，不方便多談，希望另找時間與汪希苓再談。

汪希苓覺得這正是達成上級交代「運用幫派分子從事大陸情報工作」的機會，就安排在一九八四年七月十八日，在情報局敦化南路招待所，再次見了帥嶽峰。

在這次見面中，汪希苓對帥嶽峰曉以大義，希望藉諸他的力量，能將竹聯幫導上正途。帥嶽峰表示他的力量與輩分還不夠擔當這個大任，可是他可以推薦竹聯幫的幫主陳啟禮與汪希苓認識，以陳啟禮的人脈關係，絕對可以達成這個任務。

就這樣，一九八四年七月二十八日，白景瑞搬入新居，在家裡請客，汪希苓與陳啟禮第一次會面，當天應邀的賓客，還有蔣緯國與其他一些音樂界與商界的朋友。汪希苓對陳啟禮初步的印象是覺得他很有國家意識，而且講義氣，應相當可靠，值得吸收。

隔了幾天，白景瑞再次牽線，汪希苓在八月二日邀請陳啟禮、帥嶽峰與白景瑞，到情報局永康街招待所餐敘，這次多了一位情報局副局長胡儀敏，經過如此密集的聚會，汪希苓已經決定吸收陳啟禮，為他解決一個已困擾情報局許久的難題。（請參閱《忠與過》一書第二

三三～二三五頁）

展開「制裁行動」

「制裁是明白列入『情報工作手冊』的一個方法，主要是針對背叛組織的自己人，或危害國家安全與利益的敵人，在必要時得以採取的一種手段。」

陳虎門嚴肅說明了情報工作積極作為的法源，是政府授予情報單位可以不顧法律規定，採取必要行動的重要依據。

所謂「制裁」，就是予以格殺，這是情報機關「行動」的一種。

汪希苓初到情報局時，有多位情報局前輩及黨政首長都曾告訴他，當前情報局的威名不若以往，顯得軟弱許多，主要原因就是在於長久以來沒有「行動」。這個比較，是相對於早期的軍統局、保密局與情報局而言。當年在戰爭時期，為了黨國利益，「行動」是家常便飯，是與敵人生死存亡鬥爭必要採取的手段。

汪希苓對黨政首長與情治界前輩所指教應該恢復情報局「行動」能力的期許，已感受

到一定的壓力。如果他仍然毫無作為，沒有採取任何「行動」，將來何以領導台灣的情治單位？又何以服眾呢？

他仔細思索後，認為情報局在蒐集情資以外，採取適當的情報「行動」仍是必須的。他決定帶領情報局做到不只是蒐集情報，更要能以積極作為來維護國家利益，乃至於有能力排除、解決對政府、對元首不利的因素。

這就牽涉到劉宜良了。

因為那個時候，劉宜良已經成為中華民國各有關部門共同要面對解決的嚴重問題，亟待處理。他感到一切「制裁」以外的文明、溫和、人道的方法都已用盡，但是還是不見成效。再加上有確實的證據，認定劉宜良出現情報人員最不應該發生的背叛情報局行為，已達到合乎應該處以「家法」、予以「制裁」的標準，才決定採取「行動」。（請參閱《忠與過》一書第二〇三～二〇四頁）

為何決定「制裁」劉宜良？

在一九八四年八月二日的飯局後，汪希苓已決定吸收陳啟禮與帥嶽峰為情報人員，由胡

儀敏副局長負責與他們聯絡，安排接受情報局的專業訓練。胡儀敏又再指定陳虎門為陳啟禮的聯絡人。

一九八四年八月十四日，陳啟禮與帥嶽峰前往位於陽明山上的情報局訓練基地，接受為期五天的情報專業訓練，內容包括敵後組織布建、密寫、通信、情報蒐集指導、情報攝影、人員物色與吸收運用、交通聯絡、廣播通信、情報編寫報告等課目，均屬於拓展大陸情報工作之用。可見情報局吸收陳啟禮與帥嶽峰為情報人員，最原始的動機還是在執行年初「大陸工作座談」的決議，運用幫派分子從事大陸情報工作。

就在陳啟禮、帥嶽峰五天情報工作訓練即將結束的當天中午，汪希苓與胡儀敏上山陪同他們共進午餐，以示慰勞之意。飯後，汪希苓、胡儀敏、陳虎門、陳啟禮、帥嶽峰五人進入密室，此時汪希苓正式下達了「制裁」劉宜良的命令。

至於為何決定劉宜良為「制裁」的目標，據汪希苓說明主要有以下五個重要因素：

一、劉宜良長期在海外，撰寫詆毀蔣經國形象與醜化國民黨的許多文章，已成為台灣有關單位共同頭痛的問題。雖然用盡方法發動拉攏、收買、人情等各種柔性攻勢，試圖改變他的作風與作為，然而劉宜良好處照拿，依然我行我素，虛與委蛇，所有有

關單位已束手無策，只有寄望情報局來收拾他。

二、劉宜良經常來往於大陸、美國之間，早已為美國聯邦調查局吸收為「線民」，提供美方有關兩岸情資。從一九八四年初，汪希苓又接受部屬建議，吸收他為情報局工作，每月支領一千美元津貼，希望因此改變他的態度，不再做有害台灣的事。另外，他每次回大陸，也與大陸有關單位接觸，接受招待與饋贈，遊走美、中、台之間，坐享三方利益好處，是一位標準的「三面諜」。

三、劉宜良開始為情報局工作以後，提供的情報中，特別多次提到一位名叫崔陣的大陸官員，表示可以「策反」他為情報局工作。這個情資引起情報局的注意，負責與劉宜良聯繫的情報局五處乃派出一位副處長與一位組長，專程於一九八四年七月底前往舊金山，照劉宜良指定的時間地點，準備與這位可能被情報局「策反」的大陸官員見面。但是到時崔陣沒有出現，只有劉宜良隻身前來與情報局兩位官員會面。言談間，劉宜良支吾其詞，引起情報局官員的警覺，接著發現現場有人在一旁拍照，兩位官員立刻機警的脫離現場，返回台灣。他們回來後撰寫的報告，明顯指出這是劉宜良設下的陷阱，為的是暴露我方情報人員赴美「策反」的不當行為，有違美方與台灣彼此的約定，以達到破壞台美關係的目的。這份報告於一九八四年八月十日

送到汪希苓的辦公桌上，坐實了劉宜良是情報局「叛徒」、「敗類」的指控。這個事件發生在陳啟禮與帥嶽峰正準備接受情報局專業訓練的前夕，促使汪希苓下定「制裁」劉宜良的決心。（請參閱《忠與過》一書第二二二～二二八頁）

四、自從一九七九年元旦，台美斷交之後，台灣一些駐外人員因憂慮台灣未來不確定的前途，因此在奉調返台服務的時候，竟然選擇違反命令，拒不返台。為了向這些受政府栽培，卻又背叛政府的駐外人員表現政府具有「制裁」叛徒的能力，以收「殺雞儆猴」的效果，劉宜良就成為最佳的被「制裁」對象。

五、外界多以為劉宜良因撰寫《蔣經國傳》而得罪台灣有關單位，引來殺機，卻不知另外一個真正惹禍上身的原因是，劉宜良當時已正在著手要撰寫《宋美齡傳》，要炒抗戰時期，美國羅斯福總統所派特使威爾基（Wendell L. Willkie）訪問重慶期間，與宋美齡有一夜情的不實冷飯，以達到更加羞辱蔣家與已故蔣中正總統的目的。事實上，在一九七四年一位當年美國小有名氣、專門挖人隱私的八卦專欄作家德魯・皮爾遜（Drew Pearson）所寫的《皮爾遜日記》中，早就對此事有所報導，惹得蔣夫人宋美齡勃然大怒，授權當時擔任新聞局駐紐約辦事處主任陸以正正式提告出版此書的美國哥倫比亞廣播電視公司，最後由哥倫比亞廣播電視公司公開道歉、並承諾在

該書再版時，將此段涉及毀謗的文字完全刪除。（請參閱《微臣無力可回天——陸以正的外交生涯》一書第二四六～二五五頁，陸以正著，天下文化公司二〇〇二年出版）足證這段不實的內容，早經美國法院判定毀謗，有案可稽，劉宜良不可能不清楚，但是仍然執意要寫，其用心實在惡毒可憎，明顯又要故技重施，詆詐台灣有關當局，令人厭惡，不勝其擾，因此必欲除之而後快。這是汪希苓對作者獨家透露必須「制裁」劉宜良，又不願公開的重要原因。

不過，在下達「制裁」命令的同時，汪希苓再三告訴陳啟禮，這件事十分敏感，要做得不落痕跡，否則弄的不好，會掀起台美之間，很大的政治與外交風暴。

陳啟禮聞言後當著汪希苓的面，拍著胸脯保證：「如果有事，就只到我為止，絕對不會牽連其他任何人。」

有了陳啟禮如此爽快的承諾，汪希苓於是放心的讓陳啟禮與帥嶽峰出發赴美，執行「制裁任務」。

向上級呈報「制裁計劃」

一九八四年九月十四日，陳啟禮夫婦與帥嶽峰一行三人從桃園機場出發，飛往美國洛杉磯。此時劉宜良正在大陸訪問，直到九月二十四日才返回舊金山。

在台北情報局，汪希苓指示陳虎門將整個「制裁行動計劃」，親自面交國安局長汪敬煦與國家安全會議（以下簡稱國安會）祕書長汪道淵。所以，從頭到尾，情報局的頂頭上司國安局與國安會都是知情的，只是汪希苓實現了他的承諾：如果出事，由他一肩承擔所有責任，絕不往上發展。

陳虎門也親自証實了汪希苓的敘述：

「我親手將執行「制裁行動」的完整計劃書，當面交給汪敬煦局長與汪道淵祕書長。至於他們有沒有再向上呈報給蔣經國總統，我們不知道。不過，我們該做的都做了，絕對不是瞞著上面，自做主張的魯莽行動。」

至此，關於「江南命案」的真相已經愈發清晰。情報局是遵照「大陸工作座談」的決議，要運用幫派分子從事情報工作。因而吸收了竹聯幫分子陳啟禮與帥嶽峰，前往美國執行「制裁」劉宜良的任務。並在執行「制裁」任務之前，也依規定呈報國安局長汪敬煦與國安會祕書長汪道淵。所以，台灣情治界的首長都在事前知情，也沒有表示任何反對的意見。結果在陳啟禮等人順利完成「制裁」任務，返回台灣後，一九八四年十月二十二日上午，汪希苓更親自前往國安局，向汪敬煦局長報告「制裁」劉宜良的行動已順利完成，而且陳啟禮等人也都平安回到台灣。

汪希苓還記得汪敬煦在聽完了他的報告後，還應了一聲：

「喔，回來啦！」

臉上看不出有什麼異樣表情。汪希苓對他的長官沒有絲毫戒心或疑心，反而認為汪敬煦應該為情報局有這樣的行動能力，解決了各單位長久以來的心腹大患而感到欣慰。

其實，當陳啟禮一行抵達美國以後，一直沒有展開行動。每天陳虎門都會與陳啟禮以約定好的暗號通電話，知道他們還在準備之中，在美停留的時間已經超過一個月。陳虎門還記

得「制裁」完成的當天早上，他向汪希苓報告，陳啟禮那裏還沒有消息。汪希苓感覺是不是他們遇到些困難，所以一直沒有動手。接著就告訴陳虎門：

「如果有困難，就不要勉強，叫他們回來好了。」

陳虎門回到辦公室正準備與陳啟禮通電話，轉達汪希苓的意思，要他們放棄任務返台。「我正要打電話給陳啟禮，桌上的電話鈴聲響了，傳來陳啟禮的聲音：買賣已成，送上三個禮包。」

陳虎門感慨的說，要是汪先生早一天交代，也許就不會有「江南命案」了。

原來陳啟禮一行到了美國後，為了慎重起見，一方面在尋找適合的竹聯幫在美國的分子參與行動，一方面在做各種準備工作。加上同行的帥嶽峰臨時因家中有事，在九月二十二日就先行返台。幸好另外一位竹聯幫分子吳敦於九月二十日赴美與陳啟禮會合，又召喚了洛杉磯竹聯幫忠堂堂主董桂森參加。如此人員與裝備都齊全後，選定一九八四年美國西部時間十

月十五日早上八點半，將劉宜良槍殺於自家住宅一樓的車庫中。一共開了三槍（送了三個禮包），確定斃命後，再盡速脫離現場。

只是汪希苓沒有想到，不過二十一天後，汪敬煦竟然瞞著情報局，發起了「一清專案」，目標就是要先逮捕陳啟禮之後，才可以在全台各地逮捕其他的幫派分子。

祕密發動「一清專案」，立即通知美國聯邦調查局

一九八四年十一月十二日，國安局刻意瞞著情報局，將執行「制裁」劉宜良任務勝利歸來，還以為為國家建了大功的陳啟禮逮捕。

據當年負責執行「一清專案」的台北市警察局長顏世錫的回憶：

「一清專案執行時，我確實奉令，一定要先把陳啟禮逮捕之後，再開始逮捕其他對象。」（請參閱《忠與過》第二八九頁）

而更不可思議的是，國安局在確實逮捕了陳啟禮之後，立即通知美國聯邦調查局東京辦

事處，告訴美方：

「我們已捕獲了槍殺劉宜良的凶手陳啟禮。」

這樣整個「江南命案」就此曝光，台灣的最高情治首長親自向美方揭發情報局涉案的事實，汪希苓、胡儀敏、陳虎門三位敢於執行「制裁」劉宜良計劃的台灣優秀情報人員，於一九八五年一月十三日被停職，隨即收押，接受調查。從此被迫離開了情報工作的崗位，暫時失去了自由，被自己的情報長官與同僚出賣、拘捕、關押、審問、接受軍法審判、最後坐牢，對視榮譽為自己第一生命的他們而言，真是情何以堪！

美方調查人員來台訪談與測謊

情報局涉入「江南命案」的消息被美方知道後，台美關係面臨了斷交以後最嚴峻的挑戰。美國要求引渡陳啟禮、吳敦、董桂森（案發前已到菲律賓）等人到美國接受司法審判。被我方以依法不能引渡的理由，拒絕了美方的要求。接著，美方對我施壓，要求允許派遣美

國司法部、聯邦調查局與警方人員來台親自審問幾位嫌犯。

政府挺不住美國強大的壓力，終於同意美方調查人員來台審訊陳啟禮與吳敦。一九八五年一月下旬美方人員抵達台北「訪談」陳啟禮與吳敦。也要求見情報局方面的涉案人，但是政府高層官員認為如此將危害國家主權而未同意。

美方並不死心，繼續施壓要求，結果汪敬煦獨排眾議，主張同意美方人員來台對汪希苓、胡儀敏、陳虎門三人進行談話與測謊。

一九八五年二月八日，蔣經國同意美方調查人員來台會見汪等三人。

同年三月八日，美方調查人員再度抵台，由一位司法部副助理部長帶隊，成員包括司法部國內安全部門負責人、聯邦調查局反間諜官員、加州警方人員等一共十人。

從三月十日起，美方調查組對汪等三人訪談了三天，且在第二天使用了測謊器。那是一段難熬的日子，美方調查人員提出許多尖銳問題，三位涉案人雖都有問必答，可是測謊的結果，對汪希苓與胡儀敏的答辭均顯示有諸多隱瞞或彼此事先串供的可能，唯有對陳虎門所說，認為最真實，他只是奉命行事，而非主事者。（請參閱《錢復回憶錄卷二》第四〇八～四一〇頁，錢復著，天下文化二〇〇五年出版）

汪希苓以後回憶這一段說：

「美方人員一再向上套（話），套得愈高愈好，特別是想扯到汪敬煦，我後來就拍桌子，要他們不要隨便亂猜。」（請參閱《忠與過》第三二五～三二六頁）

審訊結束，美方調查人員對汪希苓說：

「你沒有對我們講實話！」

汪希苓回答：

「我把我曉得的，告訴你們了。」

現在他坦白的說，那個時候當然不能說實話！

羅織犯案理由

政府為了慎重處理這個涉案層級很高的重案，組織了一個五人小組負責處理，由總統府祕書長沈昌煥擔任召集人，國安會祕書長汪道淵、國防部長宋長志、參謀總長郝柏村、國安局長汪敬煦組成。

當時最困擾這五人小組的問題，就是以怎樣的罪名起訴三位被告。換句話說，汪希苓告訴了五人小組真正要「制裁」劉宜良的原因是不能公開的，必須要找到其他說的過去，又能取信美方與海內外廣大關心「江南命案」民眾的理由才行。

陳虎門說，最早五人小組是朝「私人動機」的方向找理由，想羅織汪先生因有「緋聞」，為劉宜良知道，才決定要除掉他。可是這個非事實的理由，汪夫人堅決反對，認為不可以此編造的「故事」，來汙衊汪希苓，否則將來汪家何以做人？

最後，在一封一九八四年六月十一日由一位曾擔任情報局華南站長林郁民寫給另一位情報局老人夏曉華的信中，有提到「劉宜良手上握有汪希苓在美國華盛頓前後十多年許多醜事的材料，將來會有文章寫出來的。」一如此給了汪敬煦一個究竟應該如何起訴汪希苓的絕佳理由：「基於私怨」，所以找了竹聯幫制裁了劉宜良。

國防部軍法局就以這樣的理由起訴了汪希苓等三人，汪希苓自然無法接受這樣的指控。但是不能接受還是得面對軍法審判，一九八五年四月十九日，國防部軍法局高等審判庭宣判，被告汪希苓假借公務員職務上之機會共同殺人，處無期徒刑，褫奪公權終身；胡儀敏、陳虎門兩人幫助殺人，各處有期徒刑兩年六個月。

五月三十日，國防部軍法局高等覆判庭維持原判，仍以私怨為由，判處汪希苓無期徒刑，褫奪公權終身確定。

在此之前，一九八五年四月九日，台北地方法院審理終結，對於陳啟禮與吳敦均判以無期徒刑。

蔣經國反對民事和解

至於在美國的劉宜良遺孀崔蓉芝要求台灣政府賠償的民事訴訟，當時的駐美代表錢復也力主盡速與崔蓉芝和解，以降低「江南命案」對台美關係不利的影響，他為此專程返台，面見蔣經國報告他的意見。沒有想到蔣經國的答覆是：

「這個案子和解就是私了，會動搖國本的。」（請參閱《錢復回憶錄卷二》第四一九～四二〇頁）

因此，錢復奉命民事官司繼續打下去，不准和解。錢復認為是「某大老」（作者認為這位大老指的就是總統府祕書長、素有「外交教父」之稱的沈昌煥）在蔣經國前面的建言所致。其實，蔣經國那時身體健康雖然不好，可是頭腦卻仍然清晰如常。就算這位大老有向蔣經國建言，但是如果蔣經國不以為然，也不會任憑「某大老」的擺布，這點應是可以確定的。換句話說，對「江南命案」，蔣經國不完全認為情報局做錯了，而需要政府道歉賠錢，證諸日後他仍然對關押在牢獄中的汪希苓、胡儀敏、陳虎門特別關照，給予優厚的「坐牢」待遇，還要求為他們辦理特赦來看，蔣經國痛心的是這些對國家盡忠的情報人員，竟然在自己人的鬥爭中，受到不該有的國法制裁。另外，從一九八四年十一月十二日「一清專案」逮捕陳啟禮，供出是情報局首使執行「制裁」劉宜良的事實後，蔣經國卻遲遲沒有下令立刻查辦汪希苓，反而陷入了長考，對於是否應該追究汪希苓為了國家利益而執行制裁行動的責任，蔣經國顯得頗為猶豫難決。

在此期間，當他知道「全國治安會報」竟然沒有邀請情報局長參加，以致國安局發動

「一清專案」，情報局長卻毫不知情，蔣經國為此特別下令應邀請情報局長參加「全國治安會報」，汪希苓還因此以「待罪之身」，參加過一次「全國治安會報」。

不過基於事實的考量，自然還要顧及美國強大的壓力，一直拖了兩個月之後，蔣經國才下定決心，於一九八五年一月十二日下令將汪希苓等三位情報局官員停職接受調查。

從以上這些異乎尋常的做法來看，這應該是蔣經國心中對「江南命案」真正的想法，他不能說出來，他只能以行動來補償對汪希苓的虧欠！

檢討與善後

事隔三十三年後，汪希苓回想當年，覺得對於認識不久的陳啟禮與帥嶽峰，就馬上重用，賦予「制裁」的重任，的確有失周全的考慮。尤其，他們對情報工作的本質與特性，認識不足，對情報局缺乏認同與感情，更談不上信任，所以他們在美國完成「制裁」任務，怕回台灣後，遭到滅口之虞，因此在美國預留整個「制裁」行動的錄音帶，交給同為竹聯幫分子的張安樂（白狼）保管，並在必要時，予以公開。以致日後將整個案情暴露，硬將情報局扯入其中。雖然在執行任務前，陳啟禮再三拍胸脯保證，如果有事，他會扛起所有責任，絕

對不會將情報局牽涉進去。然而證諸日後發展，在「一清專案」逮捕陳啟禮的當下，他就供出情報局是「江南命案」的主謀，並寫了自白書。這是汪希苓事先沒有考慮到的問題，必須承擔這一切的後果。

自然，最大的關鍵，還是出在汪敬煦的身上。他明明事前事後都知道這是情報局執行的「制裁」行動，卻仍然要瞞著情報局，發起「一清專案」，目標就是要抓陳啟禮、要曝光情報局主導「江南命案」的有關案情。這位台灣情治最高單位首長不可思議的竟敢如此放肆無忌的惡鬥、惡搞，結果帶給台灣多大的傷害，多大的破壞，是無法估計的，也是無法彌補的。

甚至連蔣經國的三子蔣孝勇在論及「江南命案」時，也有如此的直言：

「江南案是因為幾個（情治）單位之間互鬥而扯出來的。至於為什麼鬥，很簡單，汪希苓你從此被打下去，你不要想來接我的位子了嘛！」（請參閱《忠與過》第二九一頁）

蔣孝勇的話事實上已說出了就是由於汪敬煦恐怕汪希苓要接自己國安局長的位子，無所不用其極的硬是罔顧國家利益，不論事前、事後情報局都有向他報告「制裁」劉宜良的事

實，執意要將情報局主謀「江南命案」的經過，活生生的赤露敞開在國際輿論之下，迫使蔣經國非得處理不可。

汪敬煦固然成功的擊倒了他的「政敵」，但是他自己也沒有什麼好下場。一九八五年十二月四日，蔣經國就將他從重要的國安局長位置上，調到屬於閒差的總統府參軍長。本來有關軍事上呈請總統的公文，都要經由參軍長轉呈。不過自從汪敬煦擔任參軍長後，相信是蔣經國的指示，就不再經過參軍長轉呈。使得汪敬煦無事可做，閒到在上班時間他只有到西門町看電影，以打發時間。這是蔣經國對他的懲罰，不露聲色中，汪敬煦已被打入冷宮。（請參閱《汪敬煦先生訪談錄》第二一三～二一四頁，國史館出版）

至於被關押坐牢的三位情報局官員，除了失去自由外，他們所享有的待遇還真的不錯。為了補償他們對國家做出的貢獻，相信也是在蔣經國的指示下，位於新店的警總看守所中，悄然在操場空地上建築了一棟平房（日後被立法委員戲稱為「汪希苓特區」），用來專門關押汪希苓與胡儀敏，還有專門的廚師為他們燒飯。每天汪夫人、胡夫人與陳夫人都可以去探望陪同自己的先生。兩年半以後，胡儀敏與陳虎門都重獲自由，胡儀敏因已屆退役之齡，就辦理退役，仍然享有國家應該給他的退休俸，足以安享晚年。陳虎門因尚年輕，申請復職，重返情報局崗位。一九九三年升任少將，二〇〇〇年從情報局退役，現在台北經商。

至於刑期最長的汪希苓，在一九八八年元月初，蔣經國指示參謀總長郝柏村，要盡速為汪希苓辦理特赦。當晚，郝柏村親赴汪府，告訴汪夫人這個好消息。

只是一個星期後，蔣經國就病故了，從此要辦特赦的事就無人理會了。

然而，從一九八八年到一九九一年，三年之中，中華民國政府接連辦理了三次減刑與特赦，雖然未必是專門針對「江南命案」的人犯而做，可是汪希苓、陳啟禮、吳敦三人因此受惠則是事實。

同時，在美國的劉宜良遺孀崔蓉芝與台灣政府之間的民事賠償官司，也在一九九〇年八月二十八日得到和解，政府同意支付一四五萬美元給崔蓉芝，另外付給律師費一二九萬美元。

一九九一年一月二十一日，軍法與司法單位同時釋放了他們三人，為「江南命案」的善後，畫上了句點。

美國靈媒的正確預言

在《中華民國這回事》書中第三二二～三二三頁，有以下一段有趣的紀錄：

「一九八四年十月二十二日劉宜良喪禮、遊行過後，大夥晚飯後，崔蓉芝叫李乃義（劉宜良的好友）與江南的堂弟一塊回劉家，因為喪禮時來了一位年輕的美國白人，她叫麗莎，在眾多華人中，格外醒目。劉太太只簡單說：『麗莎是來幫忙的』。

一開始李乃義很納悶，麗莎能怎麼幫忙？但，麗莎是個『靈媒』！後來據李乃義說：『邪門到家啦，讓我這個學物理的，從此不敢議論靈這件事……』

怎麼回事呢？綜合劉太太、李乃義透露的資訊，二十二日深夜，麗莎到劉家案發現場，跟江南的靈魂溝通，然後她告訴崔、李、劉三人：

『江南的靈，自在的離開了，沒有牽掛，因為他此生的使命便是要標誌一個朝代的結束。

我看到他們在一塊草地旁的會議廳開會，一個穿白衣的將軍跟他們決定做這件事……隨後，我看到飛機飛來，幾個人開了個廂型車過來……。凶槍被丟在草叢裡……

總統的兒子，為維護老爸的名譽，做了這事……

其中一個凶手的可憐靈魂，渾然失落，現在正在一個餐館的閣樓裡酗酒，我試著跟他的靈魂溝通，想要安頓他……』

這距離李乃義聽到阮大方告訴聯邦調查局的資訊，不過才二十小時，他知道，董桂森就住在竹聯幫眾開在洛杉磯台灣城一個餐館的閣樓裡，而派遣殺手來美犯案的情報局長，正是海軍中將汪希苓（海軍，穿白衣服嘛）。

我想，李乃義一定被電的夠嗆，當然，事後證實，麗莎幾乎全部說對。

唯一不可解的事，就是扯上『總統的兒子』。小蔣是老蔣的兒子，如果是小蔣下的令，那《吳國楨傳》就可能是殺機。如果是小小蔣下的令，那《蔣經國傳》就可能是殺機。怪不得，江南委員會自家人討論時，都栓在蔣孝武或蔣經國頭上。那時，很長一段時間，整個媒體也都在議論蔣家。」

如今再讀這段敘述，這位美國靈媒麗莎小姐可真靈光。因為所謂「總統的兒子，要維護老爸的名譽，做了這事……」證諸汪希苓決定制裁的理由之一，就是因為劉宜良準備要寫《宋美齡傳》，以已經美國法院判定毀謗的不實緋聞來醜化宋美齡，給老蔣總統戴綠帽子。只是當時外界還不知道劉宜良要寫《宋美齡傳》，自然百思不解這位美國靈媒所講的這段話指

的「總統兒子」究竟是哪一位蔣總統。經過汪希苓的說明，這段話就很清楚了。而這位美國靈媒也真靈光！

「江南命案」的影響

正如美國靈媒麗莎所言，「江南命案」對台灣最大的影響，就是終結了蔣家王朝在台灣的統治。由於蔣緯國參加了一九八四年七月二十八日在白景瑞家裡的餐聚，雖然日後證明他的確沒有涉入「江南命案」，但是難免予人「瓜田李下」的聯想。而在美國的竹聯幫分子為了營救幫主陳啟禮，不斷在海外放話，指蔣經國的次子蔣孝武也涉入「江南命案」（日後證明這是竹聯幫「圍魏救趙」的手段，蔣孝武也絕無涉入其中），使得蔣經國不堪困擾，最後只有外放蔣孝武到新加坡擔任副代表，有如王昇一樣，當他成為蔣經國的政治負擔時，遠離台北複雜的政治是非圈，是唯一處置最好的方式。

一九八五年八月十六日，蔣經國接受美國「時代雜誌」專訪時，指出我國總統職位繼承並無任何問題存在，他從來沒有考量過由蔣家成員接班。同年十二月二十五日，蔣經國在行憲紀念會上，公開以口頭表示，中華民國總統的繼承是經由憲法選舉而產生，蔣家人「不能

也不會」競選下任總統，而且我國「不能也不會」以實施軍政府的方式來統治。

蔣經國做這樣明確的宣示，一般均相信是受了「江南命案」的影響，情治單位的內鬥，嚴重到如此失控的境地，汪敬煦為了維護個人的權力與地位，不惜犧牲國家利益，蔣經國看到自己一手在台灣建立的情治單位，竟然墮落到如此地步，痛心之餘，除做必要的人事調整外，決定重整情治單位職掌，限制他們權力的擴張，走向民主開放是必然與必要的措施與方法。這些改變相信都是在「江南命案」發生後，蔣經國痛定思痛所下的決心。

最重要的是，那時他的身體健康已經十分惡化，他實在沒有足夠的精力來處理這些頭痛的問題，他所一向倚重與信任的幹部紛紛出了問題，他手上可以打的牌、可以用的人才也愈來愈少。

同時，來自美國政府的壓力，也是迫使蔣經國必須在「江南命案」後，決定要走向民主開放的另一個重要因素。事實上，美國政府對蔣家從來沒有好感。在一九四三年，抗戰最艱苦的時期，當時擔任中國戰區參謀長的美國史迪威將軍，就有意要製造飛機意外失事事件，來除掉蔣委員長。國民政府退守台灣後，更有意在台灣發動政變，取代蔣中正總統。美國政府對國民黨在台灣長期實施戒嚴與白色恐怖的統治，十分不以為然，一再希望台灣能真正的自由化、民主化。如今在發生「江南命案」後，美國政府更是振振有詞，要求台灣放棄「一黨專政」、保障人權的呼聲可以說是高唱入雲。蔣經國已沒有精力再來處理這些複雜困難的

台美關係，順應時代、順應潮流，要改變、要改革，他不得不向殘酷的現實低頭。

另外，據曾擔任過蔣經國總統英文祕書的馬英九總統，親口說出大約在一九八五年間，曾於一九六〇年代在台灣擔任美軍顧問團團長的威烈拉將軍寫了一封信給蔣經國，表示台灣仍然實施戒嚴，對台灣的國際形象與觀感，都十分不利。

因此，蔣經國特別找來馬英九，問他「戒嚴」英文的意思。當他聽到馬英九說明是表示「無法無天」或「軍事統治」的時候，蔣經國皺起眉說：

「我們沒有無法無天，也不是軍事統治啊！」

馬英九當時就感覺，蔣經國已瞭解，台灣實施「戒嚴」的包袱很沉重，被國際社會誤解得很深。

同時，大陸的改革開放也已逐漸有了成效，台灣若還持續戒嚴，又如何對大陸同胞發揮號召力呢？這種種的原因，他被迫改革，從保守到開放與開明，成為他唯有的選擇，台灣的民主化曙光已現，改革也提上了時程表，一個嶄新的時代即將來臨。

「江南命案」與國際壓力，兩岸形勢的變化發展破了蔣經國原來所佈的局，應該是持平之論，影響實在太大了！

CHAPTER

22

「煤礦災變」與「十信案件」

俞國華擔任行政院長的第一年，台灣財經領域發生了幾件不幸的重大事件。這些不幸事件在特定的環境裡醞釀多時，由存續多年的長期現象逐漸累積能量，到了俞國華擔任行政院長之後終於爆發，使得他承受了很大的壓力，可謂運氣不好，正巧碰上。不過俞國華責無旁貸，沉穩應對，先推出治標辦法，消弭傷害，繼而推出治本方案，改革體制，杜絕類似事件再次發生，徹底解決了這些困擾政府多年的沉痾，令人敬佩。

這些重大不幸事件，以煤礦災變與金融風暴為主。半年之內，連續發生三次重大煤礦災變，一共造成二六八人死亡。金融事件則是一九八五年春季所爆發的台北市第十信用合作社（簡稱十信）與國泰信託擠兌風暴。

連續發生煤礦災變

台灣天然資源稀少，礦產有限。盡管台灣煤熱量低，雜質多，品質遠不如國外煤，但從日據時代開始，北部丘陵地區就有民眾靠挖煤維生。政府為維持礦工生計，乃刻意以高關稅設立貿易障礙，防止國外高品質原煤進口，以保護國內煤礦業。這樣的政策除了維護礦工生計之外，並無其他好處。長久之後，煤源愈挖愈少，設備機具愈來愈陳舊，礦工安全自然也愈無保障。這樣的情形，經過長期醞釀，終於在俞國華出任院長之後不久，突然爆發，短短半年之間，竟然連續發生三次煤礦災變。

首先，在一九八四年六月二十日，俞內閣就職不過二十天，台北縣海山煤礦發生意外，引發爆炸，造成七十二名礦工遇難。

台灣省礦務局自六月二十五日起，派員到各煤礦實施緊急安全檢查，到七月六日為止，有三處煤礦不符規定，當場勒令禁採。有七處煤礦局部禁採，有兩處煤礦機件禁止使用，有七處煤礦人員受行政處分。

但是仍然在七月十日，發生台北縣瑞芳鎮煤山煤礦災變，造成一〇三名礦工死亡。

經歷兩次嚴重的礦災，俞國華已經決定要徹底改變台灣的煤礦政策，輔導礦工轉業，開

放外國原煤進口，逐年關閉各個礦場。然而這項政策還來不及付諸實施，不到五個月之後，十二月五日又發生了台北縣三峽鎮海山一坑煤礦災變，造成九十三名礦工罹難。

次日在行政院院會中，俞國華要求有關單位徹查災變的原因責任，並對台灣各煤礦盡速再做全面嚴格的安全檢查，如發現稍有安全顧慮的礦場，即可勒令關閉。對於一九八四年八月間通過的「台灣地區煤業政策」，希望各單位能徹底實施。

此外，對進口原油及其製品、燃煤、核能燃料，徵收百分之〇．五附加捐，作為礦工轉業、退保等基金。

俞國華的新政策，改變了台灣煤礦能源生態，此後來自南非、澳洲的高品質煤礦，取代了台灣本地煤礦，礦場大體都停止開採。而政府輔導煤礦從業人員轉業，所需經費則來自俗稱「能源稅」的燃料附加捐，此後台灣不再發生煤礦災變，俞國華釜底抽薪的做法，徹底解決了這個存在已久的問題。（請參閱《財經巨擘》第四二一～四二四頁）

平息十信風波

十信當時是全台灣規模最大的信用合作社，營運良好，獲利能力極為可觀。十信之所

以出事，並非肇因於十信本身運營問題，而是十信理事會主席、立法委員蔡辰洲以「五鬼搬運」手法，刻意掏空了十信的根基。

具體掏空的做法就是蔡辰洲多年來利用職權和家族聯姻關係，先後假借其所經營的「國泰塑膠關係企業」（簡稱國塑）職工名義，向十信貸取鉅款，作為「國塑」運用的資金，導致十信週轉不靈。同時，蔡辰洲還以辦理「職工存款」的手法，囊括了「國塑」數千名職工的存款高達數十億新台幣之多。加上在十信的貸款客戶中，若干企業經營不善，無力清償十信貸款，蔡辰洲就陸續吃下這些體質不健全的企業，成為十信關係企業，因此埋下十信後來出事的因素。另外，蔡辰洲個人揮霍錢財無度，持續需要大量資金供應。久而久之，蔡辰洲就動了十信念頭，經由人頭戶提供土地，以低價高估方式，向十信辦理抵押貸款，時間一久，十信根底就被掏空。

財經當局早就知道十信有問題，俞國華擔任中央銀行總裁時，央行金融檢查處多次檢查十信，發現問題，依法移交財政部懲處。財政部卻礙於蔡辰洲立委身分，雖瞭解問題嚴重，卻遲遲未採取行動。

事實上，在一九八三年下半年，國民黨為了年底立委選舉，在台北市打算提名七人參選，其中包括十信理事會主席蔡辰洲。當時俞國華還是中央銀行總裁，就曾向蔣經國建議：

「十信經營不善，財經當局正督促改進中，如果提名蔡辰洲出任立法委員，那麼將來處理十信將會遭遇困難。」

因為俞國華掌管台灣財經大政數十年，深切清楚十信實際情況，預料政府將來或有必要處理十信問題。因此他基於職守，向蔣經國建議提名蔡辰洲是不妥當的。（請參閱《財經巨擘》第四〇四頁）

對於是否提名蔡辰洲，蔣經國當時也頗為猶豫。他很清楚蔡辰洲的背景，明白他的作風，不過當時台灣政局遭到反對勢力嚴峻的挑戰，國民黨黨務系統自然是以「勝選」為優先考量，認為如何在選舉中贏得最多的席次至關重要，強調蔡辰洲有經濟實力雄厚的國泰集團支持，如果提名他參選，就保證一定會當選，為國民黨多爭取立法院的一個席次。

在這種現實選舉的壓力下，蔡辰洲獲得提名，並順利當選。有了立委名義的光環，使得政府財經當局在依法處理十信違規經營的過程中，誠如俞國華的預言，有了更多的顧忌，以致情況持續惡化，等到一九八五年春節過後的二月間，此一重大的金融舞弊案曝光後，立即發生十信存款客戶「擠提風潮」，職工紛紛要求提取自己的存款，「國塑」無法應付，面臨破

產的危機。數千名存款人組成了「自救會」，前往行政院、總統府請願，強烈要求政府要負起責任，保障所有存款人合法的權益。

受十信案件的影響，台灣許多以辦理「職工存款」吸收民間資金的企業，也相繼發生「擠兌風潮」，如台灣最大的「國泰信託投資公司」，在短時間內就被提領了一百五十億元新台幣。導致台灣工廠企業倒閉，經濟蕭條的後果。

「十信案」是繼「江南命案」之後，台灣發生的另一起震撼政治、經濟、甚至層面衝擊到整個社會的重大事件。尤其對於一九四八年曾在上海打老虎、實施「經濟管制」、親身經歷金融崩潰、人民擠兌金圓券風潮，最後導致國民黨在大陸全面潰敗悲慘下場的蔣經國而言，他絕對無法容忍這樣的歷史在台灣重演。他十分震怒，極為生氣，指示俞國華務必要在最短時間內，穩定台灣的金融秩序，恢復社會的安定。

在這種情形下，政府決定「概括」承受十信事件所有的經濟損失，下令由合作金庫進駐代管十信，交通銀行、農民銀行、中央信託局組成銀行團進駐代管國泰信託，等於由公營銀行出面支持兩家出事的金融機構，全面保障人民的利益，不受影響。

在司法方面，依法拘捕起訴了以蔡辰洲為首的違法失職人員。蔡辰洲被判處合計高達六百七十年的有期徒刑，不久後就病死獄中。

在政治責任的追究上，經濟部長徐立德於一九八五年三月辭職，為早先擔任財政部長時期，沒有及時妥善處理十信負責。財政部長陸潤康則於同年八月去職，其他有十五名政府官員受到記過、調職等處分。

這是政府一九四九年遷台以來，發生最嚴重的財經風暴。台灣輿論一致認為，這起案件暴露了台灣官、商勾結的黑幕，加深了國民黨當局與台灣資產階級的矛盾，增加了人們對台灣前途的憂慮與不安定感。

這時，已是風燭殘年的蔣經國，在抱著病痛之身與痛心疾首的情緒下，勉強自己相繼處理完了「江南命案」與「十信事件」後，他的心中知道，他已沒有別的選擇，必須要進行黨政機構全面的改革與改組，是被迫的，也是必要的。

台灣迎來了改革的新時代！

CHAPTER

23

撤換蔣彥士

在處理「十信案件」之時，首先被更換的黨政高層，就是當時紅極一時，並曾積極爭取組閣的國民黨中央委員會祕書長蔣彥士。

一九八五年二月六日，國民黨中央常會通過蔣經國交議，准予蔣彥士辭職，由當時擔任亞東關係協會駐日本代表馬樹禮繼任。

由於時值「十信案件」擠兌風潮爆發前夕，引起外界許多猜測，認為一向為蔣經國所倚重，已擔任中央黨部祕書長職務長達五年餘的蔣彥士為何在此敏感期間被蔣經國更換，而且下臺的蔣彥士，未像過去辭卸中央黨部祕書長的前任一樣，至少會被聘任為總統府資政（享有院長級待遇），而這次蔣經國只發表蔣彥士為總統府國策顧問（只享有部長級待遇），其中必有蹊蹺。

介紹蔡辰洲入黨

當時台北政界普遍的猜測，是因為一九八二年蔡辰洲加入國民黨，入黨的介紹人，就是蔣彥士與已被罷黜外放的原總政戰部主任王昇。蔡辰洲是透過王昇以前的部屬、曾擔任過中華電視台總經理蕭政之的牽線，拜王昇為乾爸爸，如此費心的經營政商關係，誠如上章所述，「十信案件」充分暴露了台北政商關係的黑幕，這是犯了蔣經國最大忌諱、而且一旦被發現，絕對「殺無赦」處以政治上的極刑。這是蔣經國的個性使然，也是他一貫堅守的政治原則與立場。

同時，一九八三年蔡辰洲獲得國民黨提名，參選立法委員，也是蔣彥士的推薦。這種種蛛絲馬跡，在「十信案件」即將爆發的前夕，蔣經國獲悉蔣彥士竟然與蔡辰洲有如此方方面面的牽涉與不尋常的關係交往，在嚴懲「十信案件」失職政府官員之先，撤換蔣彥士自然成為蔣經國鍘的第一刀。

這也與蔣彥士的個性有關，他本來就是交遊滿天下，性情開朗，極為能幹的一位黨政高層人士。也因為如此，什麼疑難雜症到了蔣彥士手上，都是「小事一樁」、「閒話一句」。他對國家的忠誠、對蔣經國的服膺效忠、任事的負責擔當、乃至為人的周到能力，都是絕無瑕

疵、無可挑剔的。這是蔣彥士能夠長期得到蔣經國信任，並屢次破格拔擢重用的原因。

然而在「十信案件」上，他犯了蔣經國最痛恨的禁忌，逼得蔣經國只有「揮淚斬馬謖」，將他的愛將罷黜，甚至交代：

「蔣彥士永不錄用！」

這個謎底一直到二〇〇四年，作者才從與李煥院長的談話中，找到答案：

「一九八八年初，經國先生逝世後，李登輝繼任總統與國民黨主席，我那時還擔任中央黨部祕書長。由於李登輝對黨務工作不熟悉的緣故，他很尊重我的意見，放手由我處理黨裡的事。記得有次與他談黨內的人事，他親自告訴我，經國先生生前曾經交代他：『蔣彥士交個女朋友，我還可以容忍，可是放任女朋友借他的關係搞錢，我絕無法忍受。所以，蔣彥士永不錄用！』」

「洪小姐」惹禍

這裡蔣經國所說蔣彥士的女朋友，在台北政壇早已是公開的祕密。這位被稱為「洪小姐」的蔣彥士紅粉知己，名字叫洪錦麗，是蔣彥士上海滬江中學畢業的學妹。到了台灣以後，兩人才相識、相知，進而發展成為密友知己。雖然彼此都有了各自的家庭，那時的蔣彥士已在政界展露頭角，洪小姐則在商場馳騁，需要政府的關係，蔣彥士自然成為她最好的「橋樑」與「保護傘」。蔣彥士對此並不避諱，反而將自己有情有義、浪漫瀟灑的一面在對待洪小姐的身上，表現無遺。蔣彥士並不介意外界的看法，對將他與洪小姐名字相提並論的非議，也不刻意切割。因此，洪小姐在台灣商場得意，很容易讓人想到是因為蔣彥士的關係。

外界的傳言，蔣經國有著自己的管道可以知道一些黨政軍高官的隱私。但是當他獲知洪小姐也涉入一些金融弊案中，他決定要將這位能幹的祕書長撤換，而且「永不錄用」。這就是當年蔣彥士為什麼被罷黜的內幕，蔣經國絕不容許自己的幹部在操守上出現任何的汙點，就像他對李登輝說的，交個女朋友還無所謂，可是如果涉及貪汙腐敗，他是絕不容忍！

證諸台北政壇，在外有女人的高官，絕非少數。可是只要自己操守沒問題，還能保有一定的職位，不受影響。蔣經國還是滿有人情味與講人道的，他知道男人好色的本性很難完全

禁絕，他自己年輕時不是曾經犯過這樣的錯誤嗎？自己都做不到，卻要強求部屬做到，未免太假道學與偽君子了。所以，只要沒有逾越分寸，他可以在這方面容忍。

可是操守就不一樣了，他在這方面有高標準的「潔癖」，操守出了問題，輕則罷官，重則法辦，絕無商量的餘地。或許，蔣彥士就是因為這個原因受到牽連。

不過當一九九〇年，為了中華民國第八任總統提名人選的問題，國民黨內主流、非主流公開決裂，李登輝為了確保能夠順利當選，又請出了蔣彥士這位曾是李登輝在農復會時期的「老長官」，出面組織了國民黨內的「八大老」，一起勸退了非主流本來準備另提一組人選與李登輝競逐大位的企圖。

因此，李登輝在就職第八任總統後，蔣彥士得以重返中樞，被任命為總統府祕書長，創下了台灣政壇唯一能夠「三起三落」的紀錄，這是異數，是蔣彥士創造的「政治奇蹟」。可見他有一般政治人物欠缺的優點，他是國民黨內「永遠的祕書長」，是足以調和鼎鼐「一等一」的「藥中甘草」型政治人物。具有這樣政治能力與歷練的風雲人物，在國民黨內絕對無人能出蔣彥士其右者，這應該是對蔣彥士的公正評價。

蔣經國臨終的接見

不過，蔣經國與蔣彥士的關係倒沒有因此終止。據蔣彥士的外孫蔣顯斌在接受作者訪談時，提到蔣經國在臨終前不久（正確日期已不記得），特別接見了蔣彥士，告訴他：

「我過去對你的許多誤會都已得到澄清了。」

蔣經國說的這番話對蔣彥士格外重要，令他感到十分安慰，當天就告訴了蔣顯斌。

蔣顯斌對外公與洪小姐的關係，也知之甚詳。他稱呼洪小姐為「洪婆婆」，記得從小每年大年初一，他都在母親蔣見美教授的帶領下，第一個就是到洪婆婆家拜年。

「我的外公在感情上有一份『溫柔的堅持』，他與洪婆婆的關係，他認為是生命中很重要、不可或缺的一部分。所以，在面對外界不利的說法時，外公也從不做任何刻意的迴避與切割，足以證明他為人真實與有情有義，政壇上像他這樣作風的人，可能找不到第二位。」

在與蔣顯斌的談話中。已充分將蔣彥士的人格特質做了最佳的詮釋。

CHAPTER

24

蔣孝武接班夢碎

汪希苓曾任蔣中正總統六年武官，與蔣家成員有許多接觸，對蔣孝武的言行，乃至心中所想，都相當瞭解。他並不諱言，蔣孝武野心很大，有接下蔣經國政權棒子的企圖。不過，那只是蔣孝武個人的意圖，蔣經國絕無此安排或交代。

蔣孝武的接班野心

既然有接下政權的想法，蔣孝武就試圖走蔣經國當年接下蔣中正總統權力的老路——從掌握情治系統著手。汪希苓是如此解釋：

「蔣孝武是與情治系統走的很近，但那是他個人的意願而已。經國先生年輕時

也是先從掌控情治系統開始的，蔣孝武因此覺得，要接父親的政權，就要拉攏情治單位。」

安全局長王永樹、調查局長沈之岳都是蔣孝武用心經營的對象。至於汪希苓，曾擔任過國安局副局長，以後成為國安局駐美的情報負責人，現在又調派為情報局長，自然也成為蔣孝武交往的對象。以前汪希苓在美國任職，每逢生日，蔣孝武必然會打個祝賀電話給他，返國述職時，蔣孝武多半會請吃頓飯。以後，蔣孝武出國或回國，這位蔣家二公子的祕書必定會聯繫汪希苓。汪希苓瞭解這是請他到機場迎送，他也去過兩、三次，就不再去了。不過，由於是蔣經國的兒子，包括汪希苓在內，幾位情治單位首長並未怠慢，都與蔣孝武有相當來往，特別是身為國安局長的王永樹。（請參閱《忠與過》第一九八～一九九頁）

記得在一九八〇年代初，台北政壇就傳說蔣孝武在警備總部有個辦公室，參與了台灣情治工作。當時就有蔣孝武可能接班的說法。

蔣經國嫡出有三個兒子：長子孝文，本來蔣中正與蔣經國都對這位長孫、長子寄以厚望，盼望他能傳承蔣家的權力與地位，有出人頭地的一天。所以，就把他安排在台電公司，從基層的幹部做起，以具體參與建設的成果，得到社會的認同與好感，到時克紹其裘就是水

到渠成，再自然不過的事。只是很可惜，蔣孝文在擔任台電桃園區經理的時候，某次應酬，飲食不慎陷入昏迷的低血糖狀態，以致神志受到影響，自此無法正常生活與工作，無緣於蔣家權力的傳承。

也因為這樣，次子蔣孝武就深覺蔣家的傳承大業，更加「捨我其誰」了。至於三子孝勇則完全經商，靠著當時蔣家的背景，他所經營的中興電工可以說生意興隆，獲利可觀。他就專心的賺錢，對政治並不熱衷。蔣孝武刻意與情治單位保持密切關係與聯繫的做法，後來終於給自己帶來了麻煩。「江南命案」發生以後，海外始終認為情報局所以涉入案件，必然受到「高層」的指示或「默許」。會是蔣經國嗎？有人如此猜測。不過包括劉宜良的遺孀崔蓉芝在內，大多不相信蔣經國會下如此的命令。

無端涉入「江南命案」

雖然不相信蔣經國會下令「制裁」，但是不少人揣測蔣孝武應該與「江南命案」有關，就是因為長期以來他自己給外界的印象，就是與情治單位關係密切的緣故。這種揣測絕非「空穴來風」，這是由於整個案情爆發之後，竹聯幫的中堅分子、外號「白狼」的張安樂就一

口咬定是蔣孝武下令的。以後連下手槍殺劉宜良的董桂森於被捕後，在美國受審時，也斬釘截鐵的指出，是蔣孝武下了誅殺令。然而汪希苓肯定的說，蔣孝武和「江南命案」絕對沒有關係：

「蔣孝武是因為與情治系統走得近，被外界誤解是經國先生指派他去掌控情治系統。」

汪希苓解釋，其實蔣孝武和情治系統毫無正式關係，也沒有擔任任何職務，自然無法命令情報局做什麼，或不做什麼。蔣孝勇日後也批評他哥哥：

「他就是喜歡那個調調，讓人家以為他和情治系統有特殊關係，以後反而害了他！我認為江南案是個相當愚蠢的事情，這件事情發生後，父親非常生氣，但是我叔叔（指蔣緯國）或二哥絕對沒有捲在裡面。不過對於二哥被牽扯，我寧可持平一點講，有百分之八十是別人在造謠，百分之二十，是自己給人家這種印象。」

「記得那個時候，外頭還給他安個什麼國安會副祕書長頭銜，」蔣孝勇回憶：「根本沒這回事，但既然在事前未曾否認，等到事後再設法解說就難了。」

外界傳聞不斷之下，蔣經國為了杜眾悠悠之口，終於決定把蔣孝武調離政治是非中心的台北，擔任駐新加坡副代表。（請參閱《忠與過》第三三三～三三四頁）一九八六年二月十七日，外交部正式發表中國廣播公司總經理蔣孝武為駐新加坡副代表。次日上午蔣孝武就搭機前往履新。從此再沒有與蔣經國見面，父子天人永隔，相信這是蔣經國心中永遠的痛，也是蔣孝武永遠的遺憾。一九八五年八月十六日與十二月二十五日，蔣經國兩度公開表示：

「從來沒有考量蔣家成員接班」

「蔣家不能也不會參選中華民國下任總統。」

蔣經國就這樣終結了蔣孝武的接班夢。蔣經國逝世後的蔣家，也步出了政治圈，退下了光環，成了平民百姓家！

CHAPTER 25

推動政治革新

揮別了多事的一九八五年，進入了蔣經國開始推動政治革新、開放新政策的元年。

語重心長的談話

事實上，從「江南命案」爆發，汪希苓等三位情報局的官員於一九八五年元月十三日被收押後，蔣經國就在元月十六日國民黨中常會上，針對當前社會風氣弊端發表談話，勉勵全黨同志以身作則，避免參加不必要應酬，共同致力改善社會風氣。

台北政界一致認為蔣經國這樣的談話，主要是由於江南案涉案的情報局官員就是在應酬的飯桌上，與竹聯幫幫主陳啟禮認識的。所以蔣經國意有所指的希望大家不要參加不必要的應酬。

不到一個月的二月十三日國民黨中常會上，蔣經國再度發表談話，勉勵全黨同志和諧團結，以「不灰心、不退卻」的態度，謀致新的一年更大進步。接著，在二月十五日又約見行政院各部會首長，勉勵大家事事應以國家利益為先，時時以民眾福祉為念，犧牲奉獻。二月十八日，蔣經國親自主持了國民黨中央委員會新舊任祕書長的交接典禮，並舉行了黨務工作座談會，勉勵全黨同志與工作幹部一定要本著光明正大、大公無私的精神，攜手合作，集中全民意志，統一全民力量，共同開創國家光明前途。（以上各節談話均請參閱《蔣經國先生全集紀事年表下輯》第三七三、三七四頁）

蔣經國如此密集的對黨政高層負責同志發表語重心長的講話，足以表現自己因為明白「江南命案」、「十信案件」所暴露他所一貫信任重用的幹部，居然會背著他，為了滿足私慾與個人權力職位，做出這樣嚴重傷害國家利益的事。他的痛心，難以言喻，也不能對外界有所表露，只有藉著各種重要場合，發表講話，勉勵大家，鼓勵大家，要發揮「享受犧牲、犧牲享受」的精神，致力國事、公事，確實做到「千萬人中不可有我，千萬人中不可無我」的境地。

這些人生至理名言，都是蔣經國早年成立救國團時，對從事青年工作的團務工作幹部的講話。他此刻的心情，彷彿重回當年那個革命的年代，要重振已經老化、腐敗的人心士氣，

他沒有想到，自己到了這個年紀，身體已經如此不堪，卻還要親上一線，將革命事業從頭做起。這也是他為什麼將馬樹禮遠從東京調回台北，主持黨務工作，就是他認為馬樹禮在日本待了十二年之久（從一九七三年台日斷交後，就奉命擔任亞東關係協會首任駐日代表，直到一九八五年返台為止），應該與複雜的台北政壇牽扯較少，政商關係也會較為單純的緣故。

此時蔣經國的身體持續惡化，一九八五年八月底，他的右眼視網膜退化，進行手術，經過半個多月的休養，直到九月十八日康復後，才再度公開露面，主持國民黨中央常會。

所以，從一九八六年開始，他以行動來推動台灣改革開放的企圖就很明顯了。

成立「政治革新小組」

一九八六年三月二十九日，國民黨舉行十二屆三中全會。蔣經國在開會典禮上，提出「政治革新」議案，呼籲「以黨的革新帶動全面的革新，開拓國家光明的前途」。他的講話得到所有與會中央委員的支持與通過。

接著，在例行改選中央常務委員時，他突破以往穩定保守的做法，提名了四位屬於國民黨內「開明派」的委員，出任中常委，他們是：教育部長李煥、內政部長吳伯雄、法務部長

施啟揚與國家科學委員會主任委員陳履安（陳誠的長子）。

三中全會後，為了具體落實「政治革新」的主張，在四月九日舉行的中常會中，蔣經國任命了嚴家淦、謝東閔、李登輝、谷正綱、黃少谷、俞國華、倪文亞、袁守謙、沈昌煥、李煥、邱創煥、吳伯雄等十二位中常委組成「政治革新小組」，由嚴家淦擔任召集人，兩人一組，分別討論以下六個亟需革新的議題：

1. 中央民意代表機構的改革，也就是國會全面改選的問題；
2. 地方自治的改革，也就是開放省市長民選的問題；
3. 國家安全法令的改革，也就是解除戒嚴的問題；
4. 民間社會組織制度的改革，也就是開放組黨的問題；
5. 強化社會治安的問題；
6. 加強黨務工作問題。

就這樣，在蔣經國親自督軍的情形下，啟動了台灣正式的政治革新，在蔣經國生命的最後一年半裡，他在與時間賽跑，要求「政治革新小組」，先選擇最重要的來做，而且要快

做，不要拖。在這些革新的議題中，關於解除戒嚴，革新小組曾經開了數十次會議，還是難以定案。反對的人認為，解嚴會嚴重影響台灣的安全與安定，帶給中共侵台的機會。

李煥還記得。他將革新小組正反意見，呈請蔣經國過目。看過後，蔣經國說：

「我們戒嚴已經四十年，台灣同胞還能夠容忍，已經是十分善良，很不容易了，我們應該有所改革才對。」

而在開放黨禁方面，當時擔任總統府祕書長的沈昌煥曾提醒蔣經國，國民黨未來可能會失去政權。蔣經國聞言後，淡淡的說：

「世界上沒有永遠的執政黨。」

因此，在政治革新的道路上，實情並非外界所想，蔣經國一句話就能大勢底定。

所幸，蔣經國當時已決定了政治革新的大政方針，國民黨內保守派的意見，再也不會影響與改變他的決定了。

CHAPTER

26

嚴家淦病倒會中

已高齡八十二歲的嚴家淦前總統，還是與以前一樣的認真從公，思慮周密，事必躬親，開始積極領導十二人革新小組，密集開會，著手研擬政治革新六大重要議題方案。

認真負責推動改革

這段期間，通常由國民黨祕書長馬樹禮，先把有待研商的問題整理好，當面向嚴家淦報告，並請示會議日期，擬訂議程，以小組召集人嚴家淦名義，發出會議通知，會議結束以後，再由馬樹禮向蔣經國報告討論結果。

嚴家淦對每個議題的討論，都經過他事先周到的思考，例如，考慮開放黨禁時，他就想到應該將制定「人民團體法」優於訂定「政黨法」，把開放組織政黨的相關法令放在「人民

團體法」中。他的意見得到蔣經國的認同，後來政府所施行的政策，就是依照這個原則辦理的。

對於台北、高雄兩個直轄市長開放由民選產生的問題，嚴家淦認為應該從修改台灣省的「縣市自治法」著手，解決有關法律法規方面的問題。嚴家淦的這項建議，蔣經國立刻接受，並派遣施啟揚、陳履安等六人前往英國、美國、德國、法國、日本、韓國等六國考察。以後一系列的方案，都是以修法為起步，就是緣起於嚴家淦的意見。

肩負如此重大的任務，做事積極明快的嚴家淦，召開連串的會議，認真的領導十二人小組，研訂這些都是棘手問題的解決辦法。他的晚年事實上極受蔣經國的器重，舉凡黨國大政方針，蔣經國不一定會問其他的高層大老，然而嚴家淦是唯一一位蔣經國必然徵詢、執事恭敬以待的黨國大老。

所以，嚴家淦是「退而不休」，仍然擔負了沉重的責任。但是畢竟年紀不同，嚴家淦就在一九八六年九月十六日下午，一次「政治革新小組」的會議桌上，倒了下來，像孫運璿一樣，因為中風，被迫退出了黨政高層，這又是國家的一個重大損失。

預言不會再擔負任何政治職務

作者記得在嚴家淦中風之前的半年，曾去「大同之家」的辦公室拜見他。當時作者曾經談到蔣經國的健康狀況已不是很好，萬一發生變化，嚴前總統絕對是能夠穩定政局重要的力量，因此，作者盼望嚴前總統要保重身體，不要太勞累了。

作者記得當時嚴前總統在聽了以後，只是很平淡的說：

「我想我以後不可能再擔負任何政治職務了。」

沒有想到嚴前總統一語成讖，真的就不會再擔任任何政治職務，而且從此退出政壇，不再過問國事。

這令作者想到，嚴家淦或孫運璿都是在國民黨內饒富政治聲望的大老，如果其中一位在蔣經國逝世時，身體仍然健康的話，在推選國民黨代理主席的時候，就不一定非李登輝莫屬，也許從此國民黨會走上集體領導與黨、政分離的新路線，不會導致李登輝一人「獨裁」的現象，台灣今日或許會有截然不同的命運與結果。

CHAPTER 27

黨外人士宣佈組黨

正當蔣經國已決心推動台灣的政治革新，在黨內組織了十二位中常委，成立專案小組，針對解除戒嚴、開放黨禁、報禁、開放省市長民選、國會全面改選等敏感政治議題，進行研擬解決辦法的時候，台灣的「黨外人士」可能已有所風聞，他們決定先聲奪人，醞釀正式籌組台灣四十年來，第一個民主政黨。

一九八六年七月三日，黨外人士成立了「組黨十人祕密小組」，商討組黨事宜，準備突破長期戒嚴下的黨禁。

臨時起意宣佈組黨

一九八六年九月二十八日，是孔子誕辰紀念日，也是教師節國定假日。當天來自台灣各

地「黨外後援會」、獻身黨外運動的精英代表一百三十二人，聚集在台北圓山大飯店，原是為確定年底立委、國代候選人的會議，卻臨時變更議程，成為組黨發起人會議，進而正式宣佈「民主進步黨」（簡稱民進黨）的誕生。

懷著可能被捕、被判徒刑、乃至被殺的壯烈精神，大家決定衝撞國民黨白色恐怖、戒嚴、黨禁與報禁的體制，勇敢的踏出這充滿危機感與不確定因素的一步。所有與會代表在激動、雀躍、歡呼、流淚的高昂情緒下，見證了這歷史的一刻。台灣終於有了台灣人自己組成的政黨！

然而，負責組黨的幾位帶領人，心中是忐忑不安的，他們不知道台灣警備總司令部何時會採取行動，宣告他們的組黨是違反了戒嚴法，並會隨即逮捕這幾位帶頭的激進分子。

不過，事實上他們的預期都落空了。警備總部沒有採取任何干涉或拘捕的行動，出乎他們的預料。

當時國民黨內的確有人主張取締剛成立的「民進黨」，蔣經國特別召見了副總統李登輝，要他在國民黨中常會，報告蔣經國的意見：

「應採取溫和的態度，以人民與國家的安定為念，處理事情。」

並請李登輝接任因嚴家淦中風，而出缺的國民黨「政治革新小組」召集人。

宣佈解嚴與解除黨禁報禁

九天以後，蔣經國在一九八六年十月七日，利用接見美國「華盛頓郵報」（Washington Post）發行人凱撒林．格蘭漢姆（Katherine C. Graham）的機會，告知台灣即將解除戒嚴法與黨禁、報禁。

這樣明確的宣示表態，等於宣告「民進黨」成立的即將合法化。

一九八六年十一月十日，「民進黨」召開了第一屆全國代表大會，會中通過了黨章、黨綱、紀律仲裁辦法等議案，江鵬堅當選第一任主席。

一九八七年十二月五日，立法院通過修正後的「人民團體組織法」，包括政黨成立與登記的辦法。

一九八九年一月，黨禁正式解除，內政部開始接受台灣人民組黨的合法權益。

同年五月十二日，民進黨中央黨部祕書處主任鄭寶清從內政部長許水德手中領取「民主進步黨政黨證書」，正式成為合法政黨。

CHAPTER

28

順應時代變革

「時代在變，潮流也在變」

就在接見美國「華盛頓郵報」發行人格蘭漢姆女士，宣示即將解除戒嚴與開放黨禁、報禁的第二天，蔣經國在主持國民黨中常會時，也發表了重要的講話：

「時代在變，環境在變，潮流也在變。因應這些變遷，本黨必須以新的觀念，新的做法，在民主憲政體制的基礎上，推動革新措施。唯有如此，才能與時代潮流相結合，才能與民眾永遠在一起。」

蔣經國如此的用心良苦，做這樣的談話，目的就在消除黨內不同意見、反對開放革新同志心中的疑慮。接著，在一九八六年十月十五日的中常會上，通過「政治革新小組」關於「動員戡亂時期國家安全法令」與「動員戡亂時期民間社團組織」兩項政治革新議題的結論，研討以「國家安全法令」取代戒嚴令，修改人民團體組織有關法律，以規範政治性團體合法活動。在通過這兩項為了解除戒嚴與開放人民合法組黨的配套結論後，蔣經國又發表了以下重要的講話，清楚闡釋他對政治革新的基本理念與態度：

「最重要的還是國家的安全和社會的安定，這是我們生存發展的根本。由於近年來國家建設發展到一個新的里程，為了貫徹民主法治，要求進步繁榮，本黨於民國七十五年（一九八六年）十月，決定儘早解除台澎金馬地區戒嚴令，但為防止敵人滲透、破壞與顛覆，必須制定國家安全法，以確保國家安全與社會安定，這項決策連同其他幾個政治改革方案，都是適應當前情勢所需，符合國家民眾最高利益的必要措施，相信應能獲得全民的認同支持。」

經過這樣的說明，台灣的政治革新正式啟動了，這是國民黨歷史性重大政策的改變與轉折。一個民主開放的新時代已然來臨。

CHAPTER

29

罷黜宋時選

宋時選一九二二年出生於浙江省奉化縣溪口鎮，是貨真價實蔣家的親戚。到了台灣以後，追隨蔣經國創辦救國團，擔任機要祕書。之後升任主任祕書、執行長、副主任、主任等職務。宋時選雖出身顯赫，在黨政界人脈廣闊，但是長期從事青年工作，養成平易近人、不搞特權的習慣，著稱於台灣政界，被尊稱為「宋公」而不名。

蔣經國拒不接見

一九七九年二月，在台美斷交，蔣經國成立「工作組」推動全面改革之時，宋時選奉命由救國團主任調任中國國民黨台灣省黨部主任委員，開始從事黨務工作。一九八四年六月升任中央組織工作會主任。一九八七年二月，突然被調為黨營事業「裕台印刷廠」董事長，頗

令台灣政界意外不解。由於蔣經國是宋時選的舅舅，再加上一直得到蔣經國的信任重用，歷任黨團要職，卻在蔣經國暮年之際，老幹部一一出了問題，需人孔急的時刻，被罷黜離開黨政核心，擔任名不見經傳的黨營事業負責人，不禁令人錯愕，不知究竟什麼原因，導致「宋公」有如此不堪的下場。懷著這樣的疑問，作者在二〇〇四年與李煥的談話中，才從李煥口中，瞭解這段鮮為人知的內幕。

「我在一九八七年七月擔任國民黨中央黨部祕書長後不久，有天宋時選到中央黨部來看我，除了向我道賀榮膺新職外，他提到已經有一段時間沒有見過經國先生，希望我能向經國先生報告，請安排時間去看他。我曾與宋時選在救國團長期共事，知道他與經國先生親戚的關係，也甚得經國先生的器重。因此，我立刻答應宋時選一定會利用機會轉達他的意思。那時我與經國先生有密切的工作關係，經常見面。所以，我就在一次與經國先生談完公事後，表示宋時選盼望能來看他，請經國先生安排時間。可是沒有想到經國先生反應冷淡，不同意與宋時選見面。我不禁感到納悶，是什麼原因導致經國先生對宋時選如此的不滿，連面都不願意見呢？

為此，我特別去請教了中央黨部前任祕書長馬樹禮，馬祕書長才告訴我，是因為一九八六年年底，國民黨提名參選立法委員與國大代表的過程中，發生了嚴重的失誤與瑕疵，以致在確定公佈了提名名單後，一個星期後，又再破天荒的補提名了兩位立委候選人，一位是第三選區的洪昭南，一位是漁業團體的黃澤清，均為現任立委，卻沒有得到繼續連任的提名，後來再做了補提名。也因此傳出有操守的問題，引起經國先生相當的不滿，而在選後不久，就撤換了宋時選。相信也是因為這個原因，經國先生不願意與宋時選見面。」

經過李煥的說明，才明白了宋時選當年是因為操守問題，遭到蔣經國毫不留情的罷黜，離開了國民黨中央核心。這完全符合了蔣經國的作風，只要涉及貪汙腐敗，不論皇親國戚，一律撤職查辦，絕無例外。

宋時選就是如此的遭遇，被撤換後，不到一年，蔣經國就撒手人寰，兩人也沒有再見過面。

CHAPTER

30

打出最後一張王牌

蔣經國最後的三個心願

一九八七年七月一日，國民黨中常會通過蔣經國交議的重要人事案，中央委員會祕書長馬樹禮請辭獲准，由李煥繼任。當時台北的媒體在報導這個人事案的時候，紛紛指出，李煥過去在黨務工作的表現，深得蔣經國的信任與讚賞，是蔣經國時代的重要推手。如今，為了深化蔣經國念茲在茲的政治革新工作，終於打出了最後的一張王牌，重用李煥，重回黨部出任要職。

一九八七年七月四日，蔣經國親自在中央黨部主持新舊任祕書長的交接，然後在總統府接見李煥，交付他未來亟待推動的三項工作：黨務要革新、政治要民主、國家要統一。

因此，李煥在就職後不久，請三位副祕書長一起，共同討論當時民主改革與兩岸開放的議題。李煥分別交代他們不同的工作，首席副祕書長宋楚瑜負責開放大陸探親的規畫，高銘輝副祕書長負責地方自治法治化，也就是省市長民選問題，馬英九副祕書長負責全面改選中央民意代表機構的問題。

李煥的膽識

對於國家要統一的願望，蔣經國基本的想法是，如果能以台灣經濟和政治力量影響大陸，使大陸民主化，就是國家統一的契機。那時兩岸隔絕已近四十年，老兵「想家」、「回家」的呼聲日益殷切。基於人道立場，蔣經國是主張應該讓他們一償心願，同時策略性地運用這種形勢，做為政府對大陸的政治與經濟戰略，向大陸展現政經力量，進而發生影響力。

李煥深切瞭解蔣經國的想法，因此他在一九八七年九月四日，在國民黨高雄市黨部發表演講指出：

「我們談『反攻』，是要導致大陸革命，推翻中共政權。我們絕對不是要取代中

共政權，而是要促進大陸政治民主、新聞自由、經濟開放，使中國解除共產主義桎梏，成為民主自由的現代化國家。」

李煥發表這個演講之前，並未請示蔣經國，也未將演講稿送請蔣經國過目。他很明白蔣經國政治革新的意思，所以當他這篇演講引起黨內許多元老的不滿時，甚至有人指他「自做主張，放棄法統」。李煥親自向蔣經國報告此事，蔣經國指示他將演講稿在「中央月刊」上發表，完整表達他的理念，才平息了這場風波。（請參閱《追隨半世紀》第二五〇～二五一頁）一九八七年七月十五日行政院新聞局長邵玉銘代表政府，宣佈解除戒嚴令，十一月二日開放台灣人民赴大陸探親交流，一九八八年元旦解除報禁，一九八九年元旦解除黨禁。

「這些措施都是經國先生要實現三大心願的起步，可惜一九八八年元月十三日他就不幸逝世。我相信他心裡一定還有許多計劃想要繼續推動，上天如果能多給他兩、三年的時間，台灣應該另有一番面貌。」

李煥不勝唏噓的說。（請參閱《追隨半世紀》第二五二頁）

CHAPTER

31

開放兩岸探親交流

兩岸經過近四十年的對立、隔絕，同時也隔絕了兩岸人民之間親情的交流與探視。當年隨著國民黨來到台灣的五十萬大軍，大多已自部隊退伍，並逐漸進入了垂暮之年，他們思鄉情切，有家歸不得的痛苦，使得「想家」、「要回家」的願望日益強烈。受到黨外人士走街頭抗爭路線，以爭取自己權益行動的啟發，這些一輩子忠於國民黨當局的老兵，也開始模仿黨外的做法，不斷透過街頭示威抗議、國會陳情、媒體喊話等方式，向蔣經國強烈要求准許老兵返回大陸老家，與親人團聚，落葉歸根。

外省人走上街頭

一九八七年五月，「外省人返鄉探親促進會」正式成立，大批「榮民弟兄」舉著「想

家」、「回家」的牌子，聚集在「國軍退除役官兵輔導委員會」與「行政院」門口，和安全警衛人員發生肢體衝撞，已經重病纏身的蔣經國在病榻上聽聞此事，對「輔導會」的臨場處置極為不滿，蔣經國自忖無法再以任何理由禁止台灣人民回家的要求，終於迫於形勢，宣佈允許台灣人民可以探親的名義，返回大陸老家。

消息發佈之後，台灣近四十萬家鄉在大陸的老兵，無不歡欣鼓舞，千盼萬盼，總算盼到可以光明正大達到回家的目的。

一九八七年九月十六日，蔣經國在國民黨中常會中指出，政府和執政黨始終把目標看得很清楚，勉勵從政同志要以國民大眾福祉著想，嚴正執法，確保法治，照顧全民，促進民主。並提議由副總統李登輝、行政院長俞國華、立法院長倪文亞、內政部長吳伯雄、國民大會祕書長何宜武五位中常委組成專案小組，就台灣人民赴大陸探親問題的原則與意見，迅作審議，同時強調處理此問題的三項基本原則是：

反共基本國策不變、光復國土目標不變、確保國家安全原則不變。

一九八七年十月十四日，國民黨中常會通過有關探親的決議案：

「基於傳統倫理及人道立場的考慮，允許國民赴大陸探親，除現役軍人及現任公職人員外，凡在大陸有血親、姻親三親等以內之親屬者，得登記赴大陸探親，以上要點送請行政院主管同志處理。」

一九八七年十月十五日，時任內政部長的吳伯雄正式宣佈行政院的決議案：

「從一九八七年十一月二日開始，台灣人民可向紅十字會登記，申請赴大陸探親，一年可有一次，一次允許停留三個月。」

蔣經國晚年為人所稱道的開放政策，至此已有了一定的成效，解除戒嚴、開放黨禁與報禁、允許人民赴大陸探親，在這樣的基礎上，奠下了台灣日後走向民主的康莊大道。

蔣經國所以至今仍為台灣人民懷念，就在於他在生命最後的半年時間中，所推動的這些政治革新工作，留給台灣豐富的政治遺產。還有，在財經背景出身行政院長俞國華的努力下，留給台灣豐富的經濟遺產。

只是不到三十年的時間，這些豐富的遺產都被他的繼任者用盡敗光。台灣今天在政治上，不能擺脫冷戰思維的束縛與侷限，愈來愈走向死路，經濟上受到「黑金政治」的綁架，日趨落後。二十年近乎停滯的毫無發展、人民平均工資沒有增長。這樣的結果，怎不令人感慨，而更加懷念「蔣經國時代」台灣錢淹腳目的輝煌呢？

CHAPTER

32

「我已經是台灣人了」

國民黨長期對台灣的統治，一直在內部存在「台灣人」與「外省人」的省籍對立與矛盾問題。特別是歷經一九四七年的「二二八事件」後，本土「台灣人」與來自大陸新移民「外省人」的隔閡就更加嚴重與明顯了。

蔣經國從一九六〇年代開始，就已注意到這個問題，開始重用、提拔優秀的台灣人擔任黨政要職，以逐漸化解這個政治上的難題，打破省籍觀念，促進台灣內部的精誠團結與合作無間的和諧。

發掘重用本省人才

當時他特別交代他在重慶擔任「中央幹部學校」教育長時的得意門生李煥，負責這個發

掘本省籍人才的特殊任務。李煥就像是個「星探」，利用救國團與國民黨黨務系統的管道，勤走台灣基層鄉鎮城市，因而認識了許多本省籍的精英人才。經過考核，證實確實有學識能力，足堪大用的台灣人，李煥就會親上簽呈，呈請蔣經國予以接見談話，進一步得到蔣經國的認可後，就可以發表適當的工作，延攬這些優秀的台灣人，擔任黨政要職。許多台灣人就是經由這樣的方式，從此飛黃騰達，在台灣黨政界嶄露頭角。

因此，在一九六〇與一九七〇年代，台灣黨政界都流傳著這樣的說法：「李煥是蔣經國時代的推手，是通往權力的捷徑。」

由此可見，蔣經國長期以來就十分注重對台灣籍人才的發掘、培育與重用。只是等到他擔任總統以後，由於身體狀況的惡化，他已不能像過去一樣，經常上山下鄉，探訪民瘼，去認識地方的本省籍人才了。

然而，他也很清楚，國民黨在台灣將近四十年的統治，也已到了必須面臨「本土化」的問題。然而，國民黨內許多元老、大老都還沒有這樣的認識。

「我已經是台灣人了」

為了以身作則，顯示台灣人與外省人，經過四十年的自然融合，已不分彼此了，蔣經國特意安排在一九八七年七月二十七日，在總統府以茶會款待十二位台灣耆老士紳許金德、蔡鴻文等人，公開做了以下的表示：

「我在台灣住了將近四十年，已經是台灣人了。」

蔣經國如此說，是有其用意的。一方面是要拉近與占台灣人口比例絕大多數台灣人之間的距離，一方面也是要告知國民黨內的外省人，過去大家認同的國家主體在大陸，台灣只是暫時居住的「反攻大陸」基地。但是現在已經不同了，既然「反攻大陸」已不可能，也就不可能以大陸為國家，以大陸人民為國民。只能以台灣地區為國家，以台灣人為國民。如此定義的國民，無論從那裡來，都是台灣人，包括他自己在內，都已經是台灣人了。大家只需具有「大中國思想」，具有中國國家認同的觀念，無分省籍與族群，都是台灣人了。

蔣經國因此可以說是最早提出「新台灣人觀念」的第一人，並藉著這樣的觀念，終結了

國民黨是所謂「外來政權」的第一人，稱得上是認同台灣主體、台灣主權，在此同時，又不放棄對「大陸主權主張」的第一個新台灣人。

蔣經國縝密的思慮，證明他是一位具有戰略眼光的偉大政治家，應是當之無愧的。

CHAPTER

33

最後的公開露面

蔣經國的健康，受到糖尿病晚期嚴重併發症的影響，雙眼視力衰退，幾近失明。雖然經過數次手術，也只能維持勉強看得見的程度。

一九八六年四月十八日，蔣經國又因發現心律不整現象，在台北榮民總醫院裝置了人工心律調整器。過程還算順利，行政院新聞局直到四月二十四日，蔣經國手術成功，康復回家休養後，才發佈新聞。

一九八七年八月二十六日，蔣經國首度公開坐輪椅到國民黨主持中常會。為了方便他的進出，國民黨中央黨部還特別加裝了電梯。

當年的十月十日雙十國慶當天，蔣經國也是坐著輪椅，最後一次出現在總統府陽臺，接受參加慶祝大會群眾的歡呼致敬。

次日，他再以三軍統帥身分，親臨新竹湖口基地，坐著輪椅，最後一次主持「僑泰演習」。

看到這個現象，台灣人民心中都開始擔心，這位勤政愛民、普受人民愛戴的領袖，他虛弱的身體究竟還能撐多久呢？

出席國民大會經歷混亂

一九八七年十二月二十五日，是行憲紀念日，照例蔣經國要以總統的身分，出席紀念會。事實上，台灣負責安全的部門，已接獲情報，當天的集會，民進黨的國大代表將會藉機鬧事，因此力勸蔣經國不要出席當天的會議，以免受到不必要的攪擾，影響他的心情。

但是蔣經國不為所動，他認為不出席，就是表示心虛，不敢面對他們，等於向這些鬧事分子低頭示弱。他本乎「自反而直，雖千萬人吾往矣」的精神，覺得政府已在一九八七年七月十五日宣佈解除戒嚴，十一月二日宣佈開放台灣人民赴大陸探親，至於開放黨禁與報禁，也即將於一九八八年元旦宣佈實施。目前只剩下全面改選中央民意代表與開放省市首長民選的問題，還沒有實現。不過國民黨內也早已成立了「政治革新小組」，正在積極的研擬解決與開放辦法。這些都是台灣政治異議分子許多年來的訴求。如今國民黨順應民意，順應潮流變化的需要，難道還不足以取信於這些民進黨的國大代表，還要來藉機鬧事嗎？

他堅持要出席當天行憲紀念日的大會，就是感到他有足夠的信心，來面對這些有意滋事的民進黨國大代表。

他坐著輪椅，在侍衛人員的推持下，進入台北中山堂的舞臺，就主席位。等到一切依規行禮如儀後，他正要開口致辭時，已被安全警衛人員團團圍住，集中坐在中間位置席位的民進黨國大代表們，突然拿出了事先準備的白布條標語，一起大聲高呼：「打倒萬年國會」、「還台灣人民主權」的口號，立刻引起場內的騷動。安全警衛人員對於身具國大代表身分的滋事分子，趕緊強行沒收這些白布條，阻止他們繼續的鬧事。

坐在輪椅上的蔣經國，抬起幾乎已無力揚起的脖子，視力不佳的他，只約略知道會場發生騷亂，卻無法清晰看到這醜陋的一幕。

他口中似乎在喃喃自語：「我都已經做了那麼多，為什麼你們還不滿足、不能理解政府的苦心，而共體時艱呢？」

這是蔣經國最後一次的公開露面。

從表面來看，民進黨的國大代表或許洋洋得意，覺得突顯了他們改革的立場，甚至還有人誇口說，蔣經國當天就是受到過度的驚嚇，以致心情低落，病情加重，促使他在十九天後吐血而亡，鬱鬱以終。

然而，對蔣經國瞭解的人則不做如此觀。因為綜觀蔣經國的一生，從早年到蘇聯求學，在冰天雪地的西伯利亞飽受磨鍊，到後來回國後，又歷經多少磨難，包括大家耳熟能詳的在贛南實施新政，與地方土豪劣紳的鬥爭、重慶時期主持國民黨青年團、擔任中央幹部學校教育長、青年軍政治部主任、抗戰勝利後東北特派員、上海實施金融管制打老虎、在台灣建立軍中政工制度、情治系統、興建中部橫貫公路、金門炮戰出生入死，蔣經國可以說歷經如此豐富的人生歷練，怎麼可能被民進黨一小撮異議分子的攪擾而受到驚嚇呢？

但是，有一點應該是可以確定的，蔣經國心中一定充滿了疑惑與不解：

「我都完全接受了你們改革的主張，你們還有什麼意見與不滿，還要在國家如此莊嚴隆重的集會上，突顯你們的政治主張，有必要嗎？非要讓我這樣真心對待台灣人民、已風燭殘年的老人，受此屈辱嗎？」

不過，肯定的一點，是台灣人民永遠不會忘記這位勤政愛民、真正做到「民之所欲，常在我心」的政治領導人。

蔣經國不但是永遠的蔣經國，也是不世出廣受台灣人民懷念的蔣經國！

CHAPTER

34

結束悲劇人生、光榮走入歷史

蔣經國是悲劇人物

知名的歷史學家沈剛伯教授一直是蔣經國極為敬重的一位學者與長輩，兩人相識於抗戰時期的重慶，來台後，蔣經國仍不時向他請益。有次李煥陪同蔣經國造訪沈府，聽沈剛伯暢談天下大事後，對蔣經國直言：

「你註定是歷史上的悲劇人物。」

蔣經國的一生，在他平民化的裝束、大格局的施政能力與剛柔並濟的領導統御下，依李

煥的體會，飽受國事、家事與病痛折磨多重壓力下，其實內心真是苦澀。

「時代、歷史與環境造成經國先生悲劇人物的結果，他絕不是在太平時代做總統的公子，也絕不是在太平時代做台灣的領導人！他的一生沒有享受，只有無限的責任與使命。」（請參閱《追隨半世紀》第二六二～二六三頁）

一九八八年元月十三日下午三點五十分，蔣經國病逝台北寓所「七海官邸」，結束了他悲劇的人生，卻光榮的走入歷史。

在蔣經國逝世三十年後的今天，台灣各民意調查機構所做的結果，都一致顯示，蔣經國仍然是台灣人民評價最高、最受愛戴的總統。三十年過去了，可是台灣人民沒有忘記他，他是「永遠的經國先生」，光榮的永遠活在台灣人民心中、活在歷史的洪流中，沒有褪去光環，反而愈發增光！

CHAPTER 35

尾聲

蔣經國死前，並沒有在權力的傳承上有任何交代。他的健康情形雖然日益惡化，可是他對自己的生命，仍然充滿信心，認為應該可以做完中華民國第七任總統。他對自己健康的過度樂觀，導致他身後的台灣政局並不安定。沒有政治強人的壓陣，國民黨內各派勢力因而蠢蠢欲動。

在他過世不過兩個星期，還在國喪期間的國民黨，已經為了推舉代理主席的事，展開了檯面下的鬥爭。表面平靜的台北政局，事實上已經暗潮洶湧，風雨滿樓了。

等到一九九〇年二月十一日，國民黨舉行「臨時全體中央委員會」（簡稱「臨中全會」），與「臨終全會」同音，有人因此戲稱此次全會已正式宣告國民黨的即將沒落，已是「臨終時期」了），推舉中華民國第八任總統、副總統候選人時，終於爆發了「主流」與「非主流」公開激烈的鬥爭，國民黨的實質分裂，已是不可避免的事實了。

離心離德的「後三雄」

其實，蔣經國雖然在生前沒有親自交代「後蔣時代」有關人事與權力的安排，但是冥冥中，他已適才適任的將台灣的黨、政、軍大權交給了他晚年最倚重、也最信任的三員大將手中。

李煥可以說是是最受蔣經國重用的學生，也是唯一仍能隨侍蔣經國身邊，為他送終的學生。他曾長年追隨蔣經國創辦救國團、從事青年工作與黨務工作頗有成績，得到蔣經國肯定的核心幹部。在蔣經國生命最後的半年，蔣經國任命李煥出任國民黨中央黨部祕書長，等於是將「黨務」交給了素以開明作風與擅長黨務工作見稱的李煥，應該是蔣經國心目中最佳的人選。

至於「政務」，在蔣經國一貫認為搞好經濟，改善人民生活是負責政務工作最重要的任務。而俞國華一直在財經界服務，雖然因為說話鄉音過重，欠缺政治上與人民可以充分直接溝通的長處，以致俞國華一直無法建立政治上的聲望，但是俞國華擔任行政院長的五年，是台灣經濟最輝煌的年代，負責「政務」俞國華是綽綽有餘。

而「軍務」是由已擔任參謀總長八年之久的郝柏村掌控，早已在軍中成了氣候，幾乎當時所有海、陸、空、勤各軍種少將以上的將領，都是在郝柏村總長任內得到他的提拔而任命的。國軍部隊當時已有「郝家軍」的稱呼，可見郝柏村在台灣國軍中紮根之深，是無人可以撼動的。

李登輝「一桃殺三士」

所以，我們可以說，蔣經國固然生前沒有交代，然而他已做了最好的安排。只是很遺憾的，這三位「後蔣時代」的「後三雄」，彼此完全不能推心置腹，甚至離心離德，與蔣經國第一任總統任期內的「前三雄」的和衷共濟，團結一心，完全不可同日而語，使得繼任總統大位的李登輝發現這三位「黨、政、軍」負責人，竟然私底下是如此的互相傾軋，如此的水火不容，以致李登輝有機可趁，利用一個行政院長的位子，重演了歷史上「一桃殺三士」的故事，先是由李煥取代了俞國華擔任行政院長，國民黨中央黨部祕書長的職位就由已明顯倒向李登輝的副祕書長宋楚瑜接任，先收復了「黨權」。

接著，又利用李煥介入「主流」、「非主流」黨爭的機會，趁勢由最具實力與發起反對李

登輝的「非主流」大將郝柏村出任行政院長，如此就輕易瓦解了「非主流」的陣營，同時逼退了李煥，李登輝再任命反對郝柏村的海軍上將劉和謙出任參謀總長以及陸軍上將蔣仲苓出任國防部長，順利的收回了「軍權」。

可是，為了擔任行政院長，已自動申請退役（本來郝柏村是一級四星上將，係唯一不受退役年齡限制，屬於終身職的高階將領）的郝柏村，在沒有向總統報備的情況下，在行政院召開「軍事座談」，明顯侵犯了總統的職權。李登輝乃發動本土立委與國大代表，逼迫郝柏村辭職下臺，從此黨、政、軍大權完全落入李登輝手中。不過短短五年，李登輝由一位毫無實權的虛位總統，變成繼蔣經國之後，台灣名實相符的「政治強人」，也暴露台灣徒具民主選舉的形式，卻無統治權上民主與分享的缺點，又不受任何民意機關的監督，至今仍然如此。造成總統候選人只有在選舉拜票時，會表現的「謙卑、謙卑、再謙卑」，可是當選後，就會變成「獨裁、獨裁、再獨裁」的反民主作風政客。

看來台灣引以為傲的政治民主，還有很長的一段路要走，有待我們大家共同的努力！

至於蔣經國「國家要統一」的心願，則早已被他之後的台灣歷任總統所拋棄。連在二〇〇八年重新執政的國民黨，也不敢碰觸如何促進兩岸統一的問題。雖然口頭上大家都尊崇蔣經國的政績，甚至李登輝還曾自稱為「蔣經國學校」的畢業生，然而他的做法卻完全偏離

了「蔣經國路線」，這應是最大的諷刺。

蓋棺論定蔣經國

不過，平心而論，蔣經國最為人所懷念的地方，就是他平實與平民化的作風，他一心照顧廣大人民的利益，像油、電、煤價格要漲，他絕不同意，寧可由政府自行吸收。教育部要漲學費，他更是堅決反對。當年李國鼎要推動「三商銀」的民營化，他告訴李國鼎，這樣的民營化就是財團化、就是國家資產的流失，會造成社會財富不均的現象，要他再好好的想想。

證諸蔣經國之後的台灣社會，足以印證當年蔣經國的憂慮絕對正確。不只「三商銀」早已民營化，許多國營事業都用民營化可以增加經營績效的藉口，將國有資產財團化，才造成台灣社會今天極度「M型」社會不公的結果。這些口頭「尊蔣」的政客，何以在九泉之下面對蔣經國？

這是蔣經國留給台灣人民永恆懷念的原因，只可惜「蔣經國路線」後繼無人，台灣因此陷入困境，是再自然不過的事。

中共中央黨校前常務副校長，也是「中國和平崛起道路」理論的創建者鄭必堅曾對台灣人民說過以下這段話：

「眼界決定境界，思路決定出路。」

蔣經國的一生應該已為這段話做了最好的實踐。問題就是台灣人民有沒有真正瞭解這段話的含義。

這是作者寫這本書的初衷，就是要為那個時代做見證，向那些生長在大陸、卻將自己一生事業完全奉獻給台灣、全心全意為台灣打拚的那一代人致敬！

更盼望台灣人民能從蔣經國生前的遺願上找到未來台灣的出路，才是我們紀念蔣經國最好、也最有意義的方式！

參考文獻

一、書籍

1.《蔣經國先生全集記事年表下輯》，行政院新聞局出版。

2.《嚴家淦總統行誼訪談錄》，國史館出版。

3.《孫運璿傳》，楊艾俐著，天下雜誌出版。

4.《李國鼎先生紀念文集》，李國鼎科技發展基金會出版。

5.《追隨半世紀》，林蔭庭著，天下文化出版。

6.《許倬雲院士一生回顧》，中央研究院近代史研究所出版。

7.《財經巨擘——俞國華生涯行腳》，王駿著，商智文化出版。

8.《變局中的躍進》，薛心鎔編著，正中書局出版。

9.《楚崧秋先生訪問紀錄》，國史館出版。

10.《王昇的一生》，陳祖耀著，三民書局出版。

12.《王昇與國民黨》，Thomas A. Marks 著，時英出版。

13.《錢復回憶錄卷二》，錢復著，天下文化出版。
14.《微臣無力可回天》，陸以正著，天下文化出版。
15.《李潔明回憶錄》，李潔明著，時報文化出版。
16.《忠與過》，汪士淳著，天下文化出版。
17.《蔣中正總統侍從人員訪問紀錄》，中央研究院近代史研究所出版。
18.《為歷史作證》，時報文化出版。
19.《中華民國這回事》，陳治平著，獨立作家出版。
20.《郝總長日記中經國先生的晚年》，天下文化出版。
21.《寧靜中的風雨》，王力行、汪士淳著，天下文化出版。
22.《汪敬煦先生訪談錄》，國史館出版。

二、文章

1.「揭開劉少康辦公室面紗」，汪振堂著，傳記文學第九十卷，第二期，四五～五〇頁。
2.「王昇與蔣彥士的遭遇」，鍾樹楠著，中國報導一九八六年五月三日台版。

蔣經國晚年大事年表

・一九七八年一月七日　中國國民黨中央常務委員舉行臨時會議，一致通過常務委員嚴家淦建議，向第十一屆二中全會提案「請提名中國國民黨主席蔣經國同志為中華民國第六任總統候選人」，並經中央評議委員主席團臨時會議通過。

・一九七八年二月十四日　中國國民黨第十一屆二中全會開幕，蔣經國勉勵全黨同志精誠團結，為主義、國家、全民及歷史做一次更光輝偉大的奮鬥。

・一九七八年二月十五日　中國國民黨第十一屆二中全會通過提名蔣經國為中華民國第六任總統候選人，謝東閔為副總統候選人。

・一九七八年三月二十一日　第一屆國民大會第六次會議選舉蔣經國為中華民國第六任總統。

・一九七八年三月二十二日　第一屆國民大會第六次會議選舉謝東閔為中華民國第六任副總統。

・一九七八年五月二十日五月二十日　宣誓就任中華民國第六任總統，提名孫運璿為行

政院長，任命蔣彥士為總統府祕書長。

・一九七八年五月二十七日　任命孫運璿為行政院長。

・一九七八年十二月十六日　美國駐華大使安克志於淩晨二時晉見蔣經國，告知美國政府決定從一九七九年一月一日起，與中華人民共和國建立正式外交關係，並斷絕與中華民國的外交關係。明令發佈緊急處分事項：1. 軍事單位全面加強戒備；2. 命行政院採取維持經濟穩定及持續發展的必要措施；3. 延期舉行正在進行的中央民意代表選舉，即日起停止競選活動。晚間八時，發表電視談話，要求全國軍民同胞團結一致，繼續努力奮鬥。

・一九七八年十二月十八日　中國國民黨舉行第十一屆三中全會，呼籲海內外同志同胞精誠團結，共赴國難。

・一九七八年十二月二十日　主持中國國民黨中央常會，決定成立黨務、政治外交、社會、文化宣傳、財政經濟、軍事等六個工作組，由常務委員嚴家淦擔任總召集人，規劃具體改革方案，以貫徹三中全會的決議。特任馬紀壯為總統府祕書長，蔣彥士為外交部長。

・一九七八年十二月二十八日　接見美國副國務卿克里斯多福，商討斷交後台美關係持續的問題。

・一九七八年十二月二十九日　再度接見美國政府代表團，強調未來台美關係必須建立在持續不變、事實基礎、安全保障、妥定法律、政府關係五項原則上。

・一九七九年一月六日　指示中央黨部文化工作會楚崧秋主任，成立「固國小組」，因應大陸對台統戰工作。

・一九七九年二月一日　主持國民黨中央常會增開之會議，討論社會、文化、財經三組所提改革提案。

・一九七九年二月七日　主持中國國民黨中央常會，討論通過十一屆三中全會決議案工作組綜合報告。

・一九七九年十二月十日　主持中國國民黨第十一屆四中全會開會典禮。改組中央黨部重要人事，大量進用青年才俊。

・一九七九年十二月十四日　四中全會閉會，任命蔣彥士為中央委員會祕書長。當晚高雄發生「美麗島暴力事件」。

・一九八〇年一月二十九日　主持中國國民黨中央常會後，接見中常委王昇。命其負責

成立新的對大陸反統戰組織。

・一九八〇年二月二十八日　「美麗島事件」在押被告林義雄家中發生血案，母親與女兒分別遇害。

・一九八〇年四月一日　新的反統戰組織「王復國辦公室」（後改名為「劉少康辦公室」）正式成立運作，分為基地、海外、大陸三個小組，由蔣彥士擔任召集人，王昇為主任，實際負責有關工作的策劃與執行。

・一九八〇年十月八日　主持中國國民黨中央常會，通過「中國國民黨永遠和民眾在一起」的現階段政治中心主張。

・一九八〇年十二月六日　恢復舉辦增額中央民意代表選舉選舉，總投票率為六六・三％。中國國民黨所提名的候選人全部當選。

・一九八一年三月二十九日　主持中國國民黨第十二次全國代表大會開會典禮，提出貫徹「三民主義統一中國」主張，贏得最後勝利。

・一九八一年四月二日　中國國民黨第十二次全國代表大會一致擁戴蔣經國繼續擔任主席，領導全黨，繼續向前。

・一九八一年四月五日　主持中國國民黨第十二次全國代表大會閉會典禮，期勉全黨同

志為黨爭氣、為國服務、克勤克儉、任勞任怨。

‧一九八一年七月二十九日　在台北榮民總醫院接受眼科手術治療，八月四日康復出院。

‧一九八一年八月十九日　眼疾康復後，首度主持中國國民黨中央常會，對各界關懷表示謝意。

‧一九八二年二月三日　至台北榮民總醫院進行左眼視網膜治療，並住院調護。

‧一九八二年三月十日　左眼視網膜手術成功，已可開始批閱公文。

‧一九八二年六月二日　眼疾治療痊癒後，首次主持中國國民黨中央常會。

‧一九八三年四月二十二日　接見王昇，命令解散「劉少康辦公室」。

‧一九八三年五月九日　再度接見王昇，告知調任國防部三軍聯合作戰訓練部主任。

‧一九八三年八月十六日　行政院長孫運璿奉命轉告王昇，政府已決定外放他為巴拉圭全權特任大使。

‧一九八四年二月十四日　主持中國國民黨第十二屆二中全會開會典禮。

‧一九八四年二月十五日　中國國民黨第十二屆二中全會一致通過提名蔣經國為中華民國第七任總統候選人，李登輝為副總統候選人。

・一九八四年二月二十四日　清晨二時，行政院長孫運璿在家中中風。蔣經國聞訊後，五天內，六度前往榮民總醫院探視。

・一九八四年三月二十一日　國民大會第七次會議選舉蔣經國為中華民國第七任總統，共得一〇一二票。

・一九八四年三月二十二日　國民大會第七次會議選舉李登輝為中華民國第七任副總統，蔣經國親赴李府道賀。

・一九八四年五月二十日　宣誓就任中華民國第七任總統。提名俞國華為行政院長。

・一九八四年五月二十五日　立法院同意俞國華擔任行政院長。任命俞國華為行政院長。

・一九八四年五月二十八日　特任沈昌煥為總統府祕書長，汪道淵為國家安全會議祕書長。

・一九八四年六月二十日　台北縣海山煤礦發生意外，七十二名礦工遇難。

・一九八四年七月十日　台北縣煤山煤礦發生災變，一〇三名礦工遇難。

・一九八四年十月十五日　美籍華裔作家劉宜良（筆名江南）在家遇害。

・一九八四年十一月十二日　台灣情治單位發動「一清專案」，逮捕竹聯幫幫主陳啟禮，供出是受情報局命令，前往美國殺害江南。

・一九八四年十一月十六日　中華民國政府透過外交管道，通知美方陳啟禮涉及「江南命案」。

・一九八四年十二月五日　台北縣海山一坑煤礦又發生意外，九十三名礦工遇難。

・一九八五年一月十二日　下令將涉及「江南命案」的三名情報局官員汪希苓、胡儀敏、陳虎門停職，交軍法單位依法審理。

・一九八五年一月十六日　主持中國國民黨中央常會，針對當前社會風氣弊端發表談話，勉全黨同志避免不必要應酬，改善社會風氣。

・一九八五年二月六日　主持中國國民黨中央常會，通過任命駐日代表馬樹禮為中央委員會祕書長。

・一九八五年八月十六日　接受美國「時代雜誌」香港分社主任訪問，說明總統職位繼承並無任何問題存在，他從來沒有考量過由蔣家成員接班。

・一九八五年八月下旬　接受右眼視網膜手術，住院修養。

・一九八五年九月十八日　右眼視網膜手術康復，主持中國國民黨中央常會。

・一九八五年十二月四日　明令特任原國家安全局長汪敬煦為總統府參軍長。

・一九八五年十二月二十五日　主持行憲紀念日大會，公開宣示中華民國總統的繼承，是經由憲法選舉而產生，其家人「不能也不會」競選下任總統，我國「不能也不會」實施軍政府方式的統治。

・一九八六年二月十七日　外交部正式發表中國廣播公司總經理蔣孝武為駐新加坡副代表，次日即搭機離台赴新加坡履新。

・一九八六年三月二十九日　主持中國國民黨第十二屆三中全會開會典禮，提出政治革新議案，呼籲「以黨的革新帶動全面的革新，開拓國家光明前途」。

・一九八六年四月九日　主持中國國民黨中央常會，為了具體落實三中全會政治革新的主張，任命嚴家淦、謝東閔、李登輝、谷正綱、黃少谷、俞國華、倪文亞、袁守謙、沈昌煥、李煥、邱創煥、吳伯雄等十二位中常委，組成政治革新小組，由嚴家淦擔任總召集人，針對政治革新議題進行研討。

・一九八六年四月十八日　因發現心律不整，在台北榮民總醫院裝置人工心律調整器，一切經過順利。

・一九八六年九月十六日　嚴家淦主持政治革新小組會議時，在會場中風，退出了政

壇。

・一九八六年九月二十八日　黨外人士在台北圓山飯店宣佈成立「民主進步黨」。

・一九八六年十月七日　接受美國「華盛頓郵報」發行人凱薩琳・格蘭漢姆訪問，宣告台灣即將解除戒嚴，開放黨禁、報禁。

・一九八六年十月八日　主持中國國民黨中央常會，發表重要講話：「時代在變，環境在變，潮流也在變。因應這些變遷，本黨必須以新的觀念，新的做法，在民主憲政體制的基礎上，推動革新措施。唯有如此，才能與時代潮流相結合，才能與民眾永遠在一起。」

・一九八七年七月一日　明令公佈「動員戡亂時期國家安全法」，以因應解除戒嚴後的國家安全問題。

・一九八七年七月十五日　政府公佈解除戒嚴令。主持中國國民黨中央常會，任命教育部長李煥為中央委員會祕書長。

・一九八七年七月二十七日　邀請十二位台灣地方耆老茶敘，公開表達：「我已經是台灣人了」。

・一九八七年八月二十六日　首度坐輪椅主持中常會。

・一九八七年九月十六日　主持中國國民黨中央常會，提議由五位中常委組成專案小組，盡速研擬開放台灣人民赴大陸探親辦法。

・一九八七年十月十日　坐輪椅最後一次主持中樞慶祝國慶大會，在總統府陽臺接受民眾熱烈歡呼。

・一九八七年十月十一日　在湖口基地最後一次以三軍統帥身分，主持「僑泰演習」。

・一九八七年十月十四日　中國國民黨中央常會通過開放台灣人民赴大陸探親辦法。

・一九八七年十月十五日　內政部長吳伯雄代表政府公佈台灣人民赴大陸探親辦法。

・一九八七年十一月二日　台灣紅十字會受政府委託開始接受人民前往大陸探親的申請。

・一九八七年十二月二十五日　主持行憲紀念日大會，這是蔣經國最後一次的公開露面。

・一九八八年一月一日　政府宣佈解除報禁，開始接受新報紙的申請。

・一九八八年一月十三日　下午三時五十分病逝「七海官邸」。

歷史與現場 252

破局：揭祕！蔣經國晚年權力佈局改變的內幕

作　者—吳建國
主　編—王瑤君
責任編輯—謝翠鈺
行銷企劃—曾睦涵
封面設計—楊珮琪
排　版—辰皓國際出版製作有限公司

製作總監—蘇清霖
董 事 長—趙政岷
出 版 者—時報文化出版企業股份有限公司
108019台北市和平西路三段二四〇號七樓
發行專線—（〇二）二三〇六六八四二
讀者服務專線—〇八〇〇二三一七〇五
（〇二）二三〇四七一〇三
讀者服務傳真—（〇二）二三〇四六八五八
郵撥—一九三四四七二四時報文化出版公司
信箱—10899台北華江橋郵局第九十九信箱
時報悅讀網—http://www.readingtimes.com.tw
法律顧問—理律法律事務所　陳長文律師、李念祖律師
印　刷—勁達印刷有限公司
初版一刷—二〇一七年十二月二十二日
初版六刷—二〇二二年九月十六日
定　價—新台幣四〇〇元

時報文化出版公司成立於一九七五年，
並於一九九九年股票上櫃公開發行，於二〇〇八年脫離中時集團非屬旺中，
以「尊重智慧與創意的文化事業」為信念。

破局：揭祕！蔣經國晚年權力佈局改變的內幕 / 吳建國作 . -- 初版 . -- 臺北市：時報文化, 2017.12
面；　公分 . -- (歷史與現場；252)
ISBN 978-957-13-7232-7 (平裝)

1. 台灣政治 2. 政治鬥爭 3. 中華民國史

733.294　　106021408

ISBN 978-957-13-7232-7
Printed in Taiwan